Erving Polster

Jedes Menschen Leben ist einen Roman wert

Der Autor: Seit seiner »Lehre« in den frühen 50er Jahren bei Fritz und Laura Perls, Paul Goodman, Paul Weisz und Isadore From hat Dr. Erving Polster einen eigenständigen und bedeutenden Beitrag zur Weiterentwicklung und Verbreitung der Gestalt-Therapie geleistet. Er ist Mitbegründer und ehemaliger Leiter des »Gestalt Institute of Cleveland«, Mitverfasser des Klassikers »Gestalt-Therapie, Theorie und Praxis der integrativen Gestalt-Therapie« und Autor zahlreicher weiterer Publikationen. Gegenwärtig ist Erving Polster Co-Leiter des »Gestalt Training Center - San Diego« und lehrt klinische Psychologie in »The School of Medicine at the University of California, San Diego«.

Erving Polster

Jedes Menschen Leben ist einen Roman wert

Übersetzt von
Brigitte Stein

Edition Humanistische Psychologie
— 1987 —

Die Originalausgabe erscheint unter dem Titel »Every Person's Life is Worth a Novel« im Verlag W. W. Norton, New York

Aus dem Amerikanischen übersetzt von Brigitte Stein

Herausgeber:
Anna und Milan Sreckovic

Lektorat: Bianca Bianchi

Umschlagentwurf: Robert de Zoete
- unter Verwendung eines Bildes von Dieter Teusch -

Vertrieb:
Moll & Eckhardt
Zülpicher Str. 174
5000 Köln 41

Satz:
HSH-Fotosatz GbR
Industriestr. 31
5138 Heinsberg

Gesamtherstellung:
Agentur Ulrich Himmels
Industriestr. 31
5138 Heinsberg

ISBN 3-926176-01-8

Inhaltsverzeichnis

Für Miriam, Sarah und Adam;

ich nenne gerne ihre Namen.

VORWORT

Zu meinem Glück begann ich, Psychotherapie zu praktizieren, bevor ich meinen ersten Graduiertenkurs darin abgeschlossen hatte. Ich war so gefesselt von allem, was mir meine Patienten erzählten, als wäre ich fünf Jahre alt und würde auf dem Bauch liegend bei einem Familientreffen den Erwachsenen zuhören. Von beiden Gruppen hörte ich eine Menge, aber gegenüber den mir neu zugewiesenen Patienten hatte ich eine besondere Verantwortung und nur die vageste Vorstellung, was ich tun könnte. Ich wußte, daß es nicht genügte, mir bloß ihre Geschichten anzuhören und natürlich zu reagieren, wie es jeder aufgeschlossene Mensch tun würde. Dies war der Beginn eines vierzigjährigen Strebens nach technischer Vervollkommnung.

Heute ist mir nach allem, was ich in technischer und sonstiger Hinsicht gelernt habe, immer noch bewußt, daß die Faszination, welche Menschen auf mich ausüben, die zu mir in Therapie kommen, ein wesentlicher Faktor in meiner Arbeit ist. Dennoch sind mir in der Flut psychologischer Schriften, die ich gelesen habe, mit einigen Ausnahmen nur flüchtige Hinweise darauf begegnet, welche Faszination vom menschlichen Leben ausgeht bzw. wie heilsam es für die Patienten ist, diese Qualität selbst zu empfinden.

Dieses Buch ist ein Versuch, die technischen Erfordernisse einer therapeutischen Aufgabe mit der Erkenntnis der Heilwirkung zu verknüpfen, die sich für Menschen ergibt, wenn sie erfahren, wie außerordentlich interessant sie sind. Kein Vorbild könnte mir für diese Verknüpfung bessere Dienste leisten als das des Schriftstellers, mit dem der Therapeut die Tiefenschürfung des menschlichen Verhaltens und Bewußtseins gemein hat. Indem er sich diese Gemeinsamkeit bewußt macht, die ihn mit dem Schriftsteller verbindet, kann der Therapeut sein Gespür für das Drama im Leben der Menschen verfeinern — die Verwicklungen, die sie durchmachen, die Spannung, die sie erzeugen, die Entdeckung einzigartiger Kennzeichen und Ereignisse, der mikrokosmische Kommentar, den das Leben jedes Menschen enthält, und die notgedrungen schöpferische Bewältigung problematischer Erfahrungen. Dieses Buch wird verschiedene Möglichkeiten darlegen, wie die Perspektive des Schriftstellers in therapeutische Methoden umgesetzt werden kann.

Das Thema des Buches — daß jedes Menschen Leben einen Roman wert ist — kann auch vielen Menschen zu Erkenntnissen verhelfen, die keine Therapeuten sind. Jeder Mensch, der dieses Buch liest, wird vielleicht zu der Einsicht kommen, daß er Erfahrungen durchlebt, die, wenn man sie nur recht zu würdigen weiß, den Stoff bilden, aus dem die berühmtesten Romane erschaffen wurden. Manchmal entsteht der Eindruck, daß sich Romane mit Figuren befassen, die aus einer anderen Welt stammen, obwohl sich viele von uns in den Charakteren wiedererkennen, die der Schriftsteller beschreibt. In Wirklichkeit existieren wir vor den Romanfiguren; sowohl der Autor als auch der Therapeut laden uns ein, das Buch unseres eigenen Lebens aufzuschlagen und die darin enthaltenen Wunder wahrzunehmen, mögen sie schmerzhaft oder vergnüglich sein. Wenn wir das tun, winkt uns die *Befriedigung einer bestätigten Existenz*.

DANKSAGUNGEN

Beim Schreiben eines Buches gibt es Zeiten, da man das Gefühl hat, mit seiner Schreibmaschine auf einer menschenleeren Insel gestrandet zu sein. Es war daher eine Wohltat zu entdecken, daß Leute in der Nähe waren, die mir weiterhelfen konnten. Ich möchte einer Reihe von Personen danken, deren Hilfe wichtig für mich war.

Erstens ist da meine Tochter, eine Psychologin und Schreibberaterin, mit der ich besonders gern über mein Manuskript gesprochen habe. Ihr Rat und ihre Ermutigung waren mir eine große Hilfe.

Eine große Unterstützung waren mir auch meine Freunde und Kollegen Michael Miller, Herman Gadon, Natasha Josefowitz und Tom Pace. Sie alle lasen eine frühere Fassung des Manuskripts und gaben sensible und nützliche Urteile darüber ab. Mein Sohn Adam war mir von einer Position außerhalb der Psychologie aus ebenfalls eine Hilfe.

Besonders dankbar bin ich meinen Lektorinnen Susan Barrows und Carol Houck Smith, deren Scharfblick und Gründlichkeit unschätzbar waren.

Ich möchte auch Jane Olds, die mehrere Entwürfe tippte, ohne ihre gute Laune einzubüßen, sowie Rina Szwarc, Ursula Freeman und Jayne Brown für ihre tatkräftige praktische Unterstützung danken.

Meinen größten Dank schulde ich meiner Frau Miriam, die von Anfang bis Ende jederzeit für mich da war. Ich hatte das Glück, ihren Beistand nicht nur für die Hauptthesen dieses Buches zu finden, sondern mich auch auf ihre klare Meinung zu bestimmten Abschnitten stützen zu können.

I

JEDES MENSCHEN LEBEN IST EINEN ROMAN WERT

> Ich rede nicht von einem Drehbuch, Lydia. Ein Drehbuch, das ist ein vor einem besonderen szenischen Hintergrund gesprochener Dialog. Und ein Stück bewegt sich zielstrebig auf ein dénouement zu. Aber ein Roman, die Art Roman jedenfalls, als die man sich sein Leben vorstellen kann, scheint sich in Schlangenlinien zu bewegen, von einer Sorge zur nächsten.
>
> —Lynne Sharon Schwartz
> *Feldstörungen*

Die Betroffenen sind oft die letzten, die sich des Dramas in ihrem eigenen Leben bewußt werden. Sie staunen über die Abenteuer aderer, aber sie schauen nicht in sich hinein, sonst würden sie erkennen, daß ihr eigenes Leben ebensoviele Möglichkeiten enthält. Zu diesen Leuten zählte auch Ralph. Wäre er nicht in meiner Therapiegruppe gewesen, hätte ich ihn nie beachtet. Er war der Inbegriff von Anonymität, so unauffälllig, wie er dasaß und sich Erfahrungen anderer anhörte. Den ganzen Tag schweigend, wenn auch alles aufmerksam verfolgend, was um ihn herum geschah, gab er uns nicht den geringsten Hinweis, daß irgend etwas davon Relevanz für ihn hatte. Nur sein Gesicht glühte beziehungslos wie eine angeknipste Glühbirne.

Ralphs einsames Schmoren war nicht verrückt, obwohl seine Stetigkeit einem diesen Gedanken nahelegte. Er wirkte vielmehr wie ein östlicher Guru — versunken in Meditation, ohne Erwartungen an irgend jemand. Er schien keine Angst zu haben, aber es war klar, daß er nicht vorhatte, etwas zu sagen. Ich dachte, Reden würde vielleich die geschlossene Gestalt sprengen, die er versuchte zusammenzuhalten, eine in der Luft schwebende Gestalt, wie das »OM« in einem meditativen Gesang. Aber wie lange konnte diese schützende Geschlossenheit andauern?

Zermürbt von dem Druck, der sich den ganzen Tag über allmählich in ihm angestaut hatte und in der Erkenntnis, daß der Tag enden könnte, ohne daß er ein Wort gesagt hatte, zwang Ralph sich zu sprechen. Sofort begriff ich, daß meine Spekulationen falsch gewesen waren. Ralphs Schweigen war nicht Bestandteil einer mystischen Formel; sein unveränderter Gesichtsausdruck war nur ein Element seiner typischen Leugnung eigener Wichtigkeit. Trotz dieser abwertenden Haltung blieb ein dringender Wunsch, etwas zu retten, aber es war fast zu spät. Als er schließlich zu sprechen versuchte, war er offenbar durch sein Schweigen schon so gelähmt, daß es ihm nur allzu leicht fiel, nichts zu wissen und nichts zu sagen. Ich versuchte, ihm aus dieser Erstarrung herauszuhelfen, aber er redete bloß psychologisierend daher. Unter Verwendung aller gängigen Formeln erklärte er seine Immobilität damit, daß er sich vor der »Herausforderung«, der »Kontaktaufnahme«, vor »Veränderung« und »Autorität« fürchte. So weit kam er in seinen Versuchen, uns zu vermitteln, was in ihm vorging. Oberflächlich betrachtet war er eine mit Leerformeln angefüllte Hülse.

Ich hatte jedoch immer noch Grund zu glauben, daß sich Ralph unter den richtigen Umständen öffnen würde. Jetzt, da er den Mund aufgemacht hatte, nahm ich mir vor, hinter seine glatte Fassade zu dringen und den Umrissen einer interessanten Geschichte Substanz zu verleihen. Da war schon die leise Andeutung eines inneren Glanzes, obwohl er einem gleichgültigen Betrachter wenig Anreiz bot, weiter zu forschen. Als Schürfer von Erfahrungen erkannte ich die Anzeichen einer Reihe anderer interessanter Merkmale, aber ich mußte auf die Widersprüche achten, mit denen er die Leute in die Irre führte. Er hatte interessante grüne Augen, aber sie sahen aus wie gemalt und wurden von seiner vorspringenden Stirn überschattet. Die Linien in seinem Gesicht verliefen nach unten, eine akute Verstörung in der Tiefe verratend, doch sein Ausdruck von Resignation mußte die meisten Menschen davon abhalten, in diese Tiefe hinunterzusteigen. Die Konturen seines Körpers verrieten Geschmeidigkeit, die aber in Widerspruch zu seiner starren Haltung stand. Und sein ausdrucksloses Gesicht ließ vermuten, daß er die Zähigkeit eines ertappten Spions hatte. Schon hatte ich eine Menge Anhaltspunkte!

Doch selbst wenn diese Widersprüche nicht so offenkundig gewesen wären, hätte ich sicher sein können, daß der Stoff für ein Drama bei Ralph vorhanden war; das gilt für jeden. Alle Menschen beginnen mit einer Reise durch den Geburtskanal, die sie in eine fremde Welt trägt. Nachdem sie diese Krise der Geburt überstanden haben, führen sie ein Leben in bedrohlicher Abhängigkeit von Fremden, die sie sich nicht ausgesucht haben und die eine unbekannte Sprache sprechen. Sie werden eingeschüchtert durch unvorhersehbare Ereignisse, auf die sie mit Schreien und Weinen, mit Strampeln und Beißen reagieren. Zwischendurch gibt es Momente der Seligkeit. Sie machen dramatische Veränderungen durch, während sie verschiedene Lebensphasen wie Saugen, Krabbeln, Bewußtwerdung, sexuelle Reifung und berufliche Entdeckungen durchlaufen — von denen jede neue Chancen und neue Gefahren birgt. Immer, in jedem Stadium, werden sie verwirrt durch Widersprüche zwischen ihren Bedürfnissen und den Bedürfnissen anderer, die befremdliche und oft unanfechtbare Gebräuche haben können. Ob er es sich im Augenblick bewußt macht oder nicht, jeder Mensch ist immer wieder betroffen von Unerklärlichem, Gewalt, Spannung, Sex, Ehrgeiz und der Unsicherheit persönlicher Lösungen. Und am Ende wartet der Tod auf uns alle! Wie ein Gebirgsfluß, der sich ein Bett aushöhlt, schnciden diese und viele andere Erfahrungen in das Leben der Menschen ein und prägen ihren Charakter.

Niemand kann umhin, interessant zu *sein*. Menschen können die Fülle von Einflüssen jedoch *ignorieren*, und viele tun dies mit außerordentlichem Talent. Ralph besaß diese Gabe in hohem Maß, wie die Zeichentrickfigur Mr. Magoo, der ohne sich umzusehen durch die tödlichsten Gefahren tappt, als sei alles in Ordnung. Während Magoo selbst fast blind ist, sehen wir, die Zuschauer, daß er nur mit knapper Not dem Untergang entrinnt. Wir lachen Tränen, während er immer wieder mit heiler Haut davonkommt. Magoo entzückt uns durch die verführerische Illusion, daß wir uns durchmogeln können, auch wenn wir die Welt um uns herum unbekümmert ignorieren. Viele andere fiktive Charaktere haben nicht soviel Glück wie Magoo. Verdis Violetta stirbt an Tuberkulose, nachdem sie mit ihrer Gesundheit Schindluder getrieben hat, und Tennessee Williams' Blanche DuBois lebt in einer Traumwelt, bis man sie ins Irrenhaus abtransportiert.

Ralphs Selbsttäuschungen waren nicht so dramatisch wie die von Magoo, Violetta oder Blanche. Gegenüber diesen Figuren bleibt die Spannung, was mit ihnen geschehen könnte, erhalten; wir nehmen bis zum Schluß Anteil. Bei Ralph war das nicht der Fall; so wie er sich betrug, war es für andere schwer, Interesse für ihn aufzubringen. So ist es bei vielen Menschen. Sie wirken sprachlich steril, moralisch indifferent, äußerlich unscheinbar oder energielos. All dies ist jedoch Tarnung, die vom eigentlich Interessanten ablenken soll. In meinen vierzig Jahren als Psychotherapeut habe ich wahre Meister und Meisterinnen der Tarnung erlebt. Manche waren geschickter im Tarnen ihrer aufregenden Eigenschaften als ich in meiner Fahndung danach. Aber ich weiß immer, daß sie vorhanden sind, wie der Jäger immer weiß, daß die unsichtbaren Schlangen und Vögel und Chamäleons in den Wäldern für das Auge des Eingeweihten vorhanden sind. Früher oder später, wenn ich wachsam abwarte, wagt sich die bis dahin kaum wahrnehmbare Person gewöhnlich aus ihrem Versteck heraus. Zumindest für Augenblicke enthüllt sie dann etwas Fesselndes, daß sie wie eine Romanfigur eine breitere Aufmerksamkeit verdienen würde als bloß mein gebanntes Interesse. Sobald sie ihr stumpf gewordenes Erscheinungsbild aufgeben, haben solche Menschen erstaunlich individualistische, spannende und farbige Erinnerungen, Einstellungen, Erwartungen und Erkenntnisse zu bieten. Wenn sie diese gehorteten Schätze erst einmal offenbart haben, dann bleiben manche offen und weiterhin interessant. Andere kehren beim ersten Anzeichen von Gefahr zu der Ausdruckslosigkeit zurück, auf die sie immer gesetzt haben.

Ralph gab anfangs nur Klischees von sich. Er bestand nur aus Vorsätzen, da war keine Substanz. Nachdem ich mich eine Weile auf sein Psycho-Kauderwelsch eingelassen hatte und schließlich erkannte, daß es nichts bringen würde, stieg ich aus diesem Spiel aus. Statt zu versuchen, seine psychologischen Ambitionen zu befriedigen, verringerte ich die Einsätze, indem ich nur nach jenen Details fragte, von denen ich wußte, daß er sie mir sagen konnte, und die fast alle verstehen würden.

Zunächst teilte ich ihm einige Ereignisse aus meinem eigenen Leben mit. Dadurch hoffte ich, der Bedeutung des eigenen Lebens für einen anderen Glaubwürdigkeit zu verschaffen. Ich erzählte ihm, daß ich in der Tschechoslowakei geboren wurde, und berichtete ihm über besondere Schwierigkeiten, denen meine Familie und ich als Fremde in den Vereinigten Staaten ausgesetzt waren. Da ein Rollentausch fair ist, konnte ich ihn dann fragen, wo er zur Welt gekommen war, ohne als Einfaltspinsel dazustehen. Dazu war er inzwischen bereit, wenn er auch noch steif wirkte. Zuerst klang es wie auswendig gelernt: in Baltimore geboren, Vater im diplomatischen Dienst, lebte drei Jahre in Baltimore, zwei Jahre woanders, besuchte acht Jahre lang die katholische Schule, es wurde eine Mukoviszidose (angeborene Stoffwechselkrankheit) diagnostiziert. Mukoviszidose! Er war schon im Begriff, darüber hinwegzugleiten. Als ich ihn unterbrach, gab er nüchtern Auskunft. »Meine Kindheit habe ich am Sauerstoffgerät verbracht, dreimal täglich, meine zwei Brüder und ich«. Mit diesen Worten kam ihm der Tonfall des Auswendiggelernten abhanden. Bald darauf brach er in Tränen aus und fragte ernsthaft, aber mit einem Unterton von Skepsis: »Was ist da so Schlimmes dran?« Einmal fügte er hinzu: »Es ist zum Aushalten. Es ist nichts Besonderes.« »Nichts Besonderes« erwies sich als das Leitmotiv seines Lebens. Seine Tränen hatten ihn jedoch aufgetaut, und er fing an zu beschreiben — mit einer Aufmerksamkeit für die Einzelheiten, die ein Schriftsteller zu schätzen wüßte, — was er für ein Leben geführt hatte. Einmal wöchentlich Injektionen, eine in den Po und eine in den Arm. Schweißtests, bei denen er acht Stunden lang eingewickelt unter einer 500-Watt-Birne lag. In der Mittagszeit mußte er immer die Schule verlassen und an ein Atemgerät angeschlossen werden. Konnte sich nicht normal fühlen.

Dann ein weiterer Hammer. Die Diagnose der Mukoviszidose erwies sich als falsch! »Das ist eine unheilbare Krankheit«, sagte Ralph, »man stirbt, bevor man 18 ist.« Die Fehldiagnose stellte sich nur deshalb heraus, weil er nicht gestorben war. Dann weinte er noch heftiger, insistierte aber durch seine Tränen hindurch, daß es *nichts Besonderes* gewesen sei.

Die meisten Leute würden, wenn sie all diese Jahre den Tod vor Augen gehabt hätten, meinen, daß es etwas Besonderes war. Selbst Ralph würde es so empfinden, hätte er es in einem Roman gelesen. Als ich ihn fragte, wie es war, dem Tod ständig so nahe zu sein, sagte er: »Darüber wurde nicht soviel gesprochen. Wahrscheinlich habe ich nie wirklich daran geglaubt. Kinder glauben solche Sachen nicht. Wir gehörten jedoch einer Gruppe an, deren Mitglieder alle starben. Einer der Jungen, an den ich mich gut erinnere, hatte ein Fahrrad. Er starb. Und dieser andere Junge, ein Schwarzer, er ging immer mit mir zu den Schweißtests und den Injektionen, darum waren wir öfter zusammen. Auch er starb. Er war etwa 16, als er starb. Das ist schlimm — es tut weh.«

Inzwischen saß ich schon nahe bei Ralph, und er kam jetzt in meine Arme und sagte: »Es tut einfach verdammt weh — einfach weh. Wenn ich über meine Kindheit nachdenke, erinnere ich mich an viele Dinge, aber nie daran — niemals.« Er ließ noch mehr los und weinte in meinen Armen, als würde er auseinanderbrechen. Als er zuletzt die Augen öffnete, war er erstaunt zu sehen, wie gebannt die anderen waren, denn er hatte längst ausgeschlossen, daß sich andere für ihn interessieren könnten. Da er sich so verzweifelt bemüht hatte, sein Elend als »nichts Besonderes« hinzustellen, hatte er auch die unerhörte Tatsache ausgeblendet, daß er weiterlebte, während die anderen um ihn herum starben. Schlimmer noch, indem er dies ausblendete, hatte er seinem Leben noch viel mehr genommen. Sein jetziges Weinen war wie ein Regen in einer Dürre, es setzte den Schmerz frei, der seinen Körper verkrampfte, und ließ seine Trauer um die wirkliche Tragödie dieser Kinder aufbrechen, die gestorben waren, und brachte ihm sein eigenes erstaunliches Überleben zum Bewußtsein. Sobald ihm das Wunder seines Daseins bewußt geworden war, behielt es seinen Wert für ihn. Zwei Jahre später, nach einer Reihe wichtiger Ereignisse, froher und trauriger, bemerkte er mit Wärme in der Stimme: »Es ist merkwürdig, daß mir mein eigenes Leben so nahe geht.«

Alltagsdramen

Bei der Skizzierung des Dramas im Leben Ralphs war es nötig, Vorurteile darüber, was interessant ist, beiseitezustellen. In der Therapie ist das relativ leicht, da die Zeit speziell für diesen Zweck vorgesehen ist. Unter gewöhnlichen Umständen ist es weniger wahrscheinlich, daß man von persönlichen Prioritäten absieht, um Dinge nachzuspüren, die nur entfernt interessant erscheinen. Wir verfolgen soviele verschiedene Absichten, daß es uns oft viel zu sehr ablenken würde, dem verborgenen Drama im Leben anderer nachzuspüren. Daß uns bestimmte Personen wichtig sind und wir die anderen einfach nicht beachten, erscheint den meisten von uns völlig angemessen. Wenn manche Leute nicht unser Interesse finden, dann tun sie es eben nicht. Wir erleben dies jeden Tag bei Parties, bei der Arbeit, in der Familie, in der Politik und selbst bei einem Spaziergang durch die Straßen einer Stadt. Ein Leben unvoreingenommener Aufmerksamkeit für alles kommt nicht in Frage. Doch bescheidenere Ansprüche könnte jeder erfüllen; es ist möglich, das Drama in seinem eigenen Leben zu erkennen und auch bei anderen den Blick dafür zu schärfen. Für diese verborgenen Dramen, und sei es in kleinen Dosen, offen zu sein kann ein entscheidender Schritt zur Intensivierung des persönlichen Erlebens sein. Wie der Schriftsteller Jerzy Kosinski in einem Gespräch mit Gail Sheehy in *Psychology Today* sagte:

Nichts hindert mich daran, mein Leben als eine Kette gefühlsgeladener Ereignisse wahrzunehmen, die von meinem Gedächtnis aneinandergereiht sind ... Ein Ereignis ist einfach ein Augenblick im Drama des Lebens, dessen wir uns bewußt sind, während er stattfindet. Diese Bewußtheit und deren Intensität entscheidet nach meiner Auffassung, ob unser Leben nichts weiter als ein kaum wahrgenommenes Dahinvegetieren oder eine sinnvolle Existenz ist. Um das Leben zu intensivieren, muß man nicht nur jeden Augenblick als dramatisches Ereignis erkennen, sondern vor allem sich selbst als den Protagonisten.

Hier ist eine Frau, die Kosinski bekannt vorkommen würde, eine Frau, die die Chance verpaßt hatte, in ihrem eigenen Leben die Hauptrolle zu spielen. In einer Therapiestunde bei meiner Frau klagte sie, daß ihr Vater ihr bei seinem Tod aufgetragen habe, seinen Fußstapfen zu folgen. Sie beschrieb die Szene an seinem Totenbett, die damit endete, daß ihr Vater den Kopf in ihrem Schoß gebettet starb. In der Geschichte war ihr Vater die Hauptperson, und sie spielte nur eine Nebenrolle. Es war klar, daß sie ihr ganzes Leben so gelebt hatte.

Die Therapeutin forderte sie auf, ihre Geschichte nochmals zu erzählen, aber diesmal sich selbst zur Hauptperson zu machen. Als sie dies tat, erlebte sich diese Frau als frei vom Vermächtnis ihres Vaters, seinen Fußstapfen zu folgen, frei, ein Mensch mit einer eigenen Mitte zu sein. Die Akzentverschiebung in ihrer Geschichte war ganz einfach. Sie beschrieb bloß ihre eigenen Gefühle, als er starb, und fand sie ebenso farbig und bewegend wie alles, was sie zuvor über *sein* Verhalten gesagt hatte. Die Betonung ihrer Mitte befreite sie vorübergehend von der schweren Last des Vermächtnisses ihres Vaters. Ob sie es schaffte, sich diese Freiheit zu erhalten, ist unbekannt, aber zumindest an diesem Tag wurde ihr die Möglichkeit eröffnet, sich als Urheberin ihres eigenen Lebens zu empfinden.

Die Menschen vergeuden oft ihre Urheberschaft. Sie räumen den Erfahrungen ihres eigenen Lebens nicht dieselbe Bedeutung ein wie denjenigen der Figuren in Liebesromanen oder Seifenopern im Fernsehen. Stattdessen setzen sie hohe Maßstäbe für interessante Erfahrungen und sieben das Wasser des Lebens mit einem großmaschigen Fischernetz, das vieles unbemerkt durchläßt. Sie glauben vielleicht, große Beredsamkeit sei nötig, damit sich andere für sie interessieren, oder sie glauben, sie müßten leutselig, sexy oder berühmt sein. Wenn ihre Lippen nicht dem Schönheitsideal entsprechen, wenn sie zurückhaltend sind, Dialekt sprechen oder naive politische Ansichten haben, erwarten sie, gemieden zu werden. Sie wenden auch ihre Gedanken von den Dingen ab, mit denen sie glauben, nicht fertigzuwerden, und meiden alles, was sie wütend machen oder verlocken, verwirren oder erschrecken könnte. Es ist viel leichter, als Romanleser Dramen zu erleben; die Ereignisse sind da oft vereinfacht, sie können gefahrlos nachvollzogen werden und haben einen klaren Anfang und ein klares Ende. Nur gelegentlich benutzen Leser ein solches Drama als Sprungbrett und machen sich klar, daß die Charaktere mit wenigen persönlichen Änderungen sie selbst sein könnten. Protagonisten ihres eigenen Lebens statt Voyeure von Fiktionen.

Was der Aufmerksamkeit oft entgeht, sind jene simplen Vorfälle, die dem Leben Struktur und Kontinuität verleihen. So fragte mich z.B. jemand, welche interessanten Dinge ich in letzter Zeit getan hätte. Obwohl ich wußte, daß er über größere Vorhaben hören wollte, erzählte ich ihm, daß ich es an jenem Morgen besonders genossen hatte, mein Haus zu durchqueren, um mir ein Glas Wasser zu holen. Meine weichen Schuhe auf dem Holzboden zu spüren, der Blick nach draußen an meinen Wohnzimmerfenstern vorbei, die Abwechslung nach meiner Arbeit und das Vergnügen, bloß Wasser zu trinken, Schluck für Schluck — all dies war mir in jenem Augenblick wichtiger als alles übrige, was ich vorhatte. Mein Gegenüber lächelte nachdenklich, wahrscheinlich glaubte er, ich wollte seine Frage einfach nicht beantworten. Vielleicht hätte ich ihm sagen sollen, wie sich diese Episode des Wassertrinkens mit anderen Erlebnissen des Alltags zu einer Wirklichkeit verknüpft, die den Kontext für intensivere Augenblicke bildet.

Aufgeschlossenheit gegenüber Alltagserfahrungen erschafft den Hintergrund für dramatische Zuspitzungen. Wenn Sie das Timbre einer vertrauten Stimme zu schätzen wissen oder es als geheimnisvoll empfinden, wenn ein Hubschrauber über Ihr Haus hinwegbraust, wenn Sie die Unabwendbarkeit eines Niesens in der Mitte eines Satzes verspüren oder die Erwartung beim Öffnen eines bestimmten Briefes, dann verfügen Sie über den Lebensstoff, der den hochgeistigen, schönen, abenteuerlichen, folgenschweren Erfahrungen die Kontinuität verleiht, innerhalb derer sie zählen. Eine Fahrt mit der Achterbahn, ein besonderes Geschenk, ein

Abend mit Freunden, eine Auszeichnung in der Schule, eine Niederlage in einem Kampf, die Enttäuschung, wenn man bei einer Verabredung versetzt wird — all dies hilft einem, sich die Partikel der Existenz anzueignen, die die Markierungen eines vertrauten Lebens sind. Wir machen eine Milliarde solcher Erfahrungen, die für sich genommen unbedeutend sind; in ihrer Aneinanderreihung sind sie jedoch die Zündkerzen jener Gipfelerlebnisse, denen die Leute eher geneigt sind, ihre Reverenz zu erweisen. Menschen, die zu viele dieser Grunderfahrungen aus ihrem Bewußtsein ausblenden, können in hektische Aktivität verfallen auf der Suche nach Erlebnisreizen, die sie für das entschädigen sollen, was ihnen gewöhnlich, ohne daß sie es merkten, entgangen ist. Andere tun genau das Gegenteil, sie geben sich mit einer abstumpfenden Akkumulation schalen, schwunglosen Lebens zufrieden. Überaktivität auf der einen und Abstumpfung auf der anderen Seite zählen zu den Folgen des mißachteten Augenblicks.

Die Verwandlung des Gewöhnlichen in das Besondere

Das Alltägliche in etwas Besonderes zu verwandeln ist eine der immer wiederkehrenden und faszinierenden Herausforderungen des Lebens. Das Außergewöhnliche wartet im Hintergrund des Gewöhnlichen bloß auf eine beflügelnde Kraft, die es freisetzt. Denken wir an Scarlet Pimpernel, den abenteuerlustigen Retter, der sich als geckenhafter Edelmann verkleidet, das Küchenmädchen, die sich als Prinzessin erweist, indem sie unter vielen Bettpolstern eine Erbse spürt, die unscheinbare braune Nachtigall, die dem Kaiser von China schöner vorsingt als der mit Juwelen besetzte künstliche Vogel und dadurch sein Leben rettet, und Clark Kent, der sich in Superman verwandelt. Sie alle sind Beispiele des universellen menschlichen Wunsches, die gewöhnliche Hülle abzustreifen und sich als einmaliges und wundervolles Geschöpf zu erweisen.

Die Gegensätze müssen nicht ausgeprägt sein, um eine Dramatik erkennen zu lassen. Wo die Kontraste jedoch schwächer sind und die Verwandlung vom Gewöhnlichen zum Besonderen leichter erreichbar scheint, ist eine feine Sensibilität vonnöten. Ein Maler wie Vermeer führt die Menschen zu dieser Sensibilität hin, indem er nicht nach herausragenden Ereignissen Ausschau hält, sondern vielmehr nach außerordentlicher Grazie in den simplen Augenblicken eines Haushalts. Wenn wir seinen Blick auf unseren eigenen Haushalt anwenden, dann vermerken wir vielleicht dankbar die Behaglichkeit vertrauter Handlungen wie das Glattziehen einer Bettdecke, Näharbeiten, das Hereinholen der Zeitung, das Eingießen einer Tasse Kaffee, das Herausnehmen warmer Wäsche aus dem Trockner. Vor der Haustür achten wir vielleicht auf den Anblick eines älteren Menschen, der eine verkehrsreiche Straße überquert oder eines Kindes, das radfahren lernt. In solchen Erlebnissen findet unsere Aufmerksamkeit Halt und Inspiration, die uns ein Gefühl der Kontinuität gibt, welches den leichter erkennbaren Höhen und Tiefen mangelt, die man durchlebt, wenn man sich beispielsweise verliebt oder von einer kritischen Krankheit erholt.

Schriftsteller sind führend unter den Künstlern in der Darstellung jener Erfahrungen, die viele Menschen aus ihrem persönlichen Gewahrsein ausblenden. In den ersten Zeilen von *Schwester Carrie* schildert Theodore Dreiser einen Augenblick auf der Schwelle zwischen Leben zu Hause und einem Leben in der Ferne — einen Augenblick, in dem es kein Zurück mehr gibt. Er stattet diesen Augenblick mit gewöhnlicher Habe, einem aufwallenden Gefühl, einer Erinnerung an Vergangenes und einer Andeutung einer versäumten Beziehung aus. Mit dieser Kombination einfacher Bewußtheit und schicksalhafter Perspektive lädt er diesen Moment auf. Hätte Dreiser nicht über die Meisterschaft verfügt, dieses schlichte Ereignis zu beseelen, dann könnte man einfach sagen, Caroline Meeber sei im Begriff, zum ersten Mal nach Chicago zu fahren. Es ist dies und noch viel mehr, wenn er schreibt:

> Als Caroline Meeber in den Nachmittagszug nach Chicago einstieg, bestand ihr ganzes Gepäck aus einem Köfferchen, einer Handtasche aus billigem, imitierten Krokodilleder, einem bescheidenen Frühstück in einer Pappschachtel und der gelben Lederbörse, die ihre Bahnkarte, einen Papierstreifen mit der Anschrift ihrer Schwester, van Burenstraße, und vier Dollar enthielt. Es war August 1889. Carrie war achtzehn Jahre alt, aufgeweckt, schüchtern, von den Traumbildern der Ungewißheit und Jugend erfüllt. Hatte sie beim Abschied irgendwie Schmerzliches empfunden, so gewiß nicht um der Vorteile willen, die sie aufgeben mußte. Als die Mutter sie zum Abschied küßte, schluchzte sie; es würgte sie im Hals,

> als sie an der Mühle vorbeifuhr, wo ihr Vater im Taglohn arbeitete; das vertraute Grün rings um das Dorf, das sie zum letzten Mal sah, entlockte ihr einen Seufzer — und damit waren die Bande, die sie so lose mit der Mädchenzeit und ihrer Heimat verknüpften unwiderruflich zerrissen.

In diesem Absatz ist alles wichtig, was geschieht. Jedes Detail trägt zu der Szene, zu unserem Verständnis und zur Spannung des Augenblickes bei. Nichts ist zu gering oder zu bedeutend, um in die bewegte Schilderung einzugehen, die in dem Gefühl der Bindungen gipfelt, die »unwiderruflich zerrissen« sind. An diesem Punkt haben die Details bereits ein Licht auf die Konsequenzen geworfen, und das große Abenteuer hat begonnen.

Für den Psychotherapeuten, dem es in ähnlicher Weise darum geht, die Erfahrungen eines ganzen Lebens zu erhellen, birgt alles, was in einer Sitzung geschieht, ähnliche Möglichkeiten. Im Gegensatz zum Roman, in dem jedes Bestandteil sorgfältig ausgewählt wurde, sind in der Therapie viele der Worte, Empfindungen, Bewegungen und Erwartungen überflüssig. Doch der Therapeut bedient sich desselben schöpferischen Auswahlprozesses wie der Schriftsteller, um Schlüsselerlebnisse herauszuarbeiten und die sich abzeichnenden Dramen zu fassen zu bekommen.

Eine Frau, Jean, erzählte mir, daß sie zu Hause angerufen habe, und bemerkte beiläufig, daß ihr Vater am Telefon gewesen sei und sie an die Mutter »weitergereicht« habe. Dieses beiläufige Detail erwies sich bei näherem Hinsehen als ein Schlaglicht, das einflußreiche Elemente ihres Lebens illuminierte. In einem Alltagsgespräch würde man über solche Wendungen hinweggleiten. Das leichte Kräuseln ihrer Lippe bei diesen Worten würde keine Beachtung finden. Man würde den schwachen Hoffnungsschimmer übergehen. Als wir auf den winzigen Vorfall eingingen, wurde jedoch deutlich, daß sich diese Frau ihr ganzes Leben lang von ihrem Vater abgelehnt gefühlt hatte, der sie in der Regel beiseite schob. Obwohl sie in ihrer Großzügigkeit seine Rohheit immer als harmlose Ungeschicklichkeit entschuldigte, empfand sie dennoch die isolierende Wirkung, in seiner Welt, der Welt der Erwachsenen, unwillkommen zu sein. Ihre Überzeugung, daß mit *ihr* etwas nicht stimme, war im Grunde widersprüchlich, da sie ihren Vater, einen Hochschulprofessor, einerseits so betrachtete, als sei er der Familienidiot und daher unveränderbar, während sie andererseits sein Urteil über sie schluckte.

In Wirklichkeit war Jean eine auffallend schöne Frau, zu der sich die meisten Väter hätten beglückwünschen können. Aus ihren Worten und meiner eigenen Skepsis, daß irgend jemand sie geringschätzen könnte, schloß ich, daß er sie zuviel, nicht zu wenig liebte und nicht wußte, wie er damit umgehen sollte. Würden ihn seine Gefühle abhängig machen? Würden sie ihn seiner Karriere entfremden? Würde er sich komisch vorkommen? Würde er sich als Weichling empfinden, wenn er sich zu seiner Liebe bekannte? Weder sie noch er werden wahrscheinlich je die Antworten auf diese Fragen kennen. Was sie bei einer geringen Zunahme ihres Selbstvertrauens jedoch tun konnte, war, ihm zu helfen, ihr mehr Anerkennung zuteil werden zu lassen. Sie tat dies, indem sie ihn sachte ermunterte, einen Augenblick länger mit ihr am Telefon zu sprechen.

Sobald Jean erkannt hatte, daß sie, indem sie sich einer besseren Beziehung zu ihrem Vater unwürdig fühlte, vielleicht vorschnell darauf verzichtet hatte, diese zu verändern, gelang es ihr, die Rolle der Führerin statt die der Verfemten zu übernehmen. Sie konnte ihn aktiv dazu bringen, sie zu akzeptieren, statt alberne Ausreden für ihn zu erfinden. Bald schaffte sie es, ihre Gespräche auszudehnen und deren Qualität zu verändern. Sie war schließlich kein Holzklotz, und es wurde insgesamt schwieriger, sie zu übergehen. Sie begann, noch nie dagewesene Gespräche mit ihm zu führen, und später besuchte er sie aus großer Entfernung, ohne daß sie ihn drängte. Sobald sie sich ihm geöffnet hatte, streckte sie ihre Fühler auch in andere Richtungen aus, um sich neue Kontakte in der Welt der Erwachsenen zu schaffen. Auch ihre berufliche Kompetenz nahm zu, und sie verliebte sich in einen Mann, der zum ersten Mal in ihrem dreißigjährigen Leben ihre Liebe in einer Weise erwiderte, auf die sie ein Anrecht hatte. Als sie diesen Mann heiratete, kehrte ihr Vater leider zu seinem alten Verhalten zurück, indem er nicht zu ihrer Hochzeit erschien. Sie registrierte seine Abwesenheit zwar mit Bedauern, aber ohne sie als schweren Schlag zu empfinden.

Inflation von Erlebnissen

Als Modell für den Therapeuten, das ihm den Weg zur Erkenntnis wertvoller menschlicher Erfahrungen zeigt, kommt der Roman, dem Horizont des wirklichen Lebens eines Menschen näher als Gedichte, Theaterstücke, Musik oder die Bildhauerei. Die Zeitspanne und die Vielzahl von Schauplätzen, die der Roman umfaßt, bieten ein breiteres Spektrum als andere Kunstformen. Als Flaubert erklärte, jedes Menschen Leben sei einen Roman wert, war dies ein Zeugnis für den großen Fundus an Geschehnissen, aus denen das Werk des Romanciers schöpfen kann.

Aus diesem Fundus versorgen sich die Schriftsteller reichlich mit Material; bei entsprechender Verschiebung der Akzente, der Intensität und des Zeitpunkts könnten wir alle ihre Romanfiguren sein. Sie lassen sie jede Form von Dilemma durchmachen, wobei sie auf die Lebensgestaltung ihrer Charaktere manchmal einen lenkenden Einfluß nehmen, manchmal dagegen nur hilflos zusehen. Daß sie alles, was es auf der Welt gibt, für einen geeigneten Stoff halten, geht aus den Worten von Henry James hervor, der in einer Würdigung des Werkes von Honoré de Balzac ausführt:

> Die Themen, die er beleuchtete, waren die Legenden nicht bloß der Heiligen, sondern die der viel zahlreicheren Draufgänger und Sünder.... Die Figuren, die er erblickt, offenbaren sofort alle ihre Idiosynkrasien. Jedes innere wie äußere Markenzeichen und Charakteristikum, das sie besitzen; jede Tugend und jedes Laster, jede Stärke und jede Schwäche, jede Leidenschaft und jede Gewohnheit, den Klang ihrer Stimmen, den Ausdruck ihrer Augen, die Besonderheiten ihrer Gesichtszüge und Gliedmaßen, die Knöpfe ihrer Kleider, die Speisen auf ihrem Teller, das Geld in ihren Taschen, die Möbel in ihren Behausungen, die Geheimnisse in ihrer Brust, alle Dinge, die ihn interessieren, die ihm wichtig sind und die ihn bestimmen und die für das Gesamtbild von Bedeutung, Belang und Wert sind.

Die »Idiosynkrasien« von Menschen mit außerordentlich feiner Antenne zu registrieren ist eine der grundlegendsten Aufgaben des Schriftstellers wie des Therapeuten. Doch der Reagierende ist ständig gefordert; seine Sensibilität muß die richtige Auswahl aus der Überfülle von Eindrücken treffen. Milan Kundera schreibt z.B. in *Die unerträgliche Leichtigkeit des Seins* ausführlich über Tomas. Er ist Chirurg, aber Kundera hat es vorgezogen, keine Beschreibung seiner konkreten chirurgischen

Tätigkeit zu geben. Auf der anderen Seite sorgt Kundera dafür, daß die Relevanz der zufälligen Begegnung von Tomas mit einem alten Freund, die zunächst nicht ganz erkennbar ist, später klar wird. So weitläufig die Landschaft des Schriftstellers auch ist, sie enthält dennoch ein festgefügtes System der Relevanz; jedes Detail ist für das Gesamtbild wichtig.

Das gleiche gilt für die Therapie — vielleicht in noch größerem Maß. So kommt z.B. zwanglose Konversation bedauerlicherweise selten vor. Vieles, was ein Klient sagen könnte, während er mit Freunden beisammensitzt, wird nie berührt. Teils wegen zeitlicher Beschränkungen, teils wegen des ganz bestimmten Zwecks richtet sich die Aufmerksamkeit ausschließlich auf das, was unmittelbar geeignet scheint, Fortschritte zu bewirken; was dem nicht zu dienen scheint, wird üblicherweise als Vermeidungstaktik betrachtet und sein Hinnehmen als Inkompetenz. Deshalb kommt vieles, was interessant sein könnte, sei es Liebe zur Oper oder ein besonderes Steckenpferd niemals zur Sprache. In ihrem Bemühen um Relevanz, so nötig es auch sein mag, laufen sowohl der Therapeut als auch der Schriftsteller Gefahr, sich technisch so einzuschränken, daß sie paradoxerweise nur noch eine Karikatur eines wirklichen Menschen präsentieren.

Dieser Ausleseprozeß ist auch im Alltag unvermeidlich, wenn er auch weniger bewußt abläuft. Wir erwarten nicht, daß alles, was geschieht, zusammenpaßt. Viele Menschen, denen wir auf der Straße begegnen, bemerken wir nicht einmal. Was jemand vor drei Tagen sagte, ist vielleicht nur noch in veschwommener Erinnerung. Diese Ausblendungen sind uns gewöhnlich willkommen, da sie die Schwemme der Tageseindrücke auf ein Maß reduzieren, mit dem wir umgehen können. Ein Großteil der Geschehnisse verdient de facto sehr wenig Beachtung, nur ein flüchtiges Interesse, das schnell wieder aus dem Bewußtsein schwindet. Ein vorübergehender Impuls, eine Stelle aufzugeben, eine Aufwallung von Zorn, selbst ein Gedanke an Suizid — alles unbedeutend im Leben der meisten Menschen — kann das Bewußtsein eines Menschen aus dem Gleichgewicht bringen, wenn ihm die übersteigerte Aufmerksamkeit zuteil wird, die sowohl in der Therapie als auch in der Literatur üblich ist. Einen passenden Kommentar über solche Gefahren der Übertreibung liefert Diane Johnson in ihrer Besprechung von *Austin and Mabel* von Polly Longworth in der *New York Times book review:*

> Mabel Todd weist alle Attribute der Schurkin eines Romans dieser Epoche auf — eine egozentrische, Unheil anrichtende Ehebrecherin mit einer Abneigung gegen Hausarbeit und einer eher großen Bereitschaft, ihre anscheinend zahllosen und echten Talente — auf dem Gebiet der Musik, der Schauspielerei, der Literatur und der Kunst — unter Beweis zu stellen... wäre sie eine Romanfigur gewesen, dann hätte Mabel Schande und einen qualvollen Tod zu erwarten gehabt. Wie die Dinge lagen, brauchte sie nur ein bißchen Klatsch und Mißbilligung zu erdulden und das keinesfalls von allen, denn sie hatte ihre Anhänger.

Neurosen bauschen oft die Bedeutung von Ereignissen oder Eigenheiten auf. Eine Ohrfeige kennzeichnet jemand noch nicht als böse, eine nicht bestandene Prüfung bedeutet nicht, daß jemand dumm ist, und das Lächeln eines Menschen, mit dem man ein Rendezvous hat, ist keine Garantie einer intimen Beziehung. »Das Leben geht weiter« ist eine simple Feststellung, um Proportionen zurechtzurücken. Obwohl dieser Spruch manchmal ein Ausdruck des Bedauerns ist, kann er einen auch vor Überreaktionen bewahren. Der Schriftsteller will vielleicht manchmal zeigen, daß das Leben in der Tat weitergeht, indem er eine Romanfigur ungestraft gegen die Regeln der Gesellschaft verstoßen läßt. Aber die verdichtete Welt des Romans erfordert oft, daß eine Lektion erteilt, ein Symbol geschaffen, eine Unterhaltung kreiert, eine Tragödie herbeigeführt wird.

Da soviel eliminiert wird, garantiert die bloße Niederschrift des kargen Rests von allem, was geschrieben werden könnte, daß ihm zumindest vom Autor und, falls erfolgreich, auch vom Leser besondere Bedeutung verliehen wird. Der Therapeut gleicht insofern dem Autor, als auch er einer kleinen Auswahl des Gesamtgeschehens eine große Bedeutung zuschreibt und jedes Ereignis nicht nur für sich betrachtet, sondern es aus einer erweiterten Perspektive auf seine Bedeutung abklopft. Während wir an dieser kunstvollen Aufblähung teilnehmen, sollten wir uns jedoch daran erinnern, daß die Dinge im Alltag nicht so glatt funktionieren. Zufällige Begegnungen mit alten Freunden, Besorgungen im Haushaltsgeschäft, verlorene Autoschlüssel und vergessene Verabredungen können dem Bewußtsein des Einzelnen rasch entgleiten oder nicht, aber in den Händen eines erfahrenen Schriftstellers oder Psychotherapeuten kann jeder dieser Vorfälle zum Brennpunkt einer fesselnden Geschichte oder einer erfolgreichen Therapie werden. Alles zählt; im täglichen Leben besteht diese Wahrscheinlichkeit nicht.

Da der Stellenwert jeder Erfahrung so subjektiv ist, kann jeder in die Lage kommen, Dinge überzubewerten. Nehmen wir zur Veranschaulichung dieses Problems an, daß ein fünfundvierzigjähriger Mann soeben die erquickendste sexuelle Begegnung seines Lebens mit einer neunzehnjährigen Frau hatte. Er beginnt ein neues Leben. Er trägt jetzt engere Jeans, statt eines Anzugs mit Krawatte. Er begeistert sich für den neuesten musikalischen Trend und interessiert sich nicht mehr für seine alten Freunde. Er verläßt seine Frau in der Absicht, ein ungehemmtes Leben zu führen, und er gibt seine Stellung auf, um als freiberuflicher Berater unabhängiger zu arbeiten. Nach dieser stichwortartigen Beschreibung zu urteilen, könnten wir sagen, daß dieser Mann einen vorübergehenden köstlichen Seitensprung überbewertet. Diese Art von emotionaler Inflation ist bei Manikern verbreitet, die dazu neigen, auszuflippen. Es fällt ihnen schwer, die Dinge in den richtigen Proportionen zu sehen. Wenn dieser Mann in dieses Erlebnis tatsächlich mehr hineinlegt, als es verdient, dann wird er bald im Regen stehen.

Wenn dieser Mann seine Romanfigur wäre, müßte sich der Schriftsteller fragen, wie dieser plötzliche Wandel in ein Leben passen würde, das Vergangenheit und Zukunft berücksichtigen muß; dasselbe gilt für den Psychotherapeuten, wenn es sich um seinen Patienten handelt. Da liegen Unterschiede zwischen gutem Drama und purer Maßlosigkeit. Man würde irgendeine Andeutung erwarten, die die Veränderung vorwegnimmt — Träume von Überraschung und Abenteuer, das Gefühl lebenslanger persönlicher Einengung, der dieser Mann zu entfliehen hofft, eine begründete Überzeugung, daß er diese Veränderung durchziehen kann, eine Bereitschaft, sein Leben aufs Spiel zu setzen, um sich aus der Banalität zu retten. Diese Andeutungen mögen unmittelbar beobachtbar gewesen sein oder auch nicht, da sich die vorbereitenden geistigen Umschichtungen eines Menschen oft unter der Oberfläche vollziehen. Angesichts der Mannigfaltigkeit menschlicher Motivationen bedarf es einer sensiblen Kenntnis der Umstände eines Ereignisses, um zwischen echtem Drama und emotionaler Inflation zu unterscheiden.

Wenn es ihnen entweder an Sensibilität oder an der Gelegenheit fehlt, sich den notwendigen Einblick zu verschaffen, dann orientieren sich die

Leute in ihrem Urteil oft am Hergebrachten. Nach den meisten Maßstäben überbewertet dieser sich wie neugeboren fühlende Fünfundvierzigjährige sein sexuelles Erlebnis. Die meisten Menschen werden zustimmen, da man sein Leben einfach nicht so überstürzt umkrempelt und alles beiseiteschiebt, was zuvor verläßlich erschien. Die landläufige Meinung könnte im Fall dieses Mannes durchaus recht haben. Wenn dem so ist, dann wird er in Schwierigkeiten kommen. Sie kann aber auch fehlgehen, wenn seine Motivationen wirklich tiefgreifende Änderungen erfordern. Eine ungewisse Zukunft winkt diesem Mann mit vielen Händen. Wenn er einen leichtsinnigen Fehler gemacht hat, dann könnte er sich damit trösten, daß er aus dieser schmerzhaften Erfahrung Nutzen ziehen könne. Die gelernten Lektionen werden zu einem Bestandteil des »Wenigstens-Syndrom«. *Wenigstens* kann er lernen, Schmerzen standhaft zu ertragen. *Wenigstens* erfährt er die belebende Wirkung des Wagnisses; *wenigstens* lernt er die Kontinuität eines Selbst kennen, das eine radikale Veränderung durchmacht; *wenigstens* erkennt er, wie komisch ein verdrehter Kopf sein kann. Die traurige Wahrheit ist jedoch, daß es besser gewesen wäre, wenn er gleich richtig entschieden hätte.

Ein Beispiel für jemanden, der immer wieder richtig entschieden hat, ist der Vater der Schriftstellerin Maureen Howard. In ihrer Beschreibung der extravaganten Abgänge ihres Vaters zeigt sie die feine Grenze zwischen dem Unangemessenen und der sympatischen persönlichen Marotte auf. Sooft ihr Vater aus trivialen Anlässen das Haus verließ, inszenierte er einen dramatischen Abgang. Bei dieser Inszenierung des Alltäglichen war er sich bewußt, daß er vor einem ihm herzlich zugetanen Publikum auftrat. Seine Abschiede waren immer fiktiv. Gleichzeitig deutete er Rätselhaftes über die Welt da draußen an. Er nutzte die Spannung, die in jedem Abschied steckt. Er unterstrich seine Bedeutung für seine Kinder und deren Wert für ihn. Er führte ihnen seine Tätigkeit als Schauspieler vor, ließ sie zumindest andeutungsweise erkennen. Und er machte ihnen damit eine große Freude. In den folgenden Worten äußert sich Howard über ihren Vater:

> Ein verhinderter Schauspieler, hatte mein Vater eine Angewohnheit, die zauberhaft war und, obwohl er nie auf die Idee kam, gleichzeitig der Inbegriff der Kunst des modernen Geschichtenerzählers — eines Borges oder Becketts würdig. Wenn er irgendwo-

hin aufbrach, dann setzte er seinen Abgang in Szene. In Hut und Mantel an der Tür stehend, pflegte er zu sagen: »Ich gehe fort, aber bevor ich gehe, habe ich euch etwas zu sagen.« Und dann mit gemessener Feierlichkeit, mit leisem Entsetzen, voll Stolz, Wichtigtuerei, Zärtlichkeit: »Ich gehe fort...« Er legte seinen Hut ab, knöpfte sich den Mantel wieder auf, als würde er es sich anders überlegen, aber dann nahm er einen neuen, entschlossenen Anlauf, beherzt, zuversichtlich, furchtlos: »Ich gehe fort...«

Dann passierte gar nichts. Da war keine Geschichte, keine Bedeutung. Es erschöpfte sich alles in dem Auftritt, was er in ein paar alberne Worte hineingeheimniste und aus ihnen schöpfte. Ich war absolut fasziniert und gleichzeitig seltsam unbefriedigt. In dieser Version, warum ich Schriftstellerin geworden bin, stelle ich mir vor, daß ich ein Publikum ebenso total in Atem halten will, wie er das mit uns am Küchentisch tat, und gleichzeitig, obwohl es kaum möglich ist und seinem Spiel widerspricht, etwas zu sagen habe.

Das Idiom von Howards Vater, das ihr unvergeßlich ist — ganz gleich wie inflationär es scheinen mochte —, verriet Sinn für Proportionen, weil er seine Kinder immer berücksichtigte und seine Mätzchen ebensosehr für sie ausheckte wie für sich selbst. Seine theatralischen Abschiede waren nicht nur unterhaltend, sie fesselten Maureen Howard in einer Weise, die sie veranlaßte, als Schriftstellerin fortzusetzen, was ihr Vater als Schauspieler nur angedeutet hatte.

Andere Sujets befriedigen das Bedürfnis nach emotionaler Übersteigerung in üblicherer Weise. Sensationelle Mord- oder Scheidungsprozesse, Liebesaffären der Prominenten, Korruption in der Regierung, kühne Rettungsaktionen, unfaßbarer Reichtum — alles das sticht vom Alltäglichen ab und findet daher die Aufmerksamkeit breiter Schichten. Während von der Korruption mächtiger Staatsdiener Millionen von Bürgern betroffen sein können, mag sie dem Einzelnen jedoch weniger aufregend erscheinen, als wenn er an der Kasse des Supermarkts zehn Mark zuviel herausbekommt. Für den Käufer stellt der Augenblick der Entscheidung zwischen Ehrlichkeit und Unehrlichkeit bzw. zwischen Mitgefühl für die Kassiererin und der Genugtuung, Geld geschenkt zu bekommen, ein privates Minidrama dar.

Persönliche Erlebnisse sind imstande, weltgeschichtliche Ereignisse in den Schatten zu stellen. Was den Leuten wirklich *unter die Haut geht*, ist der Grund der Scheidungsauseinandersetzungen ihrer Freunde, der Trauerfall in der Verwandschaft, die Freude einer Nachbarin, die nach vielen Frustrationen ihren Hochschulabschluß geschafft hat. Die Kunst riskiert zwar emotionale Inflation durch ihre Verklärung des Gewöhnlichen, macht die Menschen jedoch aufgeschlossener nicht nur für den großen Effekt, sondern letzten Endes auch für ihre eigenen Wahrnehmungen, ihre Kontinuität und ihren Kontext.

Der Wechsel von Schmerz und Drama

Der Tod eines Sohnes, so dramatisch er in einem Roman ist, wird im wirklichen Leben nichts weniger als traumatisch empfunden. Angesichts von Schmerz bleibt wenig Aufmerksamkeit für diese anderen Realitäten übrig, die dem Trauernden letzten Endes Form, Sinn, Proportion oder Inspiration bieten können. Für den Leidenden ist der Schmerz das einzige, was zählt. Um ihn bildet sich eine Art Geschwulst, die dafür sorgt, daß diese gegenwärtig nicht assimilierbare Erfahrung all die Aufmerksamkeit erhält, die ihr zusteht. Diese Geschwulst wird, indem sie Aufmerksamkeit garantiert, zur Barriere zwischen *dieser* Erfahrung und allen anderen Erfahrungen. Wer versuchen wollte, die Dinge wieder in die richtige Perspektive zu rücken, würde sich bestimmt eine Abfuhr holen. Die Lösung hängt von einer Reihe sukzessiver Erfahrungen ab, die alle dazu dienen, das Individuum aus seiner Beschränkung auf das schmerzhafte Ereignis zu befreien.

Erst nachdem der Schmerz nachgelassen hat, können wir das der Tragödie innewohnende Drama überhaupt würdigen. Damit meine ich, sobald das schmerzhafte Ereignis, ob gegenwärtig oder erinnert, zu einem Bestandteil der Gesamtpersönlichkeit geworden ist, sind die Voraussetzungen für das Drama vorhanden. Das Ereignis akzentuiert schließlich eine legitime, wenn auch von Narben bedeckte Existenz. Diese Bestätigung der Existenz, gefiltert aus einem stark eingeschränkten Bewußtsein, ist der Kern des Dramas. Von diesem Kern ausgehend, können wir uns über die bedrohliche Aussicht auf Schmerz hinausentwickeln und sie verblassen lassen, indem wir den Blick wieder auf die ganze Skala von Dingen freibekommen, die Gewicht haben.

In dem Roman *Feldstörungen* von Lynne Sharon Schwartz hat Lydia vier prachtvolle Kinder, deren Lebhaftigkeit und Munterkeit ihre ganze Umgebung entzücken. Sie sind dem Leser schon ans Herz gewachsen, als die beiden Kleinsten bei einem Busunglück ums Leben kommen. Lydia ist in Trauer gehüllt. Der Schock ist auch für den Leser groß, der durch seine intensive Beschäftigung mit dieser Familie von deren Verlust mitbetroffen ist. Trotzdem sind es Lydias Kinder, nicht die des Lesers. Dieser Abstand — genügend weit weg, um untröstlichen Schmerz zu verhindern, und nicht so fern, um eine heftige Traurigkeit auszuschließen — hilft dem Leser, Lydias Leben aus einer weiteren Perspektive zu sehen, als sie selbst aufbringen kann. Der Leser weiß z.B., daß Lydia noch zwei fabelhafte Kinder hat, daß sie mit Musikalität gesegnet ist, einen wundervollen Mann und außergewöhnlich liebevolle Freunde hat. Obwohl all dies am Rande auch für Lydia zählt, ist es nicht imstande, ihren Schmerz aufzulösen. Eingeschnürt von Pein, vermag sie keine Distanz zu gewinnen. Genauso würde es den Lesern ergehen, wenn das ihre Kinder gewesen wären. Aber von ihrem Standpunkt aus, können sie die Hoffnung auf eine Lösung erkennen. Dennoch sind sie, während sie Lydia das Beste wünschen, nicht sicher, ob Lydia es je schaffen wird. Es ist möglich, daß ihr Schmerz sie auf Dauer oder bis es zu spät ist, blenden wird. Für den Leser nimmt die Spannung immer mehr zu. Für Lydia sind Hoffnung, Spannung und Erlösung dagegen Unfug. Nur ihr Schmerz zählt, bis sie fähig ist, zu der Perspektive des Lesers aufzuschließen.

Das Wort »Drama« leitet sich Webster zufolge von dem griechischen Wort für »Tat« oder »Akt« ab. Dem Leidenden helfen notwendige Taten, seine Perspektive wiederzugewinnen und den Schmerz aufzulösen. Diese Handlungen sind vielgestaltig, und dazu zählen so banale Verhaltensweisen wie weinen, vor Kälte schaudern, reden, Geschichten erzählen, klagen, an die Arbeit zurückkehren, heißen Grog trinken, lange Spaziergänge machen oder die Gesellschaft jener Menschen zu genießen, die einem geblieben sind. Der Psychotherapeut ist sich wohl bewußt, daß das Individuum ein nach dem Prinzip von Ladung und Entladung funktionierender Organismus ist, der, um mit sich selbst im reinen zu bleiben, die Energie freisetzen muß, die er gespeichert hat. Die Stauungen, die durch unumkehrbar scheinende Ereignisse oder fixierte Selbstbilder entstehen, müssen beseitigt werden. Manchmal erfolgt der Durchbruch plötzlich wie beim Anstechen eines Furunkels. Gewöhnlich vollzieht sich der Abbau jedoch langsamer, wobei jede einzelne Episode zur schließlichen Wiederherstellung beiträgt. Man sagt, daß Zeit alle Wunden heile, was bedeutet, daß der Betroffene im natürlichen Verlauf seiner Handlungen immer wieder registriert, daß seine Persönlichkeit immer noch intakt ist und nach wie vor über die Grundlagen seiner Identität vor der Verwundung verfügt. Der Schmerz des Verlusts, der Scham und des Scheiterns wird herausgespült, sobald unsere normalen Säfte wieder durch die Kanäle unseres Bewußtseins kreisen.

Ganz gleich ob die Wiederherstellung schnell oder langsam erfolgt — alle Lösungen haben eine Form der Aktivität miteinander gemein, die eine festgefahrene Perspektive zugunsten neuer Möglichkeiten des Fühlens und Handelns aufgibt. Wie es der Schauspieler Derek Jacobi in einem Interview mit Michiku Kakutani ausdrückte, ist das Darstellen eine Gelegenheit, »alle traurigen, bedrückenden Dinge, die einem im Leben zugestoßen sind, zu überhöhen... Man kann ein Gefühl, das ursprünglich sehr schmerzhaft war, in ein sehr wohltuendes umwandeln. So war z.B. der Tod meiner Mutter vor mehreren Jahren ein furchtbares Trauma für mich. Aber auf der Bühne ... empfinde ich innerlich keinen Schmerz mehr. Es ist eine Art von Reinigungsprozeß.« So gibt einem auch in der Therapie das Nachvollziehen der verstörenden Gefühle des anderen Gelegenheit, sich von diesen Gefühlen zu reinigen, statt bei einem stagnierenden Selbstbild zu verharren.

Daniel, ein dreißigjähriges Mitglied einer Therapiegruppe, befreite sich durch seine Erzählungen von seinem Schmerz. Er war ein gefühlsbetonter, intelligenter und sympathischer Mensch, der an einer frustrierenden Liebesgeschichte litt, in der er sich als linkisch, unfähig, sich mitzuteilen, egoistisch und respektlos empfand. In seiner Verzweiflung bezeichnete er sich als widerlichen Typ und behauptete, immer ein solcher gewesen zu sein. Da sich Schmerz über Widerspruch hinwegsetzt, konnte er seine Aufmerksamkeit nur auf Dinge richten, die seine Widerwärtigkeit bestätigen würden. Ich beschloß, mich darauf einzulassen, und forderte ihn auf, seine Widerwärtigkeit näher zu beschreiben. Er erinnerte sich, daß er in seiner Jugend nie gewußt hatte, was er zu den Leuten sagen sollte. Er erzählte uns einige unglückliche Anekdoten über diese Zeit, wobei er sich selbst malträtierte, wie er als Halbwüchsiger vielleicht seine Pickel malträtiert haben mochte.

Unter seinen Geschichten war auch eine über eine Tanzveranstaltung in der Schule, bei der er aus Naivität ein Mädchen gedemütigt hatte, in das er verliebt war. Diese Erinnerung traf ihn an einem wunden Punkt, und er begann zu weinen. Sein Weinen war nur ein weiterer Beweis seiner Widerwärtigkeit. Für uns übrige, die wir als Außenstehende zuhörten, war die Geschichte eine rührende Episode in der an Ergüssen reichen verdrehten Komödie der Jugend, wie sie uns allen vertraut ist. Während Daniel fortfuhr zu weinen, wies ich darauf hin, daß er, obwohl er seine Handlungen als widerwärtig beurteilte, in Wirklichkeit bloß weine, was man w-e-i-n-e buchstabiere. Diese sarkastische Bemerkung ließ seine Stimmung umschlagen und animierte ihn zu einer weiteren Reihe von Geschichten, die alles andere als widerwärtig waren. Zu seiner Überraschung erinnerte er sich daran, wie er einmal einen Schlägertyp ausgetrickst hatte, sich mit dessen ehemaliger Freundin zu treffen. Bald nachdem er diese Geschichte erzählt hatte, begann Daniel zu lachen und ging dann zu anderen Erinnerungen an seine Schulzeit über — heitere Geschichten mit erfreulichem Ausgang.

Daniel hatte seine Jugend, einen besonders schwierigen Lebensabschnitt, schließlich überlebt. Aber er hatte sich in seiner Persona so stark als widerwärtig verinnerlicht, daß er jahrelang die Geschichte seines Lebens blockiert hatte. Sooft er Gelegenheit dazu erhielt, kehrte er zu seinem Selbstbild als widerwärtig zurück, mit kritischen Urteilen, die so vernichtend waren, daß es keinen Ausweg gab. Sein Urteil über ihn stand fest. Als er seine Abstempelungen von sich durch Handlungen ersetzte — Geschichten erzählen und weinen — traten neue Erfahrungen zutage, wie das immer geschieht. Sobald sich Spannung, Perspektive und Erleichterung — wichtige Elemente des Dramas — einstellten, war Daniel imstande, zusammen mit den anderen Gruppenmitgliedern seinen persönlichen Sieg über seine jugendliche Unbeholfenheit zu feiern. Obwohl das Drama dies nicht erfordert hätte, beendete Daniel bald danach seine frustrierende Liebesgeschichte ohne Selbstvorwürfe und begann eine neue, erfülltere und befriedigendere Beziehung.

Hätte Daniel, sagen wir einmal, *Der Fänger im Roggen* gelesen, dann hätte er leicht die inneren Kämpfe eines Halbwüchsigen erkannt und mit ihnen sympathisiert, der mit diesen neuen Problemen fertigzuwerden versucht, die es ihm schwer machen zu wissen, was er empfindet, und zu sagen, was er meint. Durch seine Dramatisierung trug Salinger zur Klärung dessen bei, was uns sonst nur undeutlich bewußt wäre. Wenn Daniel *Der Fänger im Roggen* lesen würde, dann würde er begreifen, daß Holden Caulfield nicht widerlich war, obwohl manche der Personen in seinem Leben dies meinen könnten.

Der Therapeut hat ebenso wie der Schriftsteller eine Fähigkeit dafür entwickelt, was Henry James als »fabelhaftes Spiel der Einbildungskraft« bezeichnet, das Verlangen zu sehen, was es zu sehen gibt. Dem Unverständlichen oder Beziehungslosen wird das Bewußtsein von Zielrichtung und Spannung verliehen, so daß der Patient das Gefühl hat, irgendwohin unterwegs zu sein. Einfache Wahrnehmungen weisen ihm den Weg. Ein Ausdruck von Entschlossenheit oder unterdrücktem Entsetzen, der Widerspruch zwischen einem energischen Kinn und einer Bitte in den Augen, all dies dient als Einführung in die dramatischen Lebenserfahrungen. Während man zuhört und zusicht, erblickt man vielleicht auch einen Rüpel, einen Schwindler, eine kleine Schwester, eine trotzige Göre, einen Schwerenöter, einen Verkehrspolizisten, eine Tänzerin, eine verlorene Liebe, einen entthronten Prinzen. Wenn sie das Leben eines Menschen mit diesen Figuren bevölkert, kann es der Kunst des Therapeuten wie der des Schriftstellers gelingen, das unverwirklichte Selbst zu ehren, indem sie all seine Bitterkeit, Traurigkeit, Frustration, Angst, Güte, Liebe und Wut freisetzt — all das, was zur Bestätigung der Erfahrung eines Menschen gehört.

II

LEBEN UND ERZÄHLEN

Erzählen ist die Kunst, die der gewöhnlichen, alltäglichen Funktionsweise des menschlichen Geistes am nächsten kommt. Menschen finden den Sinn ihres Lebens in der Idee der Aufeinanderfolge, im Konflikt, in Symbolik und in der Moral. Menschen denken und urteilen im Vertrauen auf die Erzählung; jeder Mensch ist in jedem Alter imstande, die Geschichte seines Lebens mit Autorität zu erzählen. Wir alle sind ständig mit dem Akt der Komposition beschäftigt, unser Erleben ist eine Erzählung, die ständig in jedem von uns abläuft.

— E.L. Doctorow
»The Passion of Our Calling«

Das Rohmaterial für Geschichten bildet sich ständig. Jeder Augenblick im Leben eines Menschen ist Keimzelle einer endlosen Anzahl von Ereignissen. An diesem Überfluß gemessen, entstehen relativ wenige Geschichten. Die meisten Vorfälle finden nicht mehr Beachtung, als das Rascheln von Laub auf einem Rasen oder der Gesang eines Vogels vor dem Fenster. Andere Ereignisse, die sich tiefer einprägen, finden vielleicht im Unbewußten Beachtung — anhaltende Ressentiments zum Beispiel oder vergessene Kränkungen. Offensichtlich bleibt nur ein Bruchteil des Erlebens übrig, nachdem das Gehirn die meisten Geschehnisse des Lebens aus dem Bewußtsein verbannt hat. Diejenigen Ereignisse, die in Geschichtenform weiterleben, sind uns verständlicherweise teuer; sie verkörpern eine dauerhafte Realität und verbinden jene ausgewählten persönlichen Erfahrungen miteinander, die überlebt haben. Ohne diese Verbindung würde uns nur das vageste Realitätsbewußtsein bleiben — isolierte Impulse ohne Markierung.

Jean-Paul Sartre erkannte das außerordentliche Geschenk an Bedeutungsgehalt und Abenteuer, das die Geschichte für alle Menschen bereithält. Was uns Sartre mit der einen Hand gibt, nimmt er uns jedoch mit der anderen wieder weg durch seine pessimistische Sicht der Widersprüche, die das Gefühl einer dauerhaften Realität sabotieren. Die Hauptperson des Romans *Der Ekel* läßt er sagen: »Nichts geschieht im Leben. Die Umgebung verändert sich, Menschen kommen und gehen, das ist alles.... Die Tage folgen einander ohne Grund und Ursache, eine endlose, monotone Aneinanderreihung.« Für Sartres Protagonisten liegt die Antwort auf diesen nihilistischen Zustand darin, von diesen Geschehnissen zu erzählen, und auch er findet, »damit das banalste Ereignis ein Abenteuer wird, muß man anfangen (und das ist genug), es zu erzählen«. Er sieht sich jedoch vor diesen scheinbar hoffnungslosen Widerspruch gestellt: »Aber man muß wählen, leben oder erzählen.« Das bedeutet, daß, wenn man nur »lebt«, nichts wirklich vorhanden ist; das flüchtige Erlebnis ist unsinnig, kaum der Aufmerksamkeit wert, die es erfordert. Wenn man dagegen davon erzählt, dann kann es durch das Erzählen eine erregende, abenteuerliche Erfahrung sein. Aber sobald man anfängt, das zu tun, ist es mit dem Leben vorbei. Was bleibt einem dann noch zu erzählen!

Das Paradox ist jedoch der menschlichen Existenz nicht fremd, und dieses ist nicht mehr und nicht weniger irritierend als andere. Vielmehr mißt Sartre durch die Anerkennung des Paradoxes zwischen schierem Leben — unerzählt — und bestätigtem Leben — das erzählt wird — dem Geschichtenerzählen, das normalerweise einen geringeren Platz einnimmt, ungewohnte Bedeutung bei. Obwohl es natürlich schwierig ist, etwas auszuleben und gleichzeitig davon zu erzählen, wird diese Exklusivität durch unsere bemerkenswerte Integrationsfähigkeit gemildert. Diese Geschicklichkeit tritt überall zutage, angefangen von der unerläßlichen Koordination der disparaten Funktionen unserer Gehirnhemisphären bis zu dem banalen Trick, sich gleichzeitig den Kopf zu tätscheln, während man sich den Bauch reibt. Diese Gewandtheit steht uns gleichermaßen für die Koordination von Leben und Erzählen zur Verfügung, eine Leistung, die wir im Gegensatz zu Sartres Protagonisten alle täglich vollbringen.

Freilich zeichnen sich manche dabei mehr aus als andere. Viele lassen sich dazu verleiten, die Geschichten mit den Ereignissen selbst zu verwechseln; sie wiederholen sie immer wieder, als ob sich das Erlebnis selbst dadurch wiedererwecken ließe. Andere erzählen Geschichten, wo ein Gedankenaustausch angebracht wäre. Manche entstellen die Ereignisse, die tatsächlich stattgefunden haben. Manche erzählen Geschichten, die fabelhafte Ausschmückungen eines ursprünglich simplen Vorfalls darstellen; anderen ist das komplexeste Ereignis nur ein Grunzen wert, Satzzeichen für eine erst noch zu erdenkende Geschichte. Manche Menschen hüten sich davor, jene Dinge zu erzählen, von denen sie fürchten, daß sie einen schlechten Eindruck machen könnten.

Trotz all dieser persönlichen Komplexität bleibt ein starker Drang zu erzählen vorhanden. Niemand hat sowohl den Magnetismus als auch die Frustration des Versuchs, Leben und Erzählen miteinander zu verbinden, besser beschrieben als Jorge Luis Borges. Er schätzte eine naturgetreue Wiedergabe so hoch, daß er ein unvergeßliches Gedicht darüber schrieb. In seinem Gedicht, »Der andere Tiger«, denkt er an einen Tiger, einen, der wirklich im Dschungel lebt — seine Bewegungen und die Spuren, die er hinterläßt, sein Wittern des Wildes, seine Streifen, sein zuckendes Fell und seine Tödlichkeit. Durch seine Beschreibung des »heraufbeschworenen« Tigers schwächt sich die Realität des wirklichen Tigers ab. Er hofft, diese Realität durch seine Worte Wirklichkeit werden zu lassen, aber er kennt die Vergeblichkeit seines Bemühens. Dennoch verspürt er ein unbezwingliches Bedürfnis, nach dem dritten Tiger zu suchen, jenem, der in seinem Traum lebendig wird. Er sagt:

Wir wollen einen dritten Tiger suchen.
Dieser wird, wie die anderen, ein Bild sein
aus meinen Träumen, ein System aus Wörtern
der Menschen, und nicht der Tiger mit Rückgrat,
der jenseits der Mythologien auf der
Erde lebt. Ich weiß wohl, doch zwingt mir etwas
dies unbegrenzte Abenteuer auf,
sinnlos und alt, und so harre ich aus
und suche in der Dämmerzeit des Abends
den andren Tiger, den, der nicht im Vers ist.

Die meisten Geschichtenerzähler würden sich mit weniger zufriedengeben als Borges, obwohl wir alle versuchen, die Realität erneut zu erschaffen, indem wir Dinge rekonstruieren, die zu einer anderen Zeit, an einem anderen Ort bereits existierten. Zum Glück für diejenigen von uns, die nicht so talentiert sind wie die großen Schriftsteller, erfordern private Gespräche nicht, daß wir über deren erzählerischen Gaben verfügen. Die körperliche Sichtbarkeit des Erzählers, das schon zuvor hergestellte Interesse des Zuhörers, die Unmittelbarkeit der Reaktionen — all dies trägt zur Bereicherung der Geschichte bei. Durch unsere Intimität kann es sein, daß ich durch die Berichte meiner Tochter über ihre Erlebnisse in Mexiko ebenso berührt werde wie durch den größten Schriftsteller. Doch jeder, der die Realität reproduziert, muß sich Borges' Herausforderung stellen, etwas bereits Geschehenes mehr oder weniger zu neuem Leben zu erwecken. Man stellt keine Kopie der Wirklichkeit her, sondern ruft bestimmte Aspekte des ursprünglichen Erlebnisses ins Leben zurück.

In vielen Geschichten geschieht diese Wiederbelebung in mangelhafter Weise. Menschen lassen Geheimnisse weg. Sie hüten sich davor, Schwäche, Arroganz, Torheit und all die anderen verwerflichen Kennzeichen eines authentischen Berichts zur Schau zu stellen. Außerdem kann der Kontakt zwischen Erzähler und Zuhörer unbefriedigend sein, wenn die Erzählung nicht auf Aktualität, Neuheit, Relevanz, Gefühle und Glaubwürdigkeit Rücksicht nimmt. Wenn die Geschichten außer acht lassen, was die Beteiligten gegenwärtig beschäftigt — wenn sie sich z.B. um einen kürzlichen Streit drehen, während sich andere Sorgen um die Krankheit eines Freundes machen — werden natürlich Verärgerung, Langeweile, das Gefühl der Sinnlosigkeit, Geistesabwesenheit und ähnliche unerfreuliche Wirkungen die Folge sein. Wenn der Geschichtenerzähler von trivialen Erfahrungen berichtet, die endlos erscheinen, wird er nur ein großes Gähnen hervorrufen. Wenn die Geschichten einseitig Partei ergreifen und kein Geben und Nehmen erlauben, können sie der Erinnerung des Zuhörers ebenfalls leicht entgleiten. Wenn Geschichten borniert und witzlos sind und dieselben Klagen sich wiederholen, kann der Zuhörer ergrimmt darauf warten, daß sie vorbei sind. Bloß weil Geschichten etwas Natürliches sind, sichert ihnen das noch keine privilegierte Aufnahme.

Gesprächsweise erzählte Geschichten

Soviele Varianten des Geschichtenerzählens es auch gibt — einschließlich so unterschiedlicher Formen wie Romane, historische Berichte, Musiktheater, politische Reden und Sportberichte —, das aktivste Vehikel des Erzählens ist doch das gewöhnliche Gespräch. Wenn einem jemand eine so einfache Frage stellt wie, Was hast du in letzter Zeit gemacht?, so ist dies die Aufforderung zu einer Geschichte. Sie entsprechen ihr mit einer elementaren Geschichte, wenn Sie antworten: »Ich habe eben zum ersten Mal nach Jahren Paul wieder getroffen. Er war im Supermarkt, und wir haben uns für nächsten Dienstag zum Mittagessen verabredet.« Dies ist vielleicht alles, was der Frager wissen will, und alles, was der Erzähler berichten möchte. Die meisten Menschen wünschen sich jedoch mehr Einzelheiten in ihren Geschichten. Dieser kurze Abriß enthält bereits Andeutungen einer interessanten Handlung. Paul klingt wie eine schattenhafte Figur, fern, aber möglicherweise noch bedeutsam für das Leben der Gesprächspartner, die über das Zusammentreffen im Supermarkt überrascht sein mögen. Das Rätsel von Pauls Abwesenheit wird mit dem trivialen Supermarkt gekoppelt. Die Absicht, miteinander zu essen und zu reden, hat etwas Aufregendes. Vielleicht wird sich eine alte Intimität wieder einstellen. Was wird dabei herauskommen? Paul hat vielleicht in Wisconsin gearbeitet oder ist gerade aus dem Gefängnis entlassen worden. Wenn der Zuhörer weiß, daß Paul entweder schlechte Nachrichten oder die Möglichkeit eines neuen Anfangs bedeutet, dann wird die sich anschließende Geschichte aufregender sein, als wenn er erwartet, daß die Begegnung nur geringe Folgen haben wird.

Mag man davon gefesselt sein oder nicht, dies ist bereits eine Geschichte — einfach, weil ein Erlebnis erzählt wurde. Leute haben sich getroffen, miteinander gesprochen, ihre Beziehung erneuert, sich miteinander verabredet, wurden als Akteure der Vergangenheit und Zukunft anerkannt. Darüber zu erzählen, verlieh der Realität der Begegnung eine gesteigerte Dimension, teils, weil das Sprechen dem, was sonst nur erinnert würde, eine motorische Komponente hinzufügt, teils, weil damit ein Zeuge einer Begegnung entstand, die sonst vielleicht übergangen worden wäre, und teils weil ein kurz zurückliegendes Ereignis schöpferisch in gesprochener Form erneut zum Leben erweckt wurde. Darüber hinaus rief das Erzählen ein Gemeinschaftsgefühl hervor, indem es den Erzähler mit dem Zuhörer verband.

Ein bekanntes Beispiel eines mit Geschichten erfüllten Gesprächs ist der Film »Mein Essen mit André«. Das Geschichtenerzählen steht in diesem Film im Mittelpunkt — sonst passiert da nichts. André, ein Theaterregisseur, und Wally, ein bisher noch erfolgloser Stückeschreiber, sind alte Freunde, die sich nach einer jahrelang eingeschlafenen Beziehung wieder treffen. André, der verschwunden gewesen war, ist nach New York zurückgekehrt, wie aus dem Reich der Toten. Beim Abendessen will er

Wally alles über eine Reihe seiner Erlebnisse erzählen, von denen ihn viele an die Grenze zwischen Erleuchtung und Wahnsinn gebracht haben. Wally will diese Geschichten hören; anfangs hört er nur zu, aber später erzählt er auch selbst einige Geschichten.

André redet sehr ausführlich, er erzählt über den magischen Glanz von Findhorn, von dem er so geblendet war, daß er wiederholt Halluzinationen hatte; über raffiniert inszenierte Gemeinschaftserlebnisse in märchenhaften Wäldern Polens und über andere unheimliche Vorfälle an so unterschiedlichen Orten wie Long Island und der Sahara. Während des größten Teils des Films ist Wally fasziniert von der Merkwürdigkeit und Intelligenz dieses Mannes, der extravagant beschreibt, wie er die Großartigkeit der Menschheit entdeckte. Im Laufe des Gesprächs beginnt Wally für seinen eigenen schmucklosen Lebensstil einzutreten. Er hat die Großartigkeit des Lebens offenkundig viel müheloser entdeckt als André. Im Gegensatz zu den Erlebnissen Andrés mögen Wallys Erfahrungen kaum erwähnenswert erscheinen, aber sie evozieren seinen eigenen, ihm genauso teuren Lebensstil. Er sagt als Reaktion auf Andrés exotische Schilderungen, daß er bloß versuche, zu überleben, seinen Unterhalt zu verdienen und seine Miete und Rechnungen zu bezahlen. Es gefällt ihm, mit seiner Frau Debby zu Hause zu bleiben und Charlton Hestons Autobiographie zu lesen. Hie und da geht er zu einer Party oder dergleichen und gelegentlich rafft er sein kleines Talent zusammen und schreibt ein Stück. Und er liest auch gerne über andere kleine Stücke. Er hat eine Liste mit Besorgungen und Verpflichtungen, die er in einem Notizbuch führt, und es gefällt ihm, anhand einer Liste seine Verpflichtungen zu erfüllen und die Besorgungen zu machen und sie dann von der Liste zu streichen. Dies und, wie wir ahnen können, noch vieles Vergleichbare ist alles, was er braucht, um zu wissen, daß das Leben lebenswert ist. Andrés Version ist weitaus üppiger und wird auch mit größerer Wortgewalt beschworen, aber sie leistet keine besseren Dienste für die Gestaltung einer dauerhaften Wirklichkeit.

Obwohl sich ihre Geschichten voneinander unterscheiden, haben André und Wally einen gemeinsamen Nenner in der Bestätigung früherer Erfahrungen. Das Bedürfnis, dies immer wieder zu tun, erinnert einen an den Mythos von der ewigen Wiederkehr, wie ihn Milan Kundera in *Die unerträgliche Leichtigkeit des Seins* beschreibt. Er erklärt ähnlich wie Sartre, daß das Leben nur durch Wiederholungen Substanz annehme. Welchen Sinn hat ein Krieg zwischen zwei afrikanischen Königreichen, fragt er, wenn er »nichts am Geschick der Welt ändert, selbst wenn hunderttausend Schwarze unter entsetzlichen Qualen umgekommen sind?« Kundera zufolge erteilen vergängliche Umstände allem Erleben die Absolution. In einem weiteren Kommentar bemerkt er, daß alles, was verschwinde, »wie ein Schatten« sei und, so fürchterlich oder schön auch immer, nichts bedeute. Er zitiert auch ein deutsches Sprichwort, »Einmal ist keinmal... was bloß einmal geschieht, könnte genausogut gar nicht geschehen sein. Wenn wir nur ein Leben zu leben haben, dann könnten wir genausogut gar nicht gelebt haben.«

Seine Geschichte dient in erster Linie als Vehikel zur Erschaffung der sich wiederholenden Erfahrungen, die Kundera vorschweben. Sie schärft das Bewußtsein für frühere Erlebnisse und präsentiert sie aufs Neue, fast, als ob sie wieder geschehen würden. Je besser diese Reproduktionen, desto lebhafter empfindet der Zuhörer das neue Leben, mit der eine Geschichte ein vergangenes Ereignis erfüllt. Vielleicht wird das neue Leben, wie Borges andeutet, nur eine blasse oder entstellte Wiedergabe des Originals sein, aber durch das Erzählen ist wenigstens ein Wunsch der Anerkennung, wenn nicht einer uneingeschränkten Wiederherstellung vorhanden. Erzähler und Zuhörer werden gemeinsam Zeugen einer sich wiederholenden Existenz, der zwar leider keine Unsterblichkeit beschieden ist, aber die über ein Leben verfügt, das ihr ureigenstes ist.

Die Ohren offenhalten für Geschichten

Geschichten müssen nicht nur erzählt, sondern auch gehört werden. Was gesagt wird, gewinnt Wert durch das Verständnis des Zuhörers für das Gesagte und sein Wissen, daß das noch nicht Gesagte bald gesagt werden wird. Eudora Welty zählt zu den großen Zuhörern, die nicht nur Geschichten *lauschen,* sondern, die ihre Ohren für Geschichten *offenhalten.* Sie sagt: »Horchende Kinder wissen, daß Geschichten *da* sind. Wenn sich die Großen hinsetzen und beginnen, dann warten die Kinder einfach und hoffen, daß eine herauskommen wird wie eine Maus aus ihrem Loch.«

Der zuhörende Psychotherapeut spitzt ebenfalls die Ohren nach einer guten Geschichte, obwohl die Patienten oft nicht offen dafür sind, ihre Geschichten ausschnüffeln zu lassen. Eine meiner Patientinnen, eine

Geologin, die dazu neigte, ihre Erlebnisse depressiv abzuwerten, redete nichtssagend über Roger, einen Schweißer, der zehn Jahre jünger als sie war. Er machte ihr den Hof, aber als Liebespartner interessierte er sie nicht. In ihren Augen war er sympathisch und großzügig, aber nicht sehr fesselnd, obwohl sie viel Zeit mit ihm verbrachte. Da Depressionen oft mit dem Unvermögen einhergehen, Interessantes zu erkennen, fragte ich mich, was sie bei Roger übersah, einfach, weil sie nicht in ihn verliebt war. Der Gegensatz in ihren Beschäftigungen war als solcher schon bemerkenswert; er arbeitete gelegentlich als Schweißer, und sie war eine Akademikerin. Er verließ auch häufig die Stadt, interessierte sich nicht für geistige oder kulturelle Dinge und führte ein Leben entspannter Einfachheit — das genaue Gegenteil ihrer introspektiven, kultivierten Art.

Als wir uns näher mit Rogers Lebensweise beschäftigten, erzählte sie mir, daß er einmal allein in ihrem Haus gewesen war, während nebenan ständig das Telefon läutete. Genervt ging er schließlich hinaus und schnitt das Telefonkabel ab. Wie merkwürdig einfach! Dann erzählte sie mir über ein anderes Mal, als sein Auto von einem anderen gerammt wurde, als er an einer Ampel hielt. Als er ausstieg, um sich den Namen des Fahrers und andere Informationen zu notieren, fuhr der andere davon. Roger verfolgte den Mann mit 120 Sachen, bis der Flüchtende, ein kürzlich eingewanderter Mexikaner, halb zu Tode geängstigt anhielt — aber erst, nachdem er den Stadtteil erreicht hatte, der ihm vertraut war. Nach einem kurzen Wortwechsel erhielt Roger die nötigen Auskünfte und kehrte wieder um — eine törichte Verfolgungsjagd mit sehr geringem Nutzen, wobei er noch Glück hatte, daß er mit heiler Haut davonkam. Als mir meine Patientin diese Geschichten erzählte, nahm dieser jetzt ungewöhnliche Mann für mich und auch für sie Konturen an. Er war vielleicht nicht der andere Tiger, den Borges ahnte, aber er war auch nicht so farblos, daß man ihn vergessen konnte. Sie brauchte nicht mit ihm zusammenzuleben oder ihn zu lieben, aber als sie sein Lebensgefühl erkannte, war sie imstande, sich etwas aus ihrer lustlosen Resignation zu reißen.

Ungreifbare Erfahrungen dingfest machen

Ein Großteil dessen, was im Leben geschieht, spielt sich an der Peripherie unseres Bewußtseins ab. Jane fragt micht z.B., ob ich finde, daß

Agnes unfreundlich zu ihr war; es fällt ihr schwer, das festzustellen. John scheint in letzter Zeit mehr über seine Exfrau zu sprechen, aber ich weiß nicht, warum ich das glaube. Agatha hat das vage Gefühl, daß in ihrem Leben jetzt mehr Musik ist. All dies sind undeutliche Empfindungen, suggestiv, aber unzuverlässig. Wenn wir sie verdeutlichen würden, indem wir Geschichten erzählen, würden Einzelheiten ans Licht kommen, die uns weiteren Aufschluß und größere Klarheit bringen würden. Aus Andeutungen würden Erkenntnisse werden, nackte Tatsachen würden aufquellen wie Hefeteig, Gefühle und ihre Assoziationen würden zutage treten. Ein Beispiel ist der Dichter, der beim Anblick eines Baums gerührt ist, obwohl dieser nur das Skelett dessen ist, was er sagen will. Wenn er von dem Baum spricht, den er sieht, dann wird er vielleicht sagen, daß dieser ihn auffordere, ihn zu ersteigen, oder daß er den Wunsch verspüre, wieder seine Rinde abzuschälen wie einst, oder daß seine Zweige einen Schirm bilden. Er kann sich klarwerden über Fruchtbarkeit oder Knorrigkeit oder Anmut. Wenn wir Bäume sehen, dann sehen wir gewöhnlich nur Bäume. Für denjenigen, der über sie spricht, können sie viel mehr bedeuten.

In der Psychotherapie wird der Zweifelhaftigkeit von Erfahrung besondere Aufmerksamkeit gewidmet. Menschen möchten ihr Leben verändern, aber sie wissen nicht mit Sicherheit, was dazu nötig wäre. Ein solcher Mensch war Ingrid, die in der Gruppentherapie von einem allgemeinen Gefühl der Scham, Furcht und Selbstkritik sprach, das mit nichts zusammenhing, was ihre Empfindungen erklärt hätte. Sie »müßte die Dinge besser im Griff haben, müßte selbstsicherer und erfolgreicher sein, liebevoller und toleranter«. Ihre Vorstellungen waren nicht konkret genug, um einen Wunsch daran aufzuhängen. Als ich sie drängte zu konkretisieren, wofür sie sich schämte, brauchte sie eine Weile, um zu sagen, wenn sie mit Leuten uneinig sei, werde sie innerlich wütend, beiße die Zähne zusammen und schalte insgeheim auf stur. Das sei es, wofür sie sich schäme — die Unaufrichtigkeit ihres Schweigens. Plötzlich erschien ihre Scham schon ein bißchen weniger ungreifbar, obwohl sie noch weiterer Konkretisierung bedurfte. Dann fügte sie hinzu, ihre Mutter habe immer Ehrlichkeit um jeden Preis gepredigt, aber wenn Ingrid diese praktizierte, dann konnte ihre Mutter nicht damit umgehen. Wenn Lügen unmoralisch und die Wahrheit unerträglich war, dann befand sich Ingrid natürlich in einer Zwickmühle, deshalb verstummte sie im Lauf der Jahre und vergaß warum.

Um der Geschichte Substanz zu verleihen, schlug ich vor, daß sie, statt sich in den Widersprüchen in bezug auf die Wahrheit zu verheddern, die lähmend auf sie wirkten, ein Experiment mit dem Lügen versuchen sollte. Ich versicherte ihr, daß sich das auf einen Augenblick beschränke. Sie wurde sehr erregt, ihre besorgte Miene wich einem gelösten, fast etwas wilden Ausdruck. Ironisch erzählte sie der Gruppe über die wirklich schwere Woche, die sie hinter sich habe, da sie bei der Hausarbeit so fleißig gewesen sei, daß ihre Finger rissig wurden und ihre Nägel ausfransten. Sie habe »das Büro sauber gemacht, die Pflanzen gegossen, wie eine Besessene gearbeitet und Unmengen Berichte und Briefe geschrieben«.

An diesem Punkt war sie sich noch der Künstlichkeit ihrer Lügen bewußt. Aber sie kam allmählich auf den Geschmack. Sie kicherte bei der Vorstellung, was sie alles für die Leute in ihrem Haus getan habe, aber plötzlich wurde ihr bewußt, daß sie an gewisse Fakten dachte, die sie normalerweise nicht erwähnt hätte. Sie legte dann einen anderen Gang ein und erzählte uns eine wahre Geschichte über einen kürzlichen Besuch norwegischer Verwandter. Ihre Erlebnisse waren offensichtlich nicht länger ungreifbar. Stolz sagte sie: »Ich habe für diese Leute gekocht, ich habe sie unterhalten, ich habe mir ihre Probleme und Frustrationen angehört, ich habe ihnen Drinks serviert und ihre verdammten Aschenbecher ausgeleert. Ich habe ihnen zuliebe Norwegisch gesprochen, damit sie mich gernhaben und sich von mir gut aufgenommen fühlen, und ich habe sie alle umarmt und geküßt, und ich habe das ganze verdammte Haus in norwegischer Manier saubergemacht. Ich meine, ich habe wirklich geschuftet wie eine Blöde. Dann habe ich den Tisch wunderschön gedeckt, mit einer Spitzendecke und Blumen und Kerzen. Ich habe sogar meinen Onkel gebeten, vor dem Essen ein Tischgebet zu sprechen, damit sie sich heimisch und wohl fühlen. Das habe ich drei Abende hintereinander für drei verschiedene Gruppen getan. Ich habe mich wirklich selbst übertroffen.... Irgendwie ist das sehr aufregend.«

An diesem Punkt bemerkte sie wehmütig, daß die Männer in ihrer Familie endlos über ihre Erlebnisse reden dürften, darunter auch ziemliche Aufschneidereien, aber daß von Frauen erwartet würde, zu dienen und sich bescheiden zu geben. Diese Erkenntnis erklärte ihr Gefühl, nicht zu *zählen*. Inzwischen *spürte* sie, daß sie zählte, und die Rollen, die sie in ihrer Familie spielen sollte, waren ihr völlig egal. Von da an vergingen ihre Gefühle der Scham einfach von selbst.

Durch ein ähnliches Aufspüren von Einzelheiten können uns Geschichten auch im täglichen Leben helfen, ansonsten schwer deutbare Erfahrungen dingfest zu machen. Eine Freundin rief mich z.B. an, als ich gerade an einem anderen Apparat ein Ferngespräch führte. Als ich fertig war, wollte ich sie zurückrufen, aber sie wollte nur wissen, ob wir uns an diesem Abend sehen könnten. Ich wußte, daß das nicht ging, aber ich wollte nichts Definitives sagen. Ich wußte nicht, warum nicht; ich kannte sie gut genug, um keine Umstände zu machen, aber statt einfach nein zu sagen, sagte ich, ich würde sie gleich zurückrufen. Als ich das tat, war ihre Nummer besetzt! Mehrere Male dasselbe. Ich kam zu dem Schluß, daß sie mir gegenüber kühl sei, aber als ich sie schließlich erreichte, klang sie ganz herzlich. Wir redeten eine Weile und verabredeten uns für ein anderes Mal. Später, als ich meiner Frau diese Geschichte erzählte, wurde mir klar, was ich zuvor nicht erkannt hatte. Ich fürchtete, unfreundlich zu erscheinen, da ich normalerweise nicht viel rede. In Wirklichkeit bin ich ganz freundlich, und meine Freunde akzeptieren meine Zurückhaltung durchaus. Als ich diese Geschichte erzählte, erkannte ich dies deutlicher und hatte keine Schwierigkeiten mehr damit.

Verbindungen herstellen

Wir benutzen Geschichten auch, um unser Leben mit dem anderer Menschen zu verbinden. Einer der Gründe, warum wir Geschichten lesen, ist, daß wir innerlich Anteil an den Personen nehmen, daß wir neue Erlebnisbereiche kennenlernen, die für uns wichtig werden. Als ich z.B. John Irvings Roman *Garp und wie er die Welt sah* las, war ich von den Charakteren so fasziniert, daß ich nach einem dramatischen Autounfall, bei dem einer der kleinen Söhne Garps getötet wurde, einige Tage brauchte, um über meine Trauer hinwegzukommen. Das war mehr, als ich mir gewünscht hätte, aber ich akzeptierte diese starke innere Beteiligung, so niederdrückend sie auch war. Meine Traurigkeit war ein Maßstab meines Interesses an den Figuren dieses Romans. Viele Leser wollen keine so starke Verstrickung mit dem Leben fiktiver Charaktere. Tatsächlich sagte Irving einmal in einem Fernsehinterview über einen früheren Roman, daß er einen wütenden Brief von einer Leserin erhalten habe, die sich beklagte, daß sie ihm nicht mehr vertrauen könne, weil er sie in eine Situation brachte, von der sie das Gefühl habe, daß sie ihr nicht guttue. Er konnte ihr das nachfühlen, obwohl er fand, daß das, was er schrieb, organisch richtig sei, und er erkannte auch seine Verantwortung gegenüber seinen Lesern — nicht, ihnen das Leben leichtzumachen, aber auch nicht, mit ihren Gefühlen Schindluder zu treiben.

Diese empfundene Verbindung ist auch ein Aspekt der psychotherapeutischen Beziehung, die irgendwo zwischen Fiktion und Wirklichkeit liegt — Fiktion wegen der stark stilisierten Beziehung, bei der die Beteiligten nur jeweils für eine Sitzung zusammenkommen und bei der die Grenzen deshalb nur ein bißchen leichter überschreitbar sind als die Grenzen eines Buches; Wirklichkeit, weil die Beteiligten aus Fleisch und Blut sind. Darüber hinaus ist die Identität des Erzählers einer Geschichte in der Psychotherapie mehrdeutiger als in der Fiktion. Die in der Therapie entwickelten Handlungen werden gemeinsam geschaffen; Therapeut und Patient sind, man könnte fast sagen, Co-Autoren. Manchmal ergeht es dem Therapeuten wie dem Leser eines Romans; es ist schließlich nicht sein Leben, das im Mittelpunkt steht, und er hört begierig zu. Im vorhin erwähnten Sinn von Eudora Welty spitzt er die Ohren nach Geschichten und ist äußerst sensibilisiert dafür, ob die Geschichte, die vor ihm ausgebreitet wird, überzeugend ist oder ob sie letzten Endes nicht funktioniert. In anderen Momenten hört er nicht bloß zu, sondern steuert auch die Entwicklung der Geschichte. Er kann Experimente anordnen, um die Nachforschungen des Patienten sowohl im Therapieraum als auch außerhalb desselben zu fördern. Er kann interpretieren, raten oder provozieren. Er kann unterstützend oder informativ sein. Er arbeitet daran, die Weichen für seinen Patienten in eine Richtung zu stellen, die ihm ein besseres Leben verspricht.

Was auch immer der Psychotherapeut tut, seine Freiheit ist jedoch begrenzt. Sich aufgeschlossen von der Geschichte seines Patienten fesseln zu lassen ist nur die Hälfte der Voraussetzung. Die andere besteht darin, jene kritischen Fähigkeiten zu bewahren, die nötig sind, um die Eigenschaften einer guten Handlung zu erkennen, wie es ein Lektor tun würde. Drei der Eigenschaften, nach denen er Ausschau hält, sind Kohärenz, Zielausrichtung und Erträglichkeit, lauter Faktoren, die zu einer Veränderung beitragen können.

Erstens muß die Geschichte um der *Kohärenz* willen einen Zusammenhang versprechen, damit die Aufmerksamkeit gesichert ist, d.h. jeder Teil muß sich schließlich als zum Ganzen gehörig erweisen. Diese Kohärenz braucht nicht monoton zu sein; eine gelegentliche Inkohärenz kann sogar die Erzählung würzen, solange sie der Zuhörer als rätselhaft oder fesselnd erlebt. Wenn die Inkohärenz bloß chaotisch erscheint oder wenn die notwendigen Folgen jedes Ereignisses endlos hinausgezögert werden, dann läßt die Aufmerksamkeit nach. Uneinheitlichkeit des Erlebens ist im Dasein jedes Menschen vorhanden, aber manche empfinden diese Widersprüche als verkraftbar, während sie für andere eine zerrissene Persönlichkeit repräsentieren. Der Therapeut muß nach Gelegenheiten Ausschau halten, die Widersprüche selektiv zusammenzufassen, so daß sie als legitime Anteile der Gesamtpersönlichkeit empfunden werden. Während man ein Vertrauen zu grundlegender Kohärenz entwickelt, kann man lange Strecken durchstehen, ohne daß ein klarer Sinn erkennbar ist; dennoch ist Inkohärenz oft der eigentliche Grund persönlicher Schwierigkeiten. Jeder Mensch möchte sich schließlich als ganz empfinden.

Zweitens brauchen Therapeut und Patient das Bewußtsein einer *Richtung,* in die sie sich bewegen. Manchmal ist dies eine klare Zielrichtung, wie einen neuen Job zu finden, leichter zu lächeln oder sich mit bisher tabuisierten Themen zu befassen. Manchmal geht diese Bewegung, obwohl sie nirgends evident wird, tatsächlich weiter und kommt einem erst später zu Bewußtsein. Weder Leser noch Autor werden es gutheißen, sehr lange auf der Stelle zu treten; ebensowenig sollte sich der Therapeut oder der Patient mit Stagnation aufgrund falscher persönlicher Toleranz abfinden. Wie John Gardner in *On Becoming a Novelist* sagt: »Der Durchschnittsleser will einen Grund haben weiterzulesen. Zwei Dinge können ihn dazu bewegen: Argumente oder Handlung. Wenn ein Argument immer wieder dasselbe wiederholt und nie von a nach b gelangt oder wenn eine Geschichte nicht von der Stelle kommt, dann verliert der Leser das Interesse.«

Es gibt viele Therapiesitzungen, die ständig dasselbe Terrain beackern, jede Sitzung ein Abklatsch der vorangegangenen. Bis das behoben ist, wird auch das faszinierendste Thema abgedroschen, ja unerträglich werden. Gerade die geduldigsten oder starrsten Menschen müssen Bewegung erleben und wenn dies geschieht, dann bringt jede Initiative häufig eine neue hervor. Da Bewegung in gewissem Sinne unvermeidlich ist, genügt es oft, bloß ihre speziellen, manchmal übersehenen Manifestationen zu beachten. Nicht selten ist der Erfolg bereits da, aber er ist ebenso schwierig zu erkennen wie zu bewirken. Ein Mann äußerte beispielsweise den Wunsch, von einer bestimmten Gruppe freundlicher aufgenommen zu werden. Obwohl er mit diesen Leuten gerne beisammen war und beträchtlichen Einfluß auf sie hatte, erschien ihm die Beziehung distanziert. Ich wies ihn darauf hin, daß er oft nachdenkt, bevor er spricht, und daß dies eine Distanz zwischen ihm und anderen schaffen könnte. Er glaubte, er *müsse* zuerst nachdenken. Ich führte ihm vor Augen, daß er viele der Dinge, die er sagte, bereits ohne nachzudenken aussprach. Es überraschte ihn, daß dies stimmte und daß er bloß das, was er unbewußt bereits tat, auf die gewünschte Situation übertragen mußte. Mit einiger Übung konnte er sein Vertrauen steigern, daß Reden ohne zu überlegen gefahrlos und natürlich sei. Tatsächlich zeigten sich die Ergebnisse bereits bei seinem nächsten Zusammensein mit dieser Gruppe, bei dem er viel fließender sprach und seine herzlichen Gefühle erwidert wurden.

Drittens, was die *Erträglichkeit* betrifft, muß man sich vor Augen halten, daß es einen Grad an Leidensdruck oder Unbehagen gibt, bei dessen Überschreitung die Betroffenen nicht mehr imstande sind, gut zu funktionieren. Ein akzeptables Verhältnis zwischen Schmerz und anderen Aspekten des Lebens muß gewahrt werden — sei es in einem Roman, in der Therapie oder im täglichen Leben. Humor, Ironie, Vielseitigkeit der Interessen, Abenteuerlust, Geheimnisse, Liebe — all dies sind Handlungselemente, die von denjenigen außer acht gelassen werden, die sich in ihrem Schmerz eingekapselt haben. Solche Menschen können nur vorübergehend interessant sein, sei es in einem Roman oder im Leben selbst. Sowohl der Schriftsteller als auch der Therapeut müssen genügend Erholungspausen gestatten, damit ihre Leser und Patienten frisch bleiben können. Für den Therapeuten ist dies besonders schwierig, weil manche Menschen bereits im Zustand einer solchen Gequältheit zu ihm kommen, die alles übrige verdüstert. Dennoch werden ihre Probleme durch einfühlsame Unterstützung, hilfreiche Informationen, den Hoffnungsschimmer neuer Möglichkeiten, humorvolle Bemerkungen, Zeit zur Entfaltung, ja sogar durch Medikamente erträglicher werden.

Das folgende ist ein Beispiel dafür, welche Rolle Kohärenz, Zielrichtung und Erträglichkeit für die sich entfaltende Geschichte eines Patienten spielen können. Carol, eine fünfunddreißigjährige Innenarchitektin, war seit zehn Jahren mit einem Mann verheiratet, den sie zwar mochte, aber mit dem sie glaubte, nicht den Rest ihres Lebens zubringen zu können. Sie hatte sich vorübergehend von ihm getrennt und mußte sich nun entscheiden, ob sie ihre Ehe aufgeben oder wieder zu ihm zurückkehren sollte. Sie schwankte zwischen der fast klaustrophobischen Vorstellung, wieder zurückzukehren, und der ebenso schmerzhaften Aussicht, ihre Familie auseinanderzureißen; ihre drei Kinder liebten ihren Vater. Dieses ambivalente Thema kaute sie ständig aufs Neue wieder — der Ehe entfliehen zu wollen, aber den Gedanken an den endgültigen Bruch unerträglich zu finden.

Trotz Dialogen zwischen Teilen von ihr selbst, Berichten über persönliche Einflüsse, Erkenntnisse, Entschlüsse, trotz Bemühungen, ihr die Eigenheiten ihres Mannes nahezubringen, und aller übrigen therapeutischen Methoden begann mir ihre Geschichte endlos zu erscheinen. Mit ihrer verfahrenen Handlung hatte sie weder Kohärenz noch Zielrichtung noch Erträglichkeit auf ihrer Seite. Ohne eine dieser Qualitäten war sie im Begriff, mir gegenüber eine Mauer zu errichten, wie sie dies auch schon mit anderen in ihrem Leben getan hatte. Ich wollte sie wieder erreichen. Sie schien ihre Therapie als Ablenkung von der Notwendigkeit zu benutzen, eine Entscheidung zu treffen. Solange sie in Therapie war, konnte sie sich *einreden*, daß sie etwas unternehme, statt bloß im eigenen Saft zu schmoren. Im Grunde diente ihr die Therapie als ein Vorwand für den Aufschub. Aber ihr Leidensdruck war zu groß, um einen weiteren Aufschub akzeptabel zu machen. Deshalb riet ich ihr ohne Rücksicht auf die übliche psychologische Durcharbeitung, einfach aufgrund meines eigenen wohlerwogenen Urteils, zu ihrem Mann zurückzukehren. Ich redete eher wie ein freundlicher Onkel als wie ein Psychologe und versuchte, ihr so nahe wie möglich zu kommen. Mein Rat gefiel ihr natürlich nicht, aber jeder andere hätte ihr ebenso mißfallen. Die Regeln einer guten Geschichte erforderten jedoch, daß sie sich in Bewegung setzte.

Die ganze folgende Woche war sie wütend auf mich. Ihre Wut bewirkte jedoch Kohärenz, Zielrichtung und Erträglichkeit. Sie hatte zwei neue Erkenntnisse, die beide zur *Kohärenz* beitrugen. Erstens glaubte sie, mein Rat impliziere, daß sie ein hilfloses Kind sei, das in eine Atmosphäre der Geborgenheit zurückkehren sollte. Dadurch fühlte sie sich beleidigt, obwohl sie auch merkte, daß sie es war, die sich in die Rolle des hilflosen Kindes begab. Zweitens erkannte sie bei sich einen gewaltigen Eigensinn, der sie drängte, an ihrer Freiheit festzuhalten. Mit der Erkenntnis dieses Eigensinns wurde ihr auch klar, daß sie es ihrer Mutter zeigen wollte, die sie insgeheim dafür verachtete, ihr ganzes Leben mit einem Mann verheiratet zu bleiben, den sie nicht liebte. Als sie diese neuen Gedanken äußerte, wurde mir ihr Verhalten ebenso klar wie ihr selbst, es leuchtete uns jetzt beiden ein.

Gleichzeitig vermittelte sie ein neues Gefühl der *Erträglichkeit* ihrer Erfahrungen. Sie erzählte mir in überzeugenden Worten, daß sie im Grunde ausgezeichnet für Essen, Kleidung, Gesundheit und Hausaufgaben der Kinder zu sorgen verstehe, daß sie alle finanziellen Angelegenheiten regle, genügend verdiene, um Reserven bilden zu können, beruflich den größten Erfolg ihres Lebens habe, den Müll hinaustrage, ihre Kinder zuverlässig liebe, sie berate und mit ihnen Spaß habe. Ihre Beredsamkeit verscheuchte die Zerrissenheit, die sie sonst immer an den Tag gelegt hatte.

Ihre *Zielbezogenheit* nahm schließlich zu, weil sie, obwohl sie sich meinem Rat widersetzte, mit ihrem Mann zusammentraf, um einige Voraussetzungen für die Erneuerung ihrer Beziehung zu besprechen — beispielsweise sollte er sie weder in bezug auf Sex noch in bezug auf eine dauerhafte Rückkehr unter Druck setzen. Dies funktionierte jedoch nicht, und sie beendete die Beziehung erneut. Als sie sich einige Zeit später, vielleicht nach einem Jahr, wieder mit ihm zusammentun wollte, war es zu spät. Inzwischen wollte er sie nicht mehr. Obwohl dies neues Leid mit sich brachte, war es in anderer Hinsicht ein befreiendes Erlebnis. Ihr Leben hatte an diesem Punkt eine neue »spirituelle« Richtung eingeschlagen, und sie sagte mir, daß sie ein friedliches Leben frei von Depressionen und dem Gefühl der Unterdrückung führe.

In einer Hinsicht hat diese Geschichte ein tragisches Ende, weil ihr Mann, als sie ihn schließlich haben wollte, nicht mehr zur Verfügung stand. Doch die Tragik einer Geschichte hängt zum Teil davon ab, an welchem Punkt man sie enden läßt.

Lektionen lernen

Geschichten leisten uns oft Hilfestellung bei der Gestaltung des eigenen Lebens. Manchmal dienen diesem Zweck, der offenkundig beabsichtigt ist, moralische oder aufklärende Botschaften. In anderen Fällen sind die Botschaften nicht so offensichtlich, sondern leiten sich nur beiläufig aus den Geschichten ab. Zu den bekanntesten Vermittlern von Botschaften zählen die Geschichten der Bibel, Sufi-Geschichten, literarische Erzählungen — beispielsweise die von Charles Dickens —, die Märchen und Mythen, aus denen Kinder eine Menge über die Moral unserer Kultur lernen, und die Geschichten der Popkultur, denen wir in Schlagern und zeitgenössischen Büchern, Filmen und Fernsehen begegnen.

Durch die Geschichte vom Manna, das vom Himmel fiel, bekräftigen wir die Großzügigkeit Gottes und die Kraft, die demjenigen zuwächst, der ihm folgt. Durch die Geschichte von Christus und Maria Magdalena entdecken wir, daß Sünder erlöst werden können. Eine Sufi-Geschichte erzählt von einer Gemeinde, die gewarnt wurde, wenn sie das vorhandene Wasser nicht speichere, würde sie schließlich anderes Wasser trinken müssen, das die Leute verrückt machen werde. Nur ein Mann speicherte das alte Wasser. Er konnte sein eigenes Wasser trinken, während die anderen zu dem neuen Wasser greifen mußten. Er merkte, daß sie tatsächlich verrückt wurden, aber da sie sich gegenseitig in ihrem neuen Verhalten bestärkten, hielten sie ihn für wahnsinnig. Von Einsamkeit zermürbt, entschloß er sich schließlich, auch das neue Wasser zu trinken. Bald verhielt er sich wie alle übrigen. Er verließ, ja vergaß sogar sein eigenes Wasser und wurde wieder in die menschliche Gemeinschaft aufgenommen, die das Wunder begrüßte, daß er seinen klaren Verstand wiedergefunden habe. Die Wirkung dieser allgemeinen Lektion, daß Verrücktheit etwas Relatives ist und daß eine ihrer Alternativen darin besteht, sich den Gemeinschaftsnormen zu beugen, wird von der Geschichte bekräftigt.

Auch Märchen werfen ein Licht auf die Umstände, die wir alle zu ertragen haben. Hänsel und Gretel erinnern uns an die bösen Mächte im Leben und an die Gefährdung von Kindern durch diese Mächte. Zum Glück zeigen sie uns, daß Tugend und Unschuld stärker sind als Schurkerei; wir können uns alle ermutigt fühlen, daß es möglich ist, auch gegen eine große Übermacht zu siegen.

Was die gegenwärtige Popkultur und die von ihr vermittelte Moral betrifft, gehen die Meinungen stark auseinander. Manche behaupten, die Gewalt habe zugenommen, weil im Film und Fernsehen Gewalttaten eine so große Rolle spielen. Andere sprechen diesen Geschichten eine solche Wirkung ab. Diese hätten bloß Unterhaltungswert oder dienten als Ventil für aufgestaute Aggressionen. Ohne uns auf das Pro und Contra dieser

Kontroverse einzulassen, können wir festhalten, daß bestimmte Geschichten im Fernsehen Botschaften anschaulicher vermitteln können als Dokumentarsendungen, die auf fiktive Elemente verzichten. Vor nicht allzu langer Zeit lief in den USA ein Fernsehspiel über eine inzestuöse Beziehung zwischen Vater und Tochter. Diese Geschichte, die einen expliziten didaktischen Anspruch hatte, diente offensichtlich dem Zweck, die Einstellungen der Gesellschaft zum Inzest zu verändern. Nach der Sendung wurden Institutionen, die sich mit dieser Thematik befassen, von Zuschauern und Beteiligten an inzestuösen Bindungen mit Anrufen überschwemmt.

In der Psychotherapie kann eine Geschichte erzählt werden, um Lebensgrundsätze zu offenbaren und sie durch Handlungsdetails zu veranschaulichen. Ein Beispiel ist ein Bericht von Dr. Lynda Gaynor, einer Kollegin, die an einem Fallseminar teilnahm, das von meiner Frau, Dr. Miriam Polster, und mir geleitet wurde. Dr. Gaynor erzählte uns von einem Patienten, der prinzipiell eine distanzierte Haltung in seinem Leben einnahm, sowohl im allgemeinen als auch in seiner Beziehung zu Dr. Gaynor. Trotz dieser Kontaktschwäche gelang es ihm überraschenderweise, sich die Liebe seiner Freundin und die Zuneigung seiner Freunde ebenso zu erhalten wie Dr. Gaynors Interesse an ihm als ihrem Patienten. Aber er war dabei nicht glücklich.

Die Fähigkeit ihres Patienten, das Interesse der Menschen an ihm wachzuhalten, während er selbst Distanz wahrte, erinnerte Dr. Gaynor an den Besuch eines Kunstmuseums in Avignon, in dessen Hof eine Schar von Pfauen und Pfauhennen herumbalzten. Es war die Paarungszeit, und Dr. Gaynor erzählte ihm, was sie beobachtet hatte. Sie sagte: »Es faszinierte mich, den Pfauen zuzusehen, wie sie sich einem Weibchen näherten, ein gewaltiges Rad schlugen, um ihr prächtiges Gefieder zur Geltung zu bringen und damit die Luft fächelten, bis sie vor Erregung vibrierte. Das Weibchen ignorierte sie jedoch und fuhr fort, am Boden zu picken. Der Pfau näherte sich daraufhin unverzagt aus einer anderen Richtung und wiederholte sein farbenprächtiges Schauspiel, aber ohne beim Weibchen das geringste Anzeichen von Interesse zu erwecken. Schließlich, nach zahllosen Versuchen aus verschiedenen Richtungen, ließ er den Kopf sinken, faltete sein fächerförmiges Gefieder zusammen und entfernte sich langsam. Er kam etwa fünf Meter weit. Dann blickte die Henne von ihrer Tätigkeit auf, wandte ihren Kopf dem

Pfau zu und stieß ein winziges »Piep« aus — worauf der Pfau radschlagend zurückeilte — und die ganze Prozedur von vorn begann.« Dr. Gaynors Patient, der die Geschichte im Augenblick zwar mit seinem üblichen Achselzucken quittierte, erinnerte sich Monate später daran, aber seine Bereitschaft, sich sowohl auf die Therapie als auch auf andere Beziehungen stärker einzulassen, begann an diesem Tag.

Information

Da viele Geschichten Schöpfungen der Einbildungskraft sind, mag es als Widerspruch erscheinen, sie als Informationsquelle oder historische Darstellungen zu betrachten. Dennoch sind sie es. Viele Romane strotzen vor Gelehrsamkeit. Wenn der Protagonist ein Architekt ist, muß der Autor genügend Wissen über Architektur erwerben, um seiner Charakterisierung Echtheit zu verleihen. Damit ein Roman in Ägypten spielen kann, muß der Autor Ägypten kennen — seine Geschichte, die Gewohnheiten seiner Bevölkerung, die Geographie, die Regierung, die Zubereitung der Speisen, die Beschaffenheit der Wüste etc. Von dieser informativen Gabe sprach Henry James, als er über Balzac schrieb:

> Das Frankreich Balzacs war sowohl inspirierend genug für ein immenses Prosaepos als auch reduzierbar genug für einen Bericht oder eine graphische Darstellung... Er betrachtete sich als geduldigen Historiker, als Chronist der Wirklichkeit, als lebendigen Maler seiner Zeit, und entsprechend ging er mit seinen Stoffen um. Alle Schilderer von Manieren und Moden sind, wenn man so will, Historiker, selbst wenn sie sich diesen Titel am allerwenigsten zu eigen machen wollen: Fielding, Dickens, Thackeray, George Eliot, Hawthorne... (Balzac) mit seiner mächtigen Phantasie, einer beispiellosen Intensität der Vision... sah seinen Gegenstand auch im Lichte der Wissenschaft, im Lichte des Bezugs aller Teile zueinander und unter dem Druck einer Leidenschaft für Genauigkeit, einem Appetit, dem Appetit eines Ungeheuers für Fakten *aller* Art... Besaß er einerseits eine äußerst konkrete Phantasie, war er andererseits ein unersättlicher Reporter des Unmittelbaren, des Rohstoffs, der aktuellen Kombination und dabei ständig vom Impuls des Historikers angetrieben, all dies festzuhalten, zu bewahren und zu erklären.

Ähnlich ist auch ein großer Teil der Informationen des Therapeuten aus den Geschichten abgeleitet, die die Leute erzählen. Einer der innovativsten Beiträge zur Psychoanalyse war die Einführung einer neuen Form der Informationsbeschaffung — nicht durch Gespräche zur Fallgeschichte, wie es üblich war, sondern durch die Ermunterung zu ausführlichem Geschichtenerzählen. Die Frage-und-Antwort-Methode des Faktensammelns hatte in der Regel nur ein schmales Spektrum an Informationen, eine Menge Fakten über Geburtsort, Geschwister und Beruf erbracht. Dies war eine zu schmale Basis, um jemand gut kennenzulernen. In der Psychoanalyse wurde die trockene Mitteilung von Fakten durch freie Assoziationen ersetzt, d.h. jeder Patient breitet viele Kapitel seiner Lebenserfahrungen aus. Obwohl das freie Assoziieren keine Geschichten erfordert, brachte es regelmäßig eine Fülle davon zutage. Unter der fördernden Anleitung des Analytikers nahmen die Menschen die vielleicht tiefschürfendsten Sondierungen der Geschichte in die Einzelheiten ihres eigenen Lebens vor.

Wie im Falle des anderen Tigers von Borges wurde die ursprüngliche Realität durch diese Geschichten nicht getreu reproduziert, aber die neue Realität hatte ihre eigene vibrierende Existenz. Aufgrund dieser Diskrepanz würden manche behaupten, daß die ursprünglichen Tatsachen nicht einmal besonders wichtig waren, daß das, wovon wir uns *vorstellen,* es sei geschehen, das ist, was unsere Perspektiven und unser Verhalten bestimmt. Dennoch bedarf es schließlich des ursprünglichen Ereignisses, damit die neue Geschichte entstehen kann. Wenn es verschwindet, gibt es keinen »anderen Tiger«, den wir erschaffen können.

Eine kürzlich in psychoanalytischen Kreisen debattierte Kontroverse, ausgelöst von Jeffrey Masson, dreht sich um diese Frage. Er meint, Freuds Postulat des Ödipuskomplexes sei die Folge seines Abweichens von einer früheren Überzeugung, daß seine Patientinnen *tatsächlich* in ihrer Kindheit verführt worden seien. Freud gelangte zu der Annahme, daß sich diese Frauen die Verführungen nur *eingebildet* hätten. Da es keine tatsächlichen sexuellen Kontakte gegeben habe, schloß er, daß es ein grundlegender menschlicher Reflex sein müsse, sich den sexuellen Dreieckskonflikt zwischen Mutter, Vater und Kind vorzustellen. Diese theoretische Schlußfolgerung habe die Bedeutung der Phantasie gesteigert, die der Informationen jedoch in subtiler Weise vermindert. Wenn es nicht wichtig war, ob Menschen *tatsächlich* als Kinder verführt wurden, welche Information war dann überhaupt wichtig? Ob als Folge dieses Standpunkts oder nicht, Psychotherapeuten haben sich oft mehr dafür interessiert, welche *Gefühle* Menschen in bezug auf ihr Leben haben, als für die Fakten ihres Lebens. Da gibt es den Witz über den Patienten, der auf die Frage, ob die Therapie etwas an seinem Problem verändert habe, antwortete: »Nein, das nicht, aber jetzt mache ich mir nichts mehr daraus.« Obwohl es stimmt, daß viele Menschen aus dieser Lektion Nutzen gezogen haben, da sie sie lehrte, über die niederdrückenden Fakten ihres Lebens hinauszuwachsen, läßt einem das einfache Abtun dieser Fakten nur eine dürftige Basis für das eigene Erleben. Ob man tatsächlich sexuell mißbraucht wurde, ist ein Stück Information, das sich sehr wohl von der Imagination unterscheidet. Ähnlich wie Borges' wirklicher Tiger etwas anderes ist als der vorgestellte. Was bei der Unterscheidung zwischen diesen beiden Tigern auf dem Spiel stehen kann, ist, ob man aufgefressen wird oder nicht. Wenn ein Kind im Alter von vier Jahren sexuell mißbraucht wird, so hat dies eine andauernde Realität in Fleisch und Blut. Wird diese ignoriert, so könnte sich dieser Mensch niemals ernstgenommen fühlen. Information ist sowohl der Ausgangspunkt für das wahrnehmende Bewußtsein wie auch dessen Bestätigung.

Einer meiner Patienten wies auf diese Notwendigkeit hin, Information und Folgerung zur Deckung zu bringen, als er mir eines Tages über eine Party erzählte, an der er teilgenommen hatte. In seinen Sitzungen war er im allgemeinen sehr reserviert, aber bei dieser Party hatte er Gitarre gespielt. Dies war eine Information, die mich überraschte, da ich ihn mir als sehr scheuen und zurückhaltenden Menschen vorstellte, der es sich nicht gestatten würde, vor ein Publikum zu treten. Ich fragte ihn, ob er seine Gitarre mitbringen und mir etwas vorspielen würde. Als er es tat, war sein Gesang eine Offenbarung für mich — kräftig, melodisch, gelöst. Seine Furcht, zum wilden Mann zu werden, die seine gedämpfte Art bewirkt hatte, verschwand offenbar, während er sang. Als ich ihn aufforderte, mit derselben Energie zu sprechen über die er beim Singen verfügte, begriff er, daß er die Bezähmung der Wildheit beim Singen auch auf das gewöhnliche Gespräch übertragen konnte. Wie hätte ich, sein Therapeut, diesen Mann kennen können, ohne zu wissen, daß er seine eigenen Lieder auf der Gitarre begleitete?

Freisetzen von Energie

Geschichtenerzählen hilft uns auch, aufgestaute Energie loszuwerden, wenn unmittelbares Handeln nicht möglich ist. Manchmal bietet sich die Gelegenheit dazu rasch. Wenn Sie auf einer Landstraße einen Autounfall gesehen haben, dann kann dieses Bild Sie noch lange verfolgen. Um es loszuwerden, brauchen Sie vielleicht bloß davon zu erzählen. Andere Aufforderungen zum Freisetzen von Energie können komplexer sein. Eine vergessene Verpflichtung, die einem wieder einfällt, eine Reiseroute, die geplant werden sollte, ein Bekannter, den man zur Teilnahme an einem Kegelabend auffordern wollte, oder ein Gespräch, das vorzeitig abgebrochen wurde — all dies erfordert irgendwelche Maßnahmen; davon zu sprechen überbrückt den Zeitraum, bevor etwas geschehen kann. Über diese unerledigten Aufgaben zu reden kann einem auch klären helfen, wie man sie anpacken will, es kann die persönliche Bereitschaft erhöhen, das Nötige zu tun und es mit mehr Durchblick, Selbstvertrauen und Liebenswürdigkeit zu tun.

In der Psychotherapie hat dieses simple Bedürfnis, aufgestaute Energie freizusetzen, weitreichende Anerkennung gefunden, ja es bildet die Grundlage mancher Methodologien. So geht beispielsweise die Gestalt-Therapie von der Theorie aus, daß Menschen einen Drang empfinden, unerledigte Dinge abzuschließen, und daß diese unterbrochene Energie entladen werden muß, um im Hier und Jetzt leben zu können. Wenn ein Mensch eine Phobie in bezug auf Fahrstühle hat, dann braucht er Gelegenheiten, um die Energie abzubauen, deren Freisetzung ihm Angst macht. Wenn er von den Zeiten erzählt, als ihn seine Eltern in einen Schrank sperrten, dann gibt ihm das eine solche Gelegenheit. Während er diese Geschichte des Eingesperrtseins in einem Schrank erzählt, können sehr starke Gefühle entstehen. Diese können begleitet sein von heftigen Worten, verstärkter Atmung, Schreien, der Vorstellung, mit seinen Eltern in anderer Art zu sprechen, Vergebung gegenüber den Eltern, dem Erkennen gegenwärtiger Sicherheit und vielen anderen der zahllosen Möglichkeiten, die uns zur Verfügung stehen, wie wir sehen werden, um in abgebrochene alte Geschichten neue Bewegung hineinzubringen.

Die Geschichte besitzt mehr Formbarkeit als die unverrückbaren ursprünglichen Ereignisse. Da man nicht mehr durch die alten Wahrnehmungsgrenzen gebunden ist, kann man unerwartete Möglichkeiten erblicken. Auch innerhalb der neuen Grenzen kann der Patient jedoch immer noch vorsichtig sein. Der erfahrene Therapeut bietet ihm die Unterstützung, die Anregung und die redaktionelle Hilfe, während der Patient sein Material beiträgt und den Mut aufbringt, herauszufinden, wo der Handlungsfaden diesmal hinführen könnte.

III

WENDEPUNKTE — EIN SCHLÜSSEL ZU GESCHICHTEN

... im Augenblick der Konzentration löst sich das unveränderliche Faktum in viele Möglichkeiten auf und erscheint uns als unerschlossenes Potential.

Perls, Hefferline und Goodman, 1951

Beim Erfinden von Geschichten stehen Autoren, Therapeuten und Geschichtenerzähler im Alltag gleichermaßen im Bann der mitreißenden Wirkung von *Umbruchs*erfahrungen. Dem illusorischen Gefühl, daß die Zeit stehenbleibt, das in Zeiten der Stagnation so mächtig wird, steht die Erkenntnis entgegen, daß wir, um gut zu leben, die Unaufhaltsamkeit des Verrinnens der Zeit erkennen müssen. Eines folgt zwangsläufig auf das andere, und wenn die Aufmerksamkeit eines Menschen harmonisch von einem Gegenstand zum nächsten wechselt, dann wohnt diesem Vorgang ein erregendes Element inne. Diese Erregung entsteht so leicht, daß wir sie nur gelegentlich bemerken. Ein erkennbares Zeichen ist der Nervenkitzel, den wir bei sehr schneller Fortbewegung empfinden, sei es, daß wir mit dem Fahrrad bergabsausen oder in einem Auto 120 Stundenkilometer fahren. Geschwindigkeit fixiert den Menschen auf den Augenblick, sie hebt den Übergangspunkt hervor, der sich in jedem Moment merklich verändert.

Damit sich der Leser einen unmittelbaren Eindruck eines simplen Übergangserlebnisses verschaffen kann, schlage ich folgendes Experiment vor. Verändern Sie beim Weiterlesen Ihren Fokus geringfügig, indem Sie sich nicht bloß auf das momentane Wort konzentrieren, sondern gleichzeitig auch das nächste antizipieren. Vorwegnahme des Kommenden ist das Entscheidende. Sie sind immer dazwischen und immer unterwegs. Achten Sie darauf, ob es für Ihr Leseerlebnis einen Unterschied macht, wenn Sie das Kommende bewußt vorwegnehmen. Damit haben Sie wahrscheinlich ein Reservoir Ihrer Energie angezapft und Geistesgegenwart, Erregung und Flüssigkeit bewirkt. Dieses Vorauseilen hat Sie vielleicht auch einen Teil Ihres Verständnisses gekostet, insbesondere, wenn Sie rascher vorgegangen sind, als Sie zu koordinieren vermögen. Wenn Sie es schon gewöhnt sind, sich auf Vorübergehendes zu konzentrieren, dann fällt es Ihnen wahrscheinlich leichter; viele Menschen tun dies bereits spontan, d.h. sie antizipieren aktiv das Folgende.

Diese Perspektive mag manche befremden. Ist dies nicht eine hektische Lebensweise, immer auf dem Posten für was auch immer als nächstes kommt, nie voll auf das konzentriert, was wir gerade tun, kopfüber sich in die Zukunft stürzend? Obwohl wir natürlich bei unseren Versuchen, das Kommende vorwegzunehmen, oder vorauszusagen, was als nächstes kommt, über unsere eigenen Füße stolpern können, habe ich hier kein so radikales Verhalten im Auge. Vielmehr möchte ich an die Natürlichkeit der Bewegung in die Zukunft erinnern — die normalerweise mühelos und unbewußt erfolgt. Ein Telefon läutet, und wir streben darauf zu. Ein Satz schält sich aus einer Kette aneinandergereihter Wörter heraus. Auf eine Frage folgt eine Antwort. Die Ereignisse fließen natürlich dahin, eines nach dem anderen, so wie die elementarere Aufeinanderfolge des Ein- und Ausatmens oder des Landens nach dem Absprung.

Das Pfeilphänomen

Dieses Durchqueren der Kontinuität ist natürlich nicht immer so leicht, wie diese reflexartigen und friedlichen Sequenzen andeuten mögen. Der Umgang mit Sequenzen ist vielmehr oft erfüllt von Schwierigkeiten und Gefahren, die Menschen bremsen oder gar stoppen können. Jedes Ereignis, sei es so simpel wie ein einziges Wort oder ein Erröten oder Erblassen oder so komplex wie eine politische Erklärung der Regierung, richtet *Pfeile* in die Zukunft. Zur Veranschaulichung stelle man sich den Kellner in einem Restaurant vor, der uns mitteilt: »Ihr Tisch ist jetzt frei.« Wenn Sie diese Worte hören, werden Sie fast immer dem Kellner zu Ihrem Tisch folgen. Der Pfeil und seine Richtung sind klar. Selbst bei dieser simplen Mitteilung kann es jedoch Elemente geben, die größere Komplexität hervorrufen. Sie haben vielleicht einen Tisch draußen gewünscht, und der Ober führt Sie nach drinnen, Sie haben unter Umständen eine Stunde gewartet und sind entweder erleichtert oder verärgert, oder Sie erinnern sich plötzlich an einen Anruf, den Sie machen sollten. Dennoch wird Sie der Pfeil trotz der verschiedenen Möglichkeiten wahrscheinlich an diesen Tisch führen.

Wo es eine größere Auswahl miteinander konkurrierender Pfeile gibt, ist größere Sensibilität erforderlich. Nehmen wir z.B. an, daß eine Freundin zu mir sagt: »Ich möchte Henry anrufen.« Simple Worte, die zu einer simplen Handlung führen. Wenn ich jedoch unerfreuliche Folgen voraussehe, falls sie Henry anruft, dann werde ich sie vielleicht davor warnen. Oder ich werde schweigen, überzeugt, daß ich mich nicht einmischen sollte, und in der Hoffnung, daß es nicht so schlecht ausgehen möge, wie ich das befürchte. Die Pfeile können auch andere Richtungen implizieren. Vielleicht bin ich erleichtert bei dem Gedanken, daß sie endlich Henry anrufen wird. Oder, da ich meine Freundin kenne, ist mir klar, daß sie im Grunde Henry nicht selbst anrufen möchte, sondern es vorziehen würde, wenn *ich* es tue. Dann biete ich ihr vielleicht an, den Anruf zu machen. Oder ich ermuntere sie, es selbst zu tun. Wofür ich mich entscheide, ist wichtig, denn wenn ich unter verschiedenen Signalen unsensibel wähle, wird die Grazie unserer Bewegungen gestört sein, wenn wir unserer getrennten Wege gehen. Manchmal hat dies eine nachhaltige Unvereinbarkeit zur Folge. Häufiger entsteht nur ein vages Gefühl der Frustration. Leider gehen Beziehungen oft gerade an solchen verpaßten Anschlüssen zugrunde.

Hier ist ein Beispiel eines kurzen Wortwechsels mit einem meiner Patienten, einem in der Forschung tätigen Biologen. Ich hatte ihn ermutigt, mehr als bisher über seine Tätigkeit zu sprechen — gegenüber der Frau, mit der er zusammenlebt, und gegenüber anderen. Er antwortete: »Es ist viel leichter, über Dinge zu reden, die ich aufregend finde und die wirklich gut laufen, als über Dinge, über die ich frustriert bin.« Da war eine Anzahl von Pfeilen, denen ich folgen konnte. Mir fiel sein Bedürfnis auf, daß die Dinge *leicht* sein sollten. Eine ganze Geschichte könnte sich um dieses einzige Thema drehen. Ich verzichtete darauf. Dann war da das Wort *Reden*. Zog er es vor, Leuten Dinge zu zeigen als zu erzählen? Wer hörte ihm zu, wenn er redete, und wer ließ die Rollos herunter? Ich verfolgte auch diesen Pfeil nicht. Dann war da das Wort *aufregend*. Was fand er aufregend und was passierte mit ihm, wenn er aufgeregt war? Auch davon ließ ich mich nicht verlocken. All diese Dinge hätten erstklassige Pfeile für andere Leute oder für mich zu einem anderen Zeitpunkt abgeben können. Der Pfeil, dem ich diesmal folgte, war jedoch seine Schwierigkeit, über Dinge zu reden, die ihn *frustrierten*. Ich wollte mehr darüber wissen, wie er es anstellte, Frustration aus seinem Repertoire fernzuhalten. Deshalb sagte ich zu ihm: »Frustration ist auch interessant. Romane und Filme sind voll von frustrierenden Ereignissen.«

Er erzählte mir also jetzt über seine Arbeit, die nach seinen Worten »zu 99 Prozent frustrierend« war. Ich forderte ihn auf zu konkretisieren, was so frustrierend sei. Nach einigen Verallgemeinerungen erzählte er mir von einem seiner Experimente. Obwohl ich wenig über Biologie weiß, war ich gefesselt von der Schilderung seiner Arbeit mit zwei Proteinen, die sehr ähnlich sind, aber ganz verschiedenen Funktionen im Stoffwechsel dienen. Er nannte mir Einzelheiten seines unter Zeitdruck stehenden Ringens um die Lösung des Problems und erzählte mir, nach etwa einer Woche hätte er »schließlich ein Riesenglück gehabt und die Lösung gefunden«. Er erzählte die Geschichte seiner frustrierenden Forschungsarbeit gut und präsentierte beim Erzählen zahlreiche neue Pfeile, die auf viele kommende Dinge hinwiesen. Seine Erwähnung von Glück war das Stichwort, das ich aufgriff.

Sein Hinweis auf Glück enthielt zwei widersprüchliche Möglichkeiten. Die eine war, daß er von der Natur verschwenderisch gesegnet war, ein schönes Gefühl, das er jedoch nie an den Tag legte. Die andere war, daß er sich selbst abwertete und seinen eigenen wichtigen Beitrag zum Auffinden der Lösung ignorierte. Ich sagte daher: »Glück, das klingt so, als hätten Sie nichts damit zu tun gehabt. Ich möchte gern mehr über Ihr Glück wissen.« Während er weitersprach, wurde ihm bald bewußt, daß er bei seinen Versuchen mit Komponenten des Proteins und wie diese einander beeinflussen würden, geschickt geraten hatte. Als er seine eigene Rolle noch weitergehend zu akzeptieren vermochte, erkannte er an, daß gute Forschung dem Glück die beste Chance gibt. Auf diese Weise war er ein Partner des Glücks, nicht bloß der passive Empfänger.

Kurz, im Laufe dieses einfachen Gesprächs erzählte jener Mann eine Geschichte mit wichtigen Elementen des Dramas. Die Charaktere waren Chemikalien, nicht Menschen, aber er schilderte in lebendigen Worten, wie sich diese Charaktere zueinander verhielten und was unter diesen oder jenen Umständen mit ihnen geschah. Er gestattete seiner Frustration, einen Bestandteil seiner Geschichte zu bilden, indem er sich ihr stellte und auch den damit verbundenen Spaß empfand. Er beschrieb das Risiko, bestimmte Entscheidungen zu treffen, und schuf in diesem Fall ein Happy-End, obwohl das nicht notwendig wäre. Darüber hinaus verhalf ihm diese Geschichte als Vermittlerin einer persönlichen Botschaft zu einer guten Einstellung zum Glück und zu der Bereitschaft, seine eigene Kompetenz anzuerkennen.

Es gibt viele Erlebnisse, bei denen die Zusammenhänge nicht so offenkundig und die Intervalle zwischen Pfeil und Folge viel länger sind. Eine unverheiratete Frau suchte mich auf, weil sie schwanger war und sich in einem Dilemma in bezug auf das Baby befand. Sie wünschte sich das Kind dringend, aber es fehlte ihr an Selbstvertrauen, ob sie mit der Situation ganz allein fertig werden würde. Der Vater des Kindes liebte sie und wollte sie heiraten. Obwohl er wußte, daß sie ihn nicht heiraten wollte, war er bereit, die Verantwortung für das Aufziehen des Kindes mit ihr zu teilen, ohne Ansprüche an sie zu erheben. Die Frau fürchtete verständlicherweise, daß diese Abmachungen trotz aller guten Intentionen zwangsläufig eine stärkere Bindung an ihn, als sie sich wünschte, bedeuten würde — und sie *wußte* einfach, daß sie nicht füreinander bestimmt waren.

Die gleichzeitig vorhandenen Pfeile — das Kind zur Welt zu bringen oder nicht — waren so gegensätzlich, daß ich ihr vorschlug, einen Dialog zu führen, bei dem sie die Rolle ihrer beiden Optionen spielen sollte. Während sie abwechselnd diese beiden Standpunkte vertrat, bekam ihre Stimme Fülle, ihre Worte wurden klar und entschlossen, sie begann sich freudig erregt zu fühlen statt niedergedrückt, und sie fing an, ihre Stärken zu erkennen statt ihre Unzulänglichkeiten. In dieser Stimmung endete die Sitzung.

Ich erwartete, daß die Erkenntnis ihrer inneren Kraft sie veranlassen würde, das Kind allein aufzuziehen. Aber wie es sich herausstellte, deutete ich die Pfeile falsch. Eine Woche später berichtete sie mir, daß gerade die Zuversicht und das Selbstvertrauen, die sich im Dialog wieder eingestellt hatten, sie zu der Erkenntnis geführt hätten, daß sie kein Baby brauchte. Die Entscheidung, es aufzugeben, fiel ihr jetzt leicht. Sie ließ das Kind abtreiben und stand klar zu ihrem Entschluß und zu ihrer wiedergewonnenen Freiheit. Eine weitere Überraschung ereignete sich später. Ein Mann tauchte wieder auf, in den sie sich fünfzehn Jahre zuvor bei archäologischen Ausgrabungen in Ägypten verliebt hatte. Diese Beziehung floriert gegenwärtig, und die beiden wollen bald heiraten. Wenn sich diesmal ein Baby einstellt, wird sie ihm aus ganzem Herzen zustimmen können.

Spannung

Ungewißheit bildet die Wurzel des dramatischen Erlebens. Wenn sich die Aufmerksamkeit immer auf das konzentriert, was als nächstes geschehen wird, steigert sich dadurch jede Erfahrung; es entsteht Spannung. Wie E.M. Forster in *The Writer's Craft* schreibt:

> Wir sind wie Scheherazades Mann, wir wollen immer wissen, was als nächstes geschieht... Das ist universell, und das ist der Grund, warum das Skelett eines Romans eine Handlung bilden muß. Manche von uns interessieren sich für nichts anderes — wir bestehen aus nichts als urtümlicher Neugier... (Die Handlung) ist eine Erzählung von Ereignissen, die in ihrer zeitlichen Abfolge arrangiert sind — das Abendessen kommt nach dem Frühstück, der Dienstag nach dem Montag, die Verwesung nach dem Tod usw. Als Handlung kann sie nur ein Verdienst haben: nämlich die Leser neugierig darauf zu machen, was als nächstes geschieht. Und sie kann umgekehrt nur einen Fehler haben: die Leser nicht neugierig zu machen, was als nächstes geschieht.

Da sie die Zeit verdichten können, befinden sich die Schriftsteller mit dieser Orientierung auf das Kommende in einem großen Vorteil gegenüber den Therapeuten. Die Leser brauchen nicht lange auf wichtige Folgen zu warten. In wenigen Stunden werden sie wissen, ob zwei Leute heiraten werden, ob es gelingen wird, sich zu rächen, oder ob sich ein Stellenwechsel als günstig erweist. Diese Verkürzung des Intervalls verstärkt die Bewußtheit für das Kommende. Unter gewöhnlichen Umständen fällt es uns leicht, die kleinen Übergänge von einem Augenblick zum nächsten zu ignorieren. Stattdessen besitzen wir die Freiheit, da die Orientierung auf Kommendes eine innere Einstellung ist, den Blick auf jene künftigen Ereignisse zu richten, die uns *wichtig* sind. Diese Option bewirkt manche langen Intervalle zwischen dem Jetzt und dem nächsten Ereignis sowie eine Spannung, die schwerer zu ertragen sein kann als die vergleichbare Spannung in einem Buch. Im wirklichen Leben kann es zwei Jahre dauern, herauszufinden, wer der Mörder ist — oder es stellt sich überhaupt nie heraus. Offensichtlich ist ein Maß an Ungewißheit und Spannung, das für den Zeitraum erträglich wäre, der zum Lesen eines Romans erforderlich ist, über eine ganze Psychotherapie hinweg nicht durchzuhalten.

In der Therapie wird auf unerträglich scheinende Spannung oft mit Resignation reagiert. Der Patient nimmt eine fixierte Position ein, die künftige Möglichkeiten ausschließt. Wenn die Spannung auf ein erträgliches Maß reduziert werden kann, dann kann auch der Glaube an diese künftigen Möglichkeiten wiederhergestellt werden. Tatsächlich wäre es für den Patienten eine große Erleichterung, die leicht erreichbaren Erfordernisse der Zukunft wieder wahrzunehmen.

Dessen eingedenk, fragte ich Byron, einen Angehörigen einer Therapiegruppe, der furchtbar bedrückt wirkte, ob er »damit zufrieden sei«, in den Gruppensitzungen weiterhin so stumm zu bleiben, wie er es gewesen war. Ich war gespannt, ob er selbst diese behutsame Frage als zudringlich empfinden würde; er war jedoch faktisch erleichtert und gab eine einfache Erklärung für sein Schweigen ab. Er sagte, er sei beeindruckt, daß die anderen über Dinge sprechen könnten, die ihnen so viel bedeuteten. Er selbst würde sich schämen, über Dinge zu sprechen, die ihm so wichtig seien. Ich erwiderte, daß er sich, indem er anderen zuhöre, vielleicht innerlich darauf vorbereite, es ihnen in naher Zukunft gleichzutun. Er stimmte mir zu. Als ich ihn fragte, wie er diese Aussicht empfinde, veränderte sich seine Miene. Er lächelte scheu und sagte, er sei froh, und, was noch wichtiger sei, er fühle sich nicht mehr isoliert. Offenbar konnte er sich jetzt, da er eine gegenwärtige Realität und eine angekündigte Zukunft hatte, als berechtigtes Mitglied der Gruppe fühlen und seine Stummheit als sinnvoll empfinden — obwohl er sich nicht so verhielt wie die anderen. Die Aussicht, daß er eines Tages sprechen *könnte*, verwandelte sein Erleben aus Resignation in Spannung. Sein Schweigen wurde zu einem Vorläufer. Obwohl wir keine großen Anforderungen an ihn stellten, freuten wir uns alle auf den Tag, an dem er sagen würde, was er sagen wollte.

Ein gesundes Maß an Spannung hält das Leben interessant. Die Menschen versauern, wenn sie keine Spannung im Leben haben oder wenn die Spannung zu lange dauert. Wir alle kennen Menschen, die es verstehen, in subtiler Weise Erwartungen zu wecken. Sie können dies mit überraschenden Wendungen tun. Oder vielleicht haben sie bewegliche Mienen, die mühelos von einem Grinsen zu einem finsteren Gesicht übergehen können. Oder sie erzählen spannende Geschichten oder benutzen Handbewegungen, die uns mitreißen, oder sie rufen ein Gefühl der Dringlichkeit mit ihren Ideen hervor. Was auch immer sie sagen oder tun, weckt unser Interesse dafür, was als nächstes kommt.

Eines dieser Naturtalente im Hervorrufen von Spannung war Ilana, eine vierzigjährige Teilnehmerin einer Therapiegruppe. Sie war sich nicht bewußt, daß sie etwas Besonderes an sich hatte, wohl aber alle übrigen. Sie hatte große Augen, die sofort das Augenmerk auf sich lenkten und lebhafte Äußerungen versprachen. Wenn sie redete, sprudelten ihre Worte rasch und in einem Woody-Allen-artigen Ton des Selbsttadels hervor. Ihre ernsten Äußerungen wurden durch sympathische Anwandlungen von Humor unterbrochen. In diesen Augenblicken öffnete sich ihr Mund plötzlich weit, so daß strahlend weiße Zähne zum Vorschein kamen. Dann verschwand das Lächeln wieder, und zurück blieb ein merkwürdiger Ausdruck der Gefangenschaft, wobei ihre Augen hin- und herflitzten und ihr Kopf sich zur Seite neigte, als versuche sie, um die Ecke zu sehen, besorgt, aber unbezwingbar.

Sie vermittelte das Gefühl, das *alles* wichtig sei, aber in einer Haltung, als ob sie im Augenblick nur zu Besuch sei. Sie machte Witze und sah dabei aus, als würde die Schulleiterin sie im nächsten Moment ermahnen, weil sie Schabernack getrieben hatte. Aber sie entwischte jedes Mal den Autoritäten und sagte Dinge, die klug, weise oder komisch waren. Die anderen Gruppenmitglieder waren gebannt, wenn sie sprach, und warteten auf jedes Wort. Ihre Zuhörer zollten ihr innerlich Beifall, sooft sie aufhörte zu sprechen.

Wie gut dieser Charme bei anderen Menschen ankommt, hängt davon ab, ob sie zulassen, daß sich die Spannung in aussichtsreiche Richtungen bewegt. Ilanas spannenden Andeutungen, potentiell nicht wichtiger als die einer netten, neugierigen Schülerin, folgten Geschichten einer Frau, die wußte, wovon sie redete, was ihrem Charme Substanz verlieh. Ihre jugendlichen Allüren hätten sich bald als hohl erwiesen, wenn sie keine echten Themen gehabt hätte oder wenn uns ihre Geschichten nicht vorangebracht hätten. Daß man vorwärtskommt, das macht Spannung zu einem lohnenden Aspekt intensiver Aufmerksamkeit.

Das Ende von Geschichten

Aus dem Interesse daran, was als nächstes geschieht, wird zuletzt ein Interesse daran, wie die Dinge ausgehen werden. Da der zurückgelegte Weg oft beschwerlich ist und uns Aufschübe, Umwege und Niederlagen bereitet, starren viele Leute schließlich nur noch darauf, wie die Dinge ausgehen werden, und vernachlässigen alle Ereignisse zwischen jetzt und dann. Um ihre Fixierung auf das Ende wenigstens teilweise zu befriedigen, gehen sie zu Wahrsagern, überfliegen die letzten Seiten eines Buches, geben sich Tagträumen hin oder jagen sich mit Katastrophenerwartungen Angst ein.

Das berühmte Motto, »Ende gut, alles gut«, gilt für viele Erfahrungen. Der Schrecken, von einer Flutwelle erfaßt zu werden, ist vorbei, sobald man gerettet wurde. Die Angst, wenn sich Sechzehnjährige um drei Stunden verspäten, legt sich, sobald sie nach Hause kommen. Die Drohung einer gefährlichen Krankheit verschwindet, wenn die Röntgenaufnahme einen negativen Befund zeigt. Die Menschen fangen sich offenbar rasch, wenn ihre Krisen und Konflikte gut ausgehen.

Dies gilt natürlich nicht für alle, denn manche Leute sehen prinzipiell ein schlechtes Ende voraus, wenn sie einmal erschreckt wurden. Andere konterkarieren dies, indem sie zwanghaft alles besser darstellen, als es in Wirklichkeit ist. Hollywood war, insbesondere in seiner Frühzeit, für seine optimistischen Ausgänge bekannt, selbst wenn die Romane, nach denen die Filme gedreht wurden, tragisch endeten. Aber Hollywood hat natürlich das Happy-End nicht erfunden. Nachstehend der einfältige Schluß eines obskuren Romans der achtziger Jahre des vorigen Jahrhunderts. Er repräsentiert ein Genre, das die Bedeutung von Ausgängen überbewertete:

> Und Margret, immer noch schön, mit schneeweißem Haar und einem Gesicht, so hübsch und rosig wie ein blasses Rosenblatt, saß lächelnd, zuhörend und strickend neben ihm; da war keine Furcht in ihrem Herzen, die es zu vertreiben galt, keinen Streit zu schlichten, die Vergangenheit entlockte ihnen keine Seufzer, ihre Zukunft war gesichert, sie waren das Inbild des wohlverdienten Alters
> »Heiter und friedlich
> und schön wie der Abend in den Shetlands.«

Ein solches Ende ist offensichtlich veraltet — es erscheint uns heute entsetzlich spießig und war vielleicht schon zu seiner Zeit lächerlich. Im Gegensatz dazu hat uns die Wirklichkeit in unserem Jahrhundert unsanft auf sich aufmerksam gemacht, insbesondere seit unseren weltweiten Kriegen und der Entstehung des Existentialismus. Sowohl die Kriege als auch die Existentialisten erinnern die Menschen vollends an das ständig Offenkundige — daß niemand von uns diese Welt lebend verlassen wird. Schlimmer noch, nicht nur müssen wir alle sterben, sondern es stehen uns auf diesem Weg wahrscheinlich auch beträchtliche Qualen bevor. Diese grimmigen Fakten sind nichts Neues. In allen Jahrhunderten haben die Alarmglocken geläutet, in den griechischen Tragödien, dem Alten und dem Neuen Testament, in den Tragödien Shakespeares und unserer Zeit. Doch obwohl die Tragik ein alter Hut ist, ist sie untrennbar mit uns verbunden. In unserer Zeit ist man sich aufs Neue der Schicksale bewußt, die über uns hinwegtrampeln und den Faden der menschlichen Existenz nach ihrer eigenen unergründlichen Logik spinnen und abschneiden. Persönliche Gewalt, Kriege, staatliche Unterdrückung und Folter, Betrug und Verleumdung werden uns täglich durch das Fernsehen, die Zeitung und die Erzählungen von Freunden in die Wohnung geliefert. Ein Mann, der in New York ein eher schlichtes Leben führt, sagte mir, er kenne niemanden, der keinen Fall von Raub, Diebstahl oder Vergewaltigung in der Verwandtschaft oder im Freundeskreis hätte. Diese Gefahren züchten ein ansteckendes Mißtrauen heran, das die Menschen wachsam gegenüber Schwierigkeiten im Leben und überempfänglich für Berichte darüber macht. Von dieser Atmosphäre angesteckt, haben die Künste — teils prophetisch, teils reaktiv — Menschen unter qualvollen Umständen gezeigt und oft den Eindruck erweckt, als seien tragische Sichtweise und Weisheit voneinander untrennbar. Es gibt nicht nur erschütternde Tragödien im Leben, sondern es herrscht auch weithin die Auffassung, daß *das Leben tragisch ist*. Wie John Fowles' Held in *Daniel Martin,* ein Schriftsteller, sagt:

> In einer intellektuell privilegierten Schicht war es anstößig geworden, öffentlich die Meinung zu vertreten, daß irgend etwas in dieser Welt gut ausgehen könnte. Selbst wenn Dinge ... im Privatleben faktisch gut ausgingen, wagte man nicht, dies in der Kunst auszudrücken ... nur eine tragische, absurde, von schwarzem Humor getränkte Sichtweise ... des menschlichen Schicksals wurde akzeptiert.

Dieses düstere, zynische, voreingenommene Ethos, demzufolge Qualität nur daran gemessen wird, wie man dem Tod und seinen verkrüppelnden Vettern entgegentritt, kann eine radikal abwertende Wirkung nicht nur auf glückliche Erlebnisse, sondern auf die meisten Erlebnisse ausüben — selbst da, wo es nicht unmittelbar um Glück oder Tragik geht. Diesem tragischen Ethos ist sogar ein so ernstzunehmender Autor wie Eugene O'Neill zum Opfer gefallen. Robert Berkvist weist in einem Artikel in der *New York Times* darauf hin, daß O'Neill angegriffen wurde, weil er für *Anna Christie* ein Happy-End schrieb: es wurde ihm vorgeworfen, dem Geschmack des Publikums entgegenzukommen, um sich dessen Sympathie zu sichern. Empört und sich mißverstanden fühlend erwiderte O'Neill:

> Ich wollte bei den Lesern eine tiefe Empfindung zurücklassen, daß das Leben weitergeht, ein Gefühl der Vergangenheit, die nie die Vergangenheit ist — sondern immer die Geburt der Zukunft — und eines Problems, das für den Augenblick gelöst ist, aber der Natur dieser Lösung entsprechend neue Probleme hervorbringen wird.

O'Neills Bemerkungen heben die Kontinuität hervor, die von einem glücklichen Ausgang gewahrt wird. Das Gute an einem guten Ende ist gewissermaßen, daß es uns versichert, daß die Dinge weitergehen werden. Die Tragödie ist das Gegenteil. Sie zerreißt die Kontinuität. Das tragische Ereignis *scheint* unentrinnbar zu bewirken, daß der Vorhang endgültig fällt. Dies ist vielleicht die definitive Voraussetzung der Tragödie. Wenn ein Mensch dauerhafte Verunstaltung, unauslöschliche Schande oder den Tod einer geliebten Person erlebt, dann mag es scheinen, daß alles, womit er sich identifizierte, zu Ende ist. Man könnte sagen, daß der Mensch in der Tragödie nicht länger der Mensch ist, der er war, und daß keine andere Identität akzeptabel ist. Wenn z.B. jemand ein Bein verloren hat, dann ist dies faktisch das Ende *jener* Person, die zwei Beine besaß. Solange *jene* Person die einzige ist, die zählt, ist die Kontinuität zu Ende. Wenn der Betreffende weniger drastisch einen Zahn eingebüßt hätte, dann wäre seine Identität wahrscheinlich gestört, aber nicht vernichtet. Jeder Mensch hat seine eigenen Identitätserfordernisse; wenn gegen diese radikal verstoßen wird, dann stellt nur die Bereitschaft, eine neue

Identität zu erleben, die Kontinuität wieder her.

In dem Film »Inside Moves« wird ein junger Mann schwer verletzt, als er sich zu töten versucht, indem er aus einem Fenster springt. Schließlich versucht er, mit seiner neuen Identität als Krüppel zu leben, und unternimmt einen ersten schüchternen Versuch, sich zu einer Gruppe von Kriegsversehrten zu gesellen, die Poker spielen. Sie kennen alle die Identitätsprobleme, die sich durch eine gravierende körperliche Behinderung ergeben. Der eine Kriegsteilnehmer ist blind, der andere sitzt in einem Rollstuhl, ein dritter hat zwei Prothesen statt Hände. Einer von ihnen fragt den jungen Mann, wie er zum Krüppel wurde. Er antwortet stockend, daß er versuchte, sich das Leben zu nehmen. Es entsteht eine Pause, während die anderen das verdauen, dann sagt einer der Kriegsbeschädigten: »Du hast es verkehrt gemacht; zuerst wird man zum Krüppel, *dann* versucht man sich umzubringen.«

Diese Männer haben alle entdeckt, daß ihre Identität nicht so fixiert war, wie sie es in ihrer tragischsten Periode glaubten. Der undenkbare Verlust ist allmählich vertraut geworden, ein Beweis für die menschliche Anpassungsfähigkeit. Viele Menschen sind zu einer solchen Verwandlung nicht fähig. Wenn der einzige Wunsch, den sie anerkennen, nicht erfüllbar ist, wie die Wiederkehr eines geliebten toten Sohnes, rühren sie sich erstarrt nicht mehr von der Stelle. Wenn sie im Laufe der Zeit wieder lernen, ein simples Gespräch zu schätzen, einen guten Bissen, eine komische Erinnerung, ein tief empfundenes Weinen oder das Erkennen von Freundschaft, sind sie auf dem Weg, ihren Verlust zu ersetzen. Wenn jedoch, wie traurigerweise geschehen kann, die Entdeckung weiterhin vorhandener Optionen fehlt, dann bleibt ihnen nur noch ein Dahinvegetieren, in dem keine bewußte Identität mehr vorhanden ist.

Eine solche Frau in einer tragischen Verstrickung kam zu mir in Therapie wegen ihrer unglücklichen Beziehung zu ihrem Mann, einem Geiger. Sie hatte eine erfreuliche Liebesaffäre mit ihm gehabt, während er mit einer anderen Frau verheiratet war. Einige Monate nachdem die Gattin hinter diese Affäre gekommen war, erlitt sie einen Herzinfarkt und starb. Dies war ein schwerer Schlag, insbesondere, da meine Patientin überzeugt war, diese Affäre habe zu dem Herzinfarkt beigetragen. Dennoch heiratete sie den Mann. Nach der Heirat fand jedoch praktisch kein Sex mehr statt; zwischen den Partnern setzte eine Entfremdung ein. Ihr waren sogar die mit ihm befreundeten Musiker lästig, die zu Besuch kamen und mit ihm musizierten; was in den meisten Häusern als Gewinn empfunden werden würde, ging ihr bloß auf die Nerven. Ihr Mann, von Natur aus schweigsam, wußte nicht, wie er reagieren sollte. Das einzige, was er tun konnte, war, zu verstummen und seinen Standpunkt zu behaupten.

Vom Beginn der Therapie an schien es offenkundig, daß der Tod ihrer Vorgängerin dem Selbstgefühl meiner Patientin als moralischer Mensch ein Ende bereitet hatte. Obwohl der Zusammenhang zwischen ihrer Affäre und dem Herzinfarkt der Frau fraglich war, da diese schon vorher einen Herzfehler gehabt hatte, fühlte sie sich dennoch weiterhin schuldig und gab auch ihrem Mann die Mitschuld. Ihre Schuldgefühle wurden immer stärker, da ihr moralischer Rang paradoxerweise auf ihrer Überzeugung beruhte, entsetzlich unmoralisch gewesen zu sein. Statt sich auf ihr weiteres Leben zu konzentrieren, das ihr viele erfreuliche Chancen bot, verbiß sie sich in harte Urteile über das Verhalten und die Einstellungen ihres Mannes.

Ich stand vor zwei therapeutischen Hauptaufgaben. Die eine war, ihren herben Schmerz in einen interessanten Gesprächsstoff zu verwandeln. Dies war eine heikle Sache, da ich ihren Zorn erregte, wenn meine Maßstäbe in bezug auf Kindererziehung, Sex, Arbeit, Unterricht oder irgendwelche anderen Themen weniger strikt waren als die ihren. Sie interpretierte meinen Standpunkt als Opposition gegen *ihre* Auffassungen, die ich de facto für durchaus annehmbar hielt — wir hatten denn auch lebhafte und engagierte Auseinandersetzungen über diese Differenzen, die sich immer als weniger gravierend erwiesen, als sie annahm.

Die zweite Aufgabe war, sie zu der Erkenntnis hinzuführen, wie menschlich es ist, sich zu irren. Zuerst lagen die Irrtümer alle bei mir. Sie akzeptierte mich jedoch schließlich jedes Mal, obwohl ihr meine »Fehler« Pein bereiteten. Indem sie mich akzeptierte, wurde sie nebenbei auch weniger streng gegen sich selbst. Wir gingen durch Höhen und Tiefen, aber in dem Maße, wie sie die menschlichen Grenzen ihres Strebens nach Moral erlebte, begann sie sich allmählich zu verwandeln, das heißt, ihre *Scham.* Diese Veränderung ließ sie stark zusammenschrumpfen — zu einer *Bescheidenheit,* die es einem erleichtert, sich selbst zu akzeptieren. Bescheidenheit läßt sowohl Mängel als auch Vergebung zu und ist ein ausgezeichnetes Mittel gegen Scham. Inzwischen fällt es ihr leichter zu lachen, sie hat zugenommen, was auch nötig war, hat ein neues Leuchten im Gesicht, hat angefangen, wieder mit ihrem Mann zu schlafen, ist zur Malerei zurückgekehrt und hat Vorkehrungen für eine künftige Berufstätigkeit getroffen. Ihr Charakter schien durch die Tragik gebrochen, aber ihr Leben ging in Wirklichkeit weiter. Sie brauchte sich seinem Fluß nur anzuvertrauen.

Schriftsteller gehen mit tragischen Elementen unbefangener um als Psychotherapeuten. Sie zögern nicht, Entwicklungen ihren Lauf zu lassen und ihren Figuren Erfahrungen zuzumuten, die weder sie selbst noch ihre Leser in ihrem eigenen Leben ohne weiteres zulassen würden. Der Therapeut hat dagegen den Auftrag, ein Happy-End herbeizuführen. Dies wird durch den komplizierten Umstand erschwert, daß der Therapeut zwar versuchen muß, seinen Patienten vor Tragödien zu bewahren, daß er aber auch die tragischen Faktoren im Leben kennen und sich ihnen unerschrocken stellen muß.

Romane helfen dem Leser, die tragische Realität kennenzulernen, indem sie den geistigen Horizont erweitern und erhellen, da der Leser aus sicherer Distanz Zeuge vieler Arten von Erfahrungen wird, die ihm sonst nicht gestattet wären. Bei der Lektüre eines Romans wie Flauberts *Madame Bovary* kann der Leser, während er ihre Erfahrungen in sich aufnimmt, mit größerer Weisheit durch ihre Welt navigieren, als ihr zur Verfügung stand. Manche Leser würden ihr am liebsten zurufen und ihr gute Ratschläge geben. Im wirklichen Leben wissen wir nicht so genau, was wir unseren Freunden zurufen sollten. Madame Bovary ließ sich viel offensichtlicher unklug auf eine verhängnisvolle Zukunft ein, als es die meisten Menschen tun. Im wirklichen Leben vollziehen sich die Entwicklungen langsamer, so daß man viel öfter die Chance zur Umkehr und zum Widerruf hat und seltener Gelegenheit zur Vogelschau. Selbst wenn der Leser im wirklichen Leben so klar sieht, wie er es in bezug auf Madame Bovary tut, so trifft doch die Hellsicht des einen beim anderen häufig auf taube Ohren. Vergeblich oder nicht, viele Menschen fühlen sich dennoch berufen, Ratschläge zu erteilen, um den Ausgang von Geschichten im wirklichen Leben zu beeinflussen.

Leider ist es in der modernen Psychotherapie inzwischen verrufen, Menschen zu retten, teils, weil man dabei leicht scheitern kann, aber auch, weil es bedeutet, einen Menschen seiner Unabhängigkeit und seiner eigenen wahren Bestimmung zu berauben. Viele Menschen wollen es weder, noch brauchen sie es. In einer Welt, in der die Menschen von Natur aus wechselseitig voneinander abhängig sind, ist es jedoch edel, den anderen zu retten. Das menschliche Überleben gründet sich auf Gegenseitigkeit, und es ist eine kalte Einstellung, einen bedürftigen Menschen sich selbst zu überlassen, »weil das gut für ihn ist«.

Erlebniseinheiten

Obwohl die bedrohliche Aussicht auf einen tragischen Ausgang allen Erlebnissen Spannung verleiht, nehmen diese nur selten ein tragisches Ende. Ebensowenig münden sie gewöhnlich in Glück. Universeller als jedes Maß von Tragik oder Glück ist, daß das Ende zusammen mit dem Anfang die Grenze für die Erlebniseinheiten bildet, aus denen jedes Leben besteht. Die Existenz dieser Einheiten, so unscharf umrissen sie sein mögen, steigert das Gefühl ständigen Wandels ebenso, wie sie das Leben frisch erhält. Ohne die Klammerfunktion, die Anfang und Ende miteinander gemein haben, hätte das Leben keine unterscheidbare Gestalt, und jedes Ereignis würde mit den anderen zu einem einförmigen Brei verschmelzen. Es gäbe weder *ein* Wort noch *eine* Mahlzeit noch *einen* Tag. Angesichts dieser enorm wichtigen Funktion ist das Erkennen, ja die Erwartung von Anfängen und Enden kein gering zu bewertendes Phänomen. Es ist das Mittel, um Dinge voneinander zu trennen und sie miteinander zu verbinden. Zusammengenommen bilden die nachhallenden Dialoge zwischen Erlebnissequenzen, von denen jede mit anderen zusammenhängt, ein prickelndes Leben. Dieses Zusammenspiel des gegenwärtigen mit dem nächsten Augenblick ist uns vertraut von den einzelnen Zündungen eines Automotors oder den einzelnen Bildern, aus denen ein Film besteht, wobei aus den Einzelgliedern eine kontinuierliche Bewegung entsteht, indem sie sich mit den folgenden verbinden. Bei diesen und anderen Verbindungsvorgängen, wo Enden und Anfänge nahtlos ineinander übergehen, werden die einzelnen Einheiten oft voneinander ununterscheidbar. Wie es in der Bibel heißt, in meinem Ende liegt mein Anfang.

Diese Erlebniseinheiten werden sehr persönlich gestaltet. Manche Menschen begnügen sich mit einer kurzen Begrüßungsformel, wenn sie an ihrem Arbeitsplatz eintreffen, und halten den Austausch damit für abgeschlossen. Andere geben sich erst zufrieden, wenn sie eine Weile geplaudert haben. Wieder andere haben einen bestimmten Gedanken, den sie äußern müssen. Meistens bedürfen wir jedoch keiner geschärften

Wahrnehmung von Erlebniseinheiten. Wenn jemand glaubt, genügend gegessen zu haben, dann ist die Mahlzeit für ihn oder sie zu Ende. Schwieriger ist es, das Ende größerer Lebenseinheiten wie eines Besuchs, einer Ehe oder einer Arbeit zu erkennen. Nur selten legt jemand Wert auf eine scharfe Zäsur. Stattdessen stellen wir große überlappende Bereiche fest, die nicht in geordnete Sequenzen zerfallen. Immer geschehen Dinge innerhalb anderer Entwicklungen. Zum einen ist da der große Bogen der gesamten Lebenszeit eines Menschen. Dann gibt es innerhalb der individuellen Lebensspanne bestimmte große Einheiten wie die Kindheit, eine spezielle Freundschaft oder die Zeit, die wir in XY verbracht haben. Darüber hinaus nehmen wir extrem kleine Einheiten wahr, wie ein Achselzucken, einen flüchtigen Gedanken oder einen Herzschlag, der einmal aussetzte. Dann sind da auch die Einheiten dazwischen — ein Gespräch mit einer Freundin, ein Spaziergang im Park, das Blumengießen etc. Durch all diese Erfahrungen lernen wir sowohl das Verschmelzen von Ereignissen als auch die Unvermeidlichkeit des Endes kennen. Der Tod ist das letzte Ende, und sein Gespenst ist die bitterste Quelle von Angst und Sorge. Je bereitwilliger wir jedoch die Unvermeidlichkeit endloser Enden akzeptieren, desto eher werden wir einen alten Spruch umkehren und erkennen können, daß »ein Held tausend Tode stirbt; ein Feigling stirbt nur einmal.«

Selbst das miserabelste Leben enthält viele glückliche Einheiten. Ghettojuden feierten trotz Pogromen und Armut viele glückliche Familienfeste. Studenten, die sich durch Prüfungen und Mißerfolge niedergedrückt fühlen, nehmen sich doch Zeit für ein Bier. Eltern, die zwei Kinder bei der Geburt verloren haben, werden das dritte lieben. Die Pein in allen diesen Fällen zu ignorieren wäre der Gipfel tumber Selbsttäuschung. Die Aufmerksamkeit ausschließlich auf sie zu konzentrieren und andere, davon getrennte Erlebniseinheiten nicht zu beachten hieße dagegen, genießbare Erlebnisse dem tragischen Selbstbild zu opfern. Das Ideal in der persönlichen Entwicklung ist die Harmonie zwischen vorrangigen Prioritäten, etwa, in einem terrorisierten Viertel zu überleben, und den vielen alltäglichen, unsymbolischen, ja banalen Erlebnissen. Ein tiefer Atemzug hier, ein lebendiges Lächeln da, ein energiegeladener Augenblick, eine leuchtende Farbe — alles hat seine Resonanz in jenem Reservoir innerer Kräfte, die auch größere Lebensziele umstoßen können. Sowohl der Psychotherapeut als auch der Schriftsteller zählen auf die

Wiedergewinnung dieser kleinen Elemente, die der spannenden Aussicht auf ein gutes Ende Rückhalt geben.

Linearität

Bei der Hervorhebung von Übergangsphasen muß man die Sprunghaftigkeit in Rechnung stellen, mit der Erlebnisse oft eintreten. Ereignisse folgen einander häufig nicht in einer simplen Ursache-und-Wirkung-Sequenz. Sie stehen nicht in einer erkennbaren Relevanz zueinander. Außerdem sind sich die Menschen nicht immer über die Richtigkeit einer bestimmten Sequenz einig. Der menschliche Geist ist ein widerspenstiges Instrument, empfänglich für oft geradezu chaotische Verkettungen von Ereignissen. Sobald sich das Chaos zu ordnen beginnt, können auch die ursprünglich nicht erkennbaren Richtungen, die diese Ereignisse einschlagen, zutage treten. Das ist die Überzeugung, nach der viele Menschen verfahren — daß allen Ereignissen ein verborgener Sinn innewohnt, der diese Ereignisse letztlich zu einem erkennbaren Ganzen zusammenfügen wird. Es ist übertrieben zu behaupten, daß mit der Zeit alles ans Licht kommen wird; es empfiehlt sich jedoch, den organisatorischen Reflexen des Geistes die nötige Zeit zu lassen, Sinn und Nutzen aus Dingen zu ziehen, die ursprünglich sinnlos und nutzlos erschienen. Wenn wir flexibel im Herstellen von Verbindungen sind, wird sich vieles in eine fruchtbare Richtung entwickeln, dem wir Zeit zur Entfaltung lassen. Es gibt drei Anzeichen dieser Flexibilität: das Überspringen von Stufen, das Abweichen vom Weg und die Straffung oder Lockerung der Aufeinanderfolge.

Stufen überspringen

Wenn wir uns etwas sehr dringend wünschen, versuchen wir oft, es zu bekommen, indem wir die Stufen überspringen, die normalerweise dahin führen. Dies kann etwas sehr Einfaches sein, wie den Nachtisch als erstes zu wollen. Es kann auch darum gehen, Zimmermann werden zu wollen, ohne vorher eine Lehre zu machen, oder die fünfte Klasse zu besuchen, ohne die vierte absolviert zu haben. Wenn wir Stufen überspringen, dann nehmen wir uns die Freiheit, unsere Sequenzen von unserem eigenen, individuellen Tempo bestimmen zu lassen. In Wirklichkeit überspringen wir vielleicht gar keine Stufen, wenn uns unser eigenes Entwicklungstempo auf einen Schritt vorbereitet hat, der für andere noch zu früh kommt. Jeder Mensch hat die Option, sich von seinem eigenen Gefühl dafür leiten zu lassen, was als nächstes kommt, wobei er sich manchmal an den üblichen Schritten orientieren kann und manchmal ganz frei von dieser Richtschnur handelt. Obwohl die Abstimmung auf die anderen viele Vorzüge hat — Sicherheit, die Weisheit der kollektiven Erfahrung, Gleichschritt mit den anderen —, bedroht sie andererseits die Individualität.

Das individualisierte Bewußtsein ist natürlich erfüllt mit merkwürdigen Verbindungen, die oft kein Anzeichen der Quelle dieser Verbindungen oder dessen was folgt, erkennen lassen. Manchmal erscheinen diese lockeren Verbindungen verrückt. In anderen Momenten verleiht diese Lockerheit dem Verhalten ein persönliches Gepräge, da sie die sterile Langeweile der festgelegten Ordnung aufhebt. Ein Bewerber um einen Arbeitsplatz, der vom Chef interviewt wird, beginnt vielleicht mit der ungewöhnlichen Einleitung, daß es günstiger wäre, sich zuerst auf dem Golfplatz zu treffen. Eine Patientin richtet an ihren Therapeuten das Ansinnen, ihr die Grundzüge der geplanten Therapie bekanntzugeben. Eine Achtjährige betritt das Haus ihres Onkels und erzählt ihm, bevor sie ihn begrüßt oder sich vergewissert hat, daß er ihr zuhört, daß sie die beste Zeichnung der Klasse gemacht habe. In Kafkas *Das Schloß* bricht K frühmorgens zu einem Wirtshaus auf, ist ein paar Stunden unterwegs und als er dort eintrifft, wird es schon dunkel. In *Alice im Wunderland* geht alles drunter und drüber. Ein so verschobener Zeitsinn kann Verwirrung stiften und auch fürchterlich auf den Nerv gehen, aber das optimale Funktionieren hängt oft von der Fähigkeit zu Gedankensprüngen ab.

Hier ist eine Erfahrung mit einem dreißigjährigen Patienten in einer Therapiegruppe, bei dem durch das Überspringen der offenkundigen nächsten Stufe Informationen und Gefühle ans Licht kamen, die sich bei sorgfältiger Einhaltung der Reihenfolge wohl nicht ergeben hätten. Carl war ein großspuriger Mann, der alle Leute verächtlich behandelte — sowohl die Gruppenmitglieder als auch andere wichtige Personen in seinem Leben. Wenn er sprach, wandte er sich nur an mich, den Leiter; niemand anderer zählte. Als Gruppenmitglieder darüber ärgerlich wurden, war er überrascht. Aber er gab zu, daß er manche Leute respektierte und für die meisten anderen sehr wenig übrighatte.

Damals rauchte ich Zigarre, und Carl bat einmal plötzlich jemanden um ein Zündholz, um meine Zigarre anzuzünden. Seine Unterordnung mir gegenüber aufgreifend, übersprang ich ein paar Stufen, und statt das Feuer zu akzeptieren, fragte ich ihn, ob er Lust hätte, sich auf mein Knie zu setzen. Er zögerte, aber mein Vorpreschen hatte ihn überrumpelt. Obwohl er unsicher war, ob er sich auf mein Knie setzen sollte, zauberte meine Einladung einen sehr offenen und freundlichen Ausdruck auf sein Gesicht. Bevor er reagieren konnte, machte ich wieder einen Sprung und fragte ihn, ob er je auf dem Knie seines Vaters gesessen hatte. Das bejahte er. Dann kam die Geschichte heraus. In kurzen Worten, er hatte bis zum vierzehnten Lebensjahr mit seinem Vater gemeinsam geduscht, hatte sich ihm sehr nahe gefühlt und konnte ihn sooft er wollte in der Öffentlichkeit küssen. Doch leider starb sein Vater, als Carl fünfzehn war. Dieser Verlust überwältigte ihn, und er litt jahrelang. Als er diese Geschichte erzählte, wurde seine Stimme weich. Ich forderte ihn auf, mit seinem Vater zu sprechen, was er liebevoll und ohne Trauer oder Schuldgefühle tat. Mit sichtlichem inneren Frieden wandte er sich dann den übrigen Anwesenden im Raum zu und sprach zum ersten Mal ohne Mißtrauen und von gleich zu gleich mit ihnen. Ein anderes Gruppenmitglied, eine dreißigjährige Frau, versuchte, zuviele Stufen zu überspringen. Die therapeutische Aufgabe bestand darin, sie zu einem verkraftbaren schrittweisen Vorgehen zu bekehren. Carol sagte, sie wolle eine großartige Therapeutin sein — nicht eine gute, sondern eine großartige. Das ist ein gewaltiger Anspruch. Ohne viele Zwischenschritte hätte sie genauso gut versuchen können, einen Elefanten zu schlucken. Auf unserer Suche nach einem leichter erreichbaren nächsten Schritt erkannten wir gemeinsam, daß ihr Bedürfnis, sich abzuschirmen, ihre Wirkung auf Menschen bestimmte. Carols Zurückgezogenheit stand in unterschwelligem Widerspruch zu ihrer therapeutischen Absicht. Sie vermittelte eine nonverbale Botschaft, daß Selbstenthüllung letztlich irgendwie ordinär sei. Solange diese Botschaft bei ihren Patienten ankam, mußte ein Teil ihrer Inspirationsfähigkeit, so sehr sie nach außen hin auch zur Selbstoffenbarung ermutigte, verlorengehen — gerade genug, um die Aussicht auf rückhaltlose Äußerung zunichtezumachen. Eine näherliegende Stufe als die der Großartigkeit bestand für Carol, eine warmherzige und potentiell lebhafte Persönlichkeit, darin, aus dem Schatten ihrer Existenz herauszutreten. Statt zu versuchen, so viele Stufen zwischen ihrem gegenwärtigen Grad an Kompetenz und Großartigkeit zu überspringen, konnte sie jetzt einen

Zwischenschritt machen — ihr privates Leben zu zeigen.

Sie machte diesen Schritt, indem sie der Gruppe erzählte, daß sie die Tochter von Holocaust-Eltern sei. Der Grund für ihre Rückzugstendenzen traten deutlich zutage. Obwohl die Eltern ihr persönlich einige entsetzliche Geschichten erzählt hatten, glaubten sie, daß es unter ihrer Würde sei, anderen über ihre Leiden zu klagen. Statt der stolzen Zurückhaltung ihrer Familie treu zu bleiben, erzählte sie uns jetzt eine ergreifende Geschichte über deren unzählige tägliche Demütigungen, darunter auch, wie ihrer Mutter der Kopf geschoren wurde. Ihre Aufrichtigkeit, Schlichtheit und Traurigkeit beim Erzählen dieser Geschichte waren an sich schon berührend. Aber ihre Wirkung reichte noch viel weiter. Andere in der Gruppe erzählten, von ihr beeinflußt, ihre eigenen Geschichten. Indem sie ihre Reserviertheit aufgab, hatte sie die Atmosphäre in der Gruppe selbst gelockert.

Wieweit diese Erfahrung sie auf ihrem Weg zur Größe voranbringen wird, gehört in ein anderes Kapitel ihres Lebens. Jedenfalls hat diese Erfahrung sie gelehrt, sich in ihrem Ehrgeiz mit kleinen Schritten zufrieden zu geben und sich von jedem Erfolg die Richtung weisen zu lassen. Ob sie an ihr Ziel gelangt, ist auch nicht das einzige, was zählt. Vielleicht ist sie an irgendeinem Punkt gar nicht mehr an Größe interessiert. Vielleicht wird sie eines Tages inneren Frieden, die Gesellschaft einfacher Menschen, eine Bleibe auf dem Land oder eine handfeste Laufbahn vorziehen. Obwohl sie gegenwärtig das Bedürfnis nach Größe antreibt, wird sie in ihrem Leben viele Leitsterne haben.

Seitenwege gehen

Die zweite Form der Sequenzflexibilität besteht in der Bereitschaft, von der vorgezeichneten Bahn abzuweichen. Nehmen wir an, ich suche einen Indianergürtel als Geschenk für meine Frau. Ich kann den richtigen nicht finden, aber ich halte mich noch etwas in dem Laden auf, als ich merke, daß die Verkäuferin die Cousine eines Mannes ist, mit dem ich vor langer Zeit bekannt war. Wir unterhalten uns eine Weile über ihn. Während wir reden, kommt, lange nachdem ich normalerweise gegangen wäre, eine Kundin herein und bringt einen Indianergürtel zurück. Der Gürtel ist wunderschön, und ich nehme ihn. Solche glücklichen Zufälle sind uns allen vertraut, aber sie stoßen mit geringerer Wahrscheinlichkeit Menschen zu, die einen »Tunnelblick« haben, die mit grimmiger Entschlossenheit auf ihr Ziel losstürmen und sich durch nichts von ihrem Weg abbringen lassen. Wenn man Lücken offenläßt, in denen sich Unverhofftes ereignen kann, dann erhöhen sich die Chancen, daß es tatsächlich geschieht.

In der Therapie sind diese Früchte, die dem freien Geist zufallen, leider seltener, da die Patienten und oft auch die Therapeuten ihr Ziel unverwandt im Blick haben. Diese verengte Sicht ruft ein Dilemma hervor. Einerseits muß der Therapeut die vorhandenen Interessen des Patienten, so fixiert sie sein mögen, respektieren. Andererseits ist es auch nötig, neue Perspektiven zu eröffnen, wenn jemand hoffnungslos festgefahren ist. Beiden Absichten kann man dienen, wenn der eingeschlagene Seitenweg nur ein Umweg ist, der schließlich wieder zum ursprünglichen Ziel zurückführt. Manchmal sind diese Abstecher seltsam surrealistisch und hängen nur vage mit dem ursprünglichen Thema zusammen, aber oft ergeben sie sich ganz natürlich aus dem Gegenstand der Therapie.

Alma, ein Mitglied einer Therapiegruppe, wurde gefragt, warum sie so traurig wirke. Sie antwortete, daß sie über ihre Fehlgeburt vor sechs Monaten traurig sei, und erzählte die Geschichte aufs Neue, fruchtlos, monoton und nachdrücklich, als sei dies das Zentrum ihres Lebens. In Wirklichkeit hatte sie noch alles Mögliche andere laufen, wie ich genau wußte. Ihre Traurigkeit war wichtig und durfte nicht abgetan werden, aber dies war ein Thema, das bereits behandelt worden war; es kam nichts Neues dabei heraus.

Ein Umweg war schließlich die Rettung. Ich lenkte sie ab, indem ich sie nach ihrer Arbeit fragte. Ihr relativ neuer Job war genau richtig für sie, er gab ihr zum ersten Mal seit einigen Jahren das Geschenk, wirklich anerkannt zu werden. Ursprünglich ein vorübergehender Halbtagsjob, war inzwischen eine unbefristete Ganztagsbeschäftigung mit vollständiger Versicherung und anderen Nebenleistungen daraus geworden. Nachdem sie angeregt einige Zeit über ihre Arbeit gesprochen hatte, kehrten wir zu dem Thema ihrer Fehlgeburt zurück. Angeregt, wie sie inzwischen war, sprach sie diesmal jedoch in energischem Ton darüber. Sie wurde wütend auf den Mann, der der Vater gewesen wäre, sowie auf ihre egozentrische Mutter. Als sie ihre Wut abgeladen hatte, begann sie davon zu sprechen, einen Mann zu finden, mit dem sie diesmal *bereit* sein würde, ein Kind zu haben. Ihre Traurigkeit war nicht länger mit Resignation verbunden; stattdessen war sie ein Ausgangspunkt, um das zu ersetzen, was sie verloren hatte.

Während uns dieser Seitenweg nicht sehr weit wegführte, weichen andere stark von der befahrenen Straße ab. Man stelle sich beispielsweise vor, daß mir ein fad und jungenhaft wirkender Mann erzählt, wie ihn seine Mutter wieder einmal enttäuscht habe. Ich habe die Wahl, diese Enttäuschung direkt zu untersuchen oder überraschend auf ein Nebengleis auszuweichen. Nehmen wir einmal an, daß ich die zweite Option wähle, die Augen schließe und ihm sage, daß ich ein mutterloses Kalb vor mir sehe, das an einem tropfenden Wasserhahn saugt. Ich möchte dem Kalb zurufen, daß es Milch brauche, aber ich fürchte, es würde mich nicht verstehen, deshalb gebe ich auf. Nehmen wir weiter an, daß ich meinem Patienten von meiner Kindheit auf einem Bauernhof erzähle. Ich melkte Kühe, harkte Erde, arbeitete vierzehn Stunden am Tag, vertilgte riesige Mahlzeiten und mußte mir einen Finger abnehmen lassen. Als ich sechzehn war, hatte ich das Gefühl, in einem Schraubstock zu stecken und riß aus. Ich erzähle ihm, daß ich erst kürzlich wieder an den Bauernhof gedacht und mich gefragt habe, ob er noch bewirtschaftet wird oder an Bauunternehmer verkauft wurde. Wenn wir dann darauf zurückkommen, daß ihn seine Mutter enttäuschte, ist er weg von seinem ausgefahrenen Gleis und kann über seine Mutter in einem anderen Tonfall sprechen, da die in meine Geschichte eingebetteten Freiheitsbotschaften bei ihm angekommen sind.

Wer in freundlichem Kontakt zu seinem surrealistischen Bewußtseinsstrom steht, dem werden die abschweifenden Gedanken weniger als verlorene Zeit denn als ein Sprung in geheimnisvolle Zusammenhänge erscheinen. Diese sogenannten nichtlinearen Nebeneinanderstellungen umgehen in Wirklichkeit nicht die Linearität. Was sie umgehen, ist ein häufiges Merkmal der Linearität — die offensichtliche Relevanz jeder Bemerkung zum jeweiligen Thema. Beim surrealistischen Verfahren können die Gedanken einander in scheinbar beliebiger Weise folgen, aus einem verständlichen Zusammenhang gerissen. Doch auch dieses Aufgreifen verschiedener Fäden trägt, wenn es sensibel geschieht, zum gesamten Gewebe bei, setzt doch jeder, wenn auch in geheimnisvoller Weise, fort, was der andere begonnen hat.

Das Abschweifen von einem bestimmten Thema und die erfrischte Rückkehr zu diesem zeugt von den geheimen Zusammenhängen zwischen weit auseinanderliegenden Aspekten des Lebens.

Straffe und lockere Ereignisabfolgen

Die dritte Gelegenheit zur Flexibilität besteht darin, die Abfolge von Ereignissen zu straffen oder zu lockern. Wo die Sequenzen straff sind, stellen sich die wahrgenommenen Konsequenzen eines Ereignisses sofort ein. Sind die Sequenzen locker, bestehen größere Intervalle zwischen den Ereignissen und ihren wahrgenommenen Konsequenzen. Sehen wir uns zuerst eine straffe und dann eine lockere Abfolge an.

Wenn ich eine Patientin frage, »Was tun Sie da?«, und sie antwortet, »Ich wippe mit dem Fuß«, und ich dann sofort nachhake, »Wie fühlen Sie sich dabei?«, und sie erwidert, »Ich fühle mich ungeduldig«, wenn ich sie gleich danach frage, »Was tun Sie jetzt?«, und sie antwortet, »Ich wippe noch stärker« — dann ist das eine straffe Abfolge. Wenn ich in dieser Art weitermache, hat meine Patientin kaum eine Chance zu überlegen; eine persönliche Bestandsaufnahme ist da schwierig; es fehlt die Gelegenheit zu entspannten Gedanken und Empfindungen. Ich halte sie in Atem und steuere und gestalte die Sequenzen so, daß eine Erfahrung nahtlos in die andere übergeht und getrennte Erlebniseinheiten ihre Identität verlieren. Es ist wie ein Kreuzverhör, mit dem einen Unterschied, daß mein Ton freundlich ist und ich für die Patientin Partei ergreife, die zu einer harmlosen Aufeinanderfolge von Bewußtheitsakten genötigt wird. Da den Ereignissen wenig Raum zu verständlichen Konsequenzen gelassen wird, kann sich die Patientin zu simpler Ehrlichkeit hinreißen lassen. Treue gegenüber ihren Gesamtinteressen geht in einer Serie reflexartiger Reaktionen verloren, die sich in einer beschnittenen Welt ereignen. Der Effekt ist eine gebündelte Konzentration, ähnlich, wie wir es in der Hypnose oder Meditation erleben.

Alle Therapien, ob sie es beabsichtigen oder nicht, bereiten den Boden für eine Straffung der Erlebnissequenzen. Zum einen ist da die starke Konzentration des Therapeuten, der ganz Auge und Ohr ist. Da man nie voraussagen kann, wann das ängstlich Verborgene ans Licht kommen wird, steht viel auf dem Spiel. Kommentare seitens des Therapeuten ergänzen, was der Patient bereits gesagt hat, und implizieren häufig, daß mehr vor sich geht, als der Patient enthüllt hat. Anweisungen oder Andeutungen, die für neues oder gefürchtetes Verhalten plädieren, wirken beschleunigend auf den Puls. In jedem Augenblick kann sich das Selbstkonzept des Patienten drastisch verändern. Ein gütiger Mensch kann entdecken, daß er auch grausam ist, ein ehrlicher, daß er zu krummen

Touren fähig ist, ein selbstsicherer, daß er bloß heiße Luft abläßt. Die Angst kann entsprechend riesig sein in diesem Ringen zwischen dem selektiv undurchsichtigen Patienten und dem scheinbar alles durchschauenden Therapeuten. Man kann sich nirgends verstecken.

Das folgende ist ein Beispiel einer solchen therapeutisch straffen Abfolge. In einem Therapie-Workshop beklagte sich Renata, eine Frau, die sich ihrer eigenen dominierenden Präsenz nicht bewußt ist, daß sie sich selbst uninteressant mache, indem sie sich häufig entschuldige und bagatellisiere, was sie tue. Sie möchte fähig sein, ihre Worte für sich sprechen zu lassen, statt zu versuchen, den Eindruck, den sie auf andere mache, zu manipulieren. Während sie redete, ließ sie ihre Zunge reflexartig hervorschnellen. Ich ersuchte sie, auf ihre Zunge zu achten und mir zu sagen, wie sie sich dabei fühle. Wenn die Aufmerksamkeit auf ein normalerweise so bedeutungsloses Verhalten, wie die Zunge hervorschnellen zu lassen, gerichtet wird, dann impliziert dies, daß alles wichtig sein könnte, und erhöht unsere Wachsamkeit. Der nichtlineare Aspekt — sie wußte nicht, aus welcher Ecke diese Frage kam, — trug ebenfalls zu ihrer Desorientierung bei. Einen Augenblick lang war ihre Zunge alles, was zählte. Außerdem hatte ich den Verdacht, daß diese Bewegung verborgene Implikationen hatte; je berechtigter dieser Verdacht war, desto stärker würde sich ihre Aufmerksamkeit auf diesen simplen Sachverhalt konzentrieren. Angesichts all dieser auf diesen Sekundenbruchteil einwirkenden Faktoren sagte sie mit weit aufgerissenen Augen, daß sich ihre Zunge naß anfühle. Sofort wies ich darauf hin, daß sie das Wort »naß« ausspreche, als sei es das Bestürzendste in der Welt. Dann forderte ich sie auf, die Zunge noch einmal vorschnellen zu lassen. Sie tat es, aber diesmal meinte sie, das hemme ihre Ausdrucksfähigkeit. Ich fragte sie, woher dieses Gefühl einer blockierten Ausdrucksfähigkeit komme. Sie antwortete, wenn sie ihre Zunge herausstrecke, habe sie das Gefühl, daß sich ihre Gesichtsmuskeln zusammenziehen.

Und so ging es weiter, Schritt für Schritt, die Konzentration wurde gezielt auf jeden Augenblick des Erlebens gelenkt, und Dinge wurden beleuchtet, die in einem lockereren Gespräch kaum beachtet würden. Während sie mitging, ihre Aufmerksamkeit auf jeden Augenblick des Erlebens konzentrierte und ihr Gewahrsein davon beschrieb, begann sie zu zittern, mehr aus Ärger als aus Traurigkeit oder Furcht. Sie sagte, da sei ein frustrierender Widerspruch. Einerseits empfinde sie eine unerklärliche, verbissene Entschlossenheit, nichts zu sagen, doch gleichzeitig wolle sie auch weitersprechen. Sie sagte, sie wisse nicht, das Richtige zu sagen. Als ich sie aufforderte, sich vorzustellen, wer das wissen würde, antwortete sie, die »Erwachsenen« würden das entscheiden.

Dann wurde sie sich bewußt, daß sie, wenn sie die Zunge vorschnellen ließ, das Gefühl hatte, sie versuche, die Welt zu schmecken und zu erforschen, ein Wagnis, das die »Erwachsenen« entschieden mißbilligen würden. Als ich sie ersuchte, ihre Zunge trotzdem herausschnellen zu lassen und den Raum ganz nach Wunsch zu erforschen, hatte sie keine Hemmungen, das zu tun, und war überrascht über ihre eigene Lockerheit. Bald erhöhte sich jedoch der Einsatz, da sich manche Teilnehmer unerwartet sehr für sie zu interessieren begannen. Ein Mann sagte erstaunlicherweise sogar, daß er im Begriff sei, sich in sie zu verlieben. Sie hatte das Gefühl, in gewisser Weise dazu »herauszufordern«, und fuhr noch eine kurze Weile fort, es spielerisch zu genießen, daß sie im Mittelpunkt stand.

Nach einem angenehmen Abschnitt veränderte sich ihre Stimmung aufs Neue. Obwohl sie sich nicht länger klein machen wollte, jetzt, da sie so groß herauskam, machte es sie offensichtlich unruhig, im Mittelpunkt der Aufmerksamkeit zu stehen. Sie bekam Angst, daß sie wie ein Ballon abheben und niemals zur Erde zurückkehren könnte. Sie setzte dieses Gefühl mit ihrer fernen Kindheit in Verbindung, mit einer Furcht, daß jemand Schaden nehmen würde, wenn sie »da oben« blieb und nicht tat, was man von ihr erwartete. Sie empfand eine bedrückende Verantwortung — aber wofür? Diese Angst war zum Verrücktwerden. Bald begann sie, erregt zu weinen. Als ihre Tränen versiegten, hatte sie das Gefühl, endlich »heruntergekommen« zu sein. Obwohl sie diese Rückkehr zur Erde ein bißchen traurig machte, entdeckte sie, daß sie durch die natürliche Erleichterung des Weinens imstande war zu überleben, was im Moment nicht überlebbar erschienen war. Wir können hoffen, daß sie mit jedem neuen Erlebnis ihrer Wichtigkeit fähig sein wird, Freude zu empfinden, ohne gleichzeitig durch das Gefühl einer drückenden Verantwortung gelähmt zu sein.

Wenden wir uns jetzt einer lockeren Sequenzierung zu, bei der oft ein geringerer Druck herrscht und jedes einzelne Ereignis im entsprechenden Verhältnis zu dem größeren Rahmen steht, in dem es sich abspielt. Ohne lose Sequenzierung können sich all die intensiven und erhellenden Erfahrungen, die sich aus straffer Sequenzierung ergeben, als steril erweisen. Bedenken wir fünf der Vorzüge, die die lockere Sequenzierung bietet: (1) Gewöhnlichkeit, (2) Vorbereitung, (3) Denken, (4) Assimilierung und (5) Gelegenheit.

(1) Gewöhnlichkeit ist simpler Respekt für ungekünsteltes menschliches Engagement, bei dem sich natürliche Sequenzen mit einem Minimum an Manipulation entfalten. Jemand sagt in der Therapie Dinge, die man zu einem Freund, zur eigenen Familie, zu einem Kollegen, zum Gast einer Party oder in der Garderobe des Sportvereins sagen könnte. Solche alltäglichen Bemerkungen helfen, den Abstand zwischen der Therapie und dem »wirklichen Leben« zu überbrücken. Wird die geheimnisvolle Aura der Therapie reduziert, dann erhöht sich das Spektrum der Themen, und die Teilnehmer können das Gespräch leichter als vertraut erleben.

Einer meiner Patienten hatte beispielsweise viel Geld in Kupfer investiert. Der Preis war verheerend tief gefallen, so tief, daß selbst seine eigenen großen Geldreserven zu schwinden begannen. Er erklärte mir in allen Einzelheiten die Funktionsweise des Kupfermarktes, insbesondere die Fluktuationen, die sich historisch auf die Kupferpreise auswirkten. Er redete über das Verhältnis des Kupferpreises zum Gold- und Silberpreis und zum Wert des Dollars. Er sprach auch über die Lagerhaltung von Kupfer und über die industriellen Verwendungszwecke dieses Metalls.

Dieser Mann hatte von mir offensichtlich keine raffinierten finanziellen Tips zu erwarten; er brachte mir die Grundbegriffe des Kupferinvestments bei, während er über die Dinge redete, die ihn beschäftigten. Meine Fragen und Kommentare waren bloß die eines Neulings, der mit einem erfahrenen Mann redet. Dennoch war er sehr erleichtert, als er ausgeredet hatte. Indem er seine Kenntnisse beredt darlegte, bestätigte er seine Sachkunde, und seine Selbstachtung stieg ungeachtet der bedrohlichen Börsensituation auf ihr übliches Niveau. Ein zusätzlicher Gewinn dieses lose sequenzierten Gesprächs war, daß er sich seines Bedürfnisses nach Freundschaft bewußt wurde, das er nach seiner Übersiedlung nach San Diego vernachlässigt hatte.

(2) Der zweite Vorzug einer losen Sequenzierung ist die Vorbereitung. Vielen ungeschulten Patienten erscheinen simple Fragen oder Deutun-

gen, so wie sie von Therapeuten häufig gegenüber ihren psychologisch versierten Klienten ausgesprochen werden, verwirrend oder irrelevant. Selbst eine so simple Frage wie, »Was fühlen Sie jetzt?«, kann ihnen bestenfalls unklar und schlimmstenfalls zudringlich erscheinen. Sie rätseln vielleicht herum, warum der Therapeut diese Frage stellt oder auf welche Art von Gefühlen er anspielt, oder ob er nach einer Empfindung, einem Gefühl oder einer Einstellung fragt. Wenn die Voraussetzung einer Frage nicht aus dem therapeutischen Kontext klar wird, muß der Therapeut für unerfahrene Patienten erst den Boden bereiten. Er kann beispielsweise sagen: »Sie haben ja einen ganz neuen Gesichtsausdruck, einen Ausdruck, den ich nie zuvor an Ihnen gesehen habe. Ich frage mich, was Sie dabei empfinden.« Man wird dann vom Patienten eher eine Antwort erhalten, da der Zusammenhang zwischen der Wahrnehmung des Therapeuten und seiner Frage geklärt ist. Ohne eine solche Vorbereitung sind Patienten vielleicht nicht imstande, über ihre Gefühle zu sprechen, oder sie tun es mit einer Sklavenmentalität, d.h. sie erfüllen jede Forderung, die die Autorität zu stellen scheint.

Wenn ich beispielsweise möchte, daß ein Patient mit Hilfe des leeren Stuhls mit seinem Vater spricht, indem er sich vorstellt, daß dieser in dem Raum sitzt, dann muß ich die Tatsache berücksichtigen, daß es dieser Patient vielleicht nicht gewohnt ist, sich vielleicht dagegen sträubt, mit Personen zu sprechen, die nicht anwesend sind. Es kann durchaus vernünftig von ihm sein, etwas nicht zu tun, bei dem er sich nicht wohl fühlt. Wenn ich es dennoch für wichtig halte, daß er mit seinem Vater auf dem leeren Stuhl spricht, kann ich zu ihm sagen: »Ich möchte Ihnen einen Vorschlag machen. Es erscheint Ihnen vielleicht seltsam, das zu tun, aber ich habe es schon als nützlich empfunden. Ihr Vater ist nicht hier. Ich weiß, und ich glaube, Sie wissen, daß es bestimmte Dinge gibt, die Sie ihm sagen wollen. Ich glaube nicht, daß Sie sich das alles einfach in Ihrem Kopf zurechtlegen können, und ich kann Ihnen nicht genau die richtigen Fragen stellen, damit Sie das alles jetzt äußern können. Ich glaube, es wird Ihnen helfen, sich vorzustellen, daß Ihr Vater auf diesem Stuhl sitzt, und einfach mit ihm zu sprechen, genau, wie Sie es wollen.«

Eine solche Vorbereitung kann den nötigen Entwicklungsschritt darstellen. Vielleicht wird er trotzdem nicht bereit sein, es zu tun, da er sich dämlich vorkommt oder Angst hat. Dennoch kann diese Erfahrung den Weg für eine andere zwei Wochen später ebnen. Andere Vorbereitungen können gleich helfen. Ich kann vorschlagen, daß ich es zuerst tue. Wenn ich ihm meine geistige Gesundheit schon hinreichend bewiesen habe, wäre dies in Ordnung. Er antwortet: »Gut, tun Sie es.« Also rede ich mit meinem Vater — oder mit seinem, wenn die Umstände dafür sprechen. Fünf Minuten vergehen, und dann redet er mit seinem Vater — und sagt ihm, was ihn beschäftigt. Da ihm der Entwicklungsschritt den Weg geebnet hat, ist es dann wahrscheinlicher, daß er aus eigenem Antrieb handelt und nicht aus Gehorsam gegenüber meiner Anweisung.

Die Notwendigkeit einer Vorbereitung umfaßt natürlich ein riesiges Spektrum. Die mutigsten oder selbstsichersten oder erfahrensten Teilnehmer werden keine ausführlichen Richtlinien und Ermutigungen benötigen. Der Therapeut muß offen dafür sein, denjenigen, die dazu imstande sind, große Sprünge zu gestatten. Aber ebenso, wie ein Anstreicher seine Wände und Pinsel vorbereitet, bevor er sich an die Arbeit macht, muß der Therapeut seine Patienten auf die Verfahren vorbereiten, die er benutzt.

(3) Der dritte Vorzug einer losen Sequenzierung ist, daß sie Raum zum Denken läßt, zum Ausprobieren von Ideen, ohne von diesen mitgerissen zu werden. Zeit zum Überlegen ist für den Patienten, was die Proben für den Schauspieler oder ein eigener Raum für den Schriftsteller sind. Sie ist ein innerer Luxus, der weder eine Selbstfestlegung noch eine Reaktion seitens der Welt erfordert. In ihren geheimsten Gedanken kann sich die Betreffende fragen, warum sie verheiratet bleiben will; ob es am besten ist, ein neues Stellenangebot anzunehmen; was ihre Freunde tun, wenn sie nicht mit ihnen zusammen ist.

Weil es oft an die Stelle des Fühlens oder Handelns tritt, hat das Denken in vielen psychologischen Kreisen einen schlechten Ruf bekommen. Wenn es jedoch zur Orientierung benutzt wird, um Ereignisse miteinander zu verbinden, dann wirkt es verlangsamend auf die Dinge, die nicht durch rasche Reflexe behandelt werden können. Es versieht uns mit einem Sinn für Proportionen und gestattet uns, einen größeren Teil des Gesamtbildes aus der Vogelschau zu sehen. Obwohl das Denken oft verlangsamend auf einen Menschen wirkt und die Erregung dämpft, kann dieser Tempowechsel die Vorbereitung für neue Entwicklungen sein.

(4) Unter Assimilierung, dem vierten Element, versteht man, daß das Individuum den Dingen Zeit läßt, ins Bewußtsein einzudringen und zu

einem natürlichen Bestandteil seines Verhaltens zu werden. Etwas, das sich in der Hitze des Augenblicks offenbart hat, muß immer wieder erlebt werden, bevor es zur zweiten Natur wird. Einer Frau kann es z.B. schwer genug fallen, in der Sicherheit des Therapieraums selbstbewußt aufzutreten. Das ist bestimmt nicht damit vergleichbar, ihren Chef daran zu erinnern, daß sie nicht dafür eingestellt wurde, Botengänge zu machen. Die Kompetenz, das Selbstvertrauen und die Urteilsfähigkeit, die man für solche Konfrontationen benötigt, erwirbt man nicht durch einen einmaligen Erfolg in einer therapeutischen Sitzung. Wenn die Patientin zum ersten Mal etwas zu ihrem Chef sagt, wird sie sich dabei vielleicht ungeschickt anstellen. Nach einigem Erfolg wird sie es sicher eleganter fertigbringen. Eines Tages wird es dann vielleicht nicht mehr nötig sein, ihr Durchsetzungsvermögen zu forcieren, da sie weiß, daß es vorhanden ist, wenn sie es braucht.

(5) Der fünfte Faktor, die Gelegenheit, wird oft als ein wichtiger Aspekt für das Wachstum des Individuums übersehen. In Psychologenkreisen ist man häufig der Ansicht, daß das Leben eine Fülle von Gelegenheiten bietet und daß die Patienten diese Chancen erkennen und nutzen werden, sobald sie sich souveräner fühlen. Obwohl dieser Glaube ein wichtiges Element der Wahrheit enthält, kommt einem die Welt nicht immer entgegen, selbst wenn das Individuum persönlich bereit ist. Schulen beginnen nur einmal im Jahr, Menschen sterben zu jeder Zeit, Familien werden geographisch getrennt, die Börse kümmert sich um die meisten Leute nicht, liebenswerte Menschen tauchen nur sporadisch auf, etc. Es kann daher sechs Monate dauern, bis ein psychologischer Fortschritt Nutzen abwirft, während wir wachsam und bereit auf eine passende Gelegenheit warten.

Es empfiehlt sich natürlich, auf eine Gelegenheit nicht bloß zu *warten*, aber da sie nicht immer greifbar ist, können wir nur das unmittelbar Mögliche tun und für die Chance gewappnet sein, wenn sie sich einstellt. Obwohl Bereitschaft tatsächlich eine magnetische Anziehung auf Chancen ausübt und unvorhergesehene Ereignisse herbeiführt, ist sie nicht die einzige Antwort. Sowohl Patient als auch Therapeut müssen ein Gefühl für die Wahl des richtigen Zeitpunkts haben. Jemand, der bereit für ein Studium ist, hat vielleicht eine Familie zu unterhalten und kann daher nicht sofort damit beginnen. Eine Frau, die ein neugewonnenes Selbstvertrauen gegenüber Männern besitzt, wird nicht unbedingt an der nächsten Ecke dem richtigen begegnen. Jemand, der innerlich auf einen Wechsel des Arbeitsplatzes eingestellt ist, muß vielleicht bleiben, bis er ein neues Angebot bekommt.

Die Natur verteilt ihre Gaben nicht gerecht. Eine vernünftige Lockerung der Bedingungen, wie oder in welcher Reihenfolge die Dinge zu geschehen haben, wirkt ausgleichend auf die ungerechte Verteilung von Chancen. Wenn man aufgeschlossen ist und die Zeit auf seiner Seite hat, erhöhen sich die Chancen bedeutend, sich ein gutes Leben zu schaffen. Aber in letzter Instanz muß man tatsächlich sowohl Glück haben als auch tüchtig sein.

Ein Menschenleben besteht immer sowohl aus ereignisreichen als auch aus ereignisarmen Abschnitten. Die Menschen richten ihr Leben so ein, daß es geeignete Anteile beider Lebensstile enthält. Eine Frau z.B., die jahrelang in Los Angeles gelebt hatte, kaufte ein Haus auf dem Lande; sie erklärte, sie wolle nicht länger auf der schnellen Spur leben, wo alles zu stark und sofort ins Gewicht fällt. Wenn sie nicht im richtigen Augenblick auf die Bremse steige, dann würde sich ihr ganzes Leben verändern. Wenn sie bei der Arbeit das Falsche sagte, würde man sie vielleicht hinauswerfen; sagte sie umkehrt das Richtige, dann würde ihr das eine Beförderung eintragen. Sie hatte das Gefühl, während eines zu großen Teiles der Zeit »präsent« sein zu müssen. Sie empfand den Druck einer straffen Zeiteinteilung als belastend. Doch wenn die Umstände so steril sind, daß sie nur wenig Interesse dafür wecken, was als nächstes kommt, dann fällt es dem Individuum sehr schwer, ein funktionsfähiges Leben zu führen. Wenn, um ein schreckliches Beispiel zu nehmen, die Entlassung aus dem Gefängnis in zehn Jahren das einzige ist, was zählt, dann haben wir es in der Tat mit einer quälend lockeren Sequenzierung zu tun. Eine weniger krasse Ereignisarmut ist in bestimmten Kleinstädten festzustellen, von deren Bewohnern scherzhaft behauptet wird, ihre Unterhaltung bestehe darin, dem Anstrich beim Trocknen zuzusehen. In unserer Gesellschaft verlagern die Menschen ihre Präferenzen häufig zwischen dem Landleben, wo sie das Gefühl haben, sich in ein entspanntes Verhältnis von einem Augenblick zum nächsten zurückziehen zu können, und dem schnellen Pulsschlag der Stadt, wo die Jagd nach dem Erfolg und verpaßte Chancen zur täglichen Bilanz gehören. Ich glaube, man kann sagen, daß für viele Menschen das Glück von genau solchen Alternativen abhängt, wenn sie in den einzelnen Abschnitten des Lebens den für sie richtigen Rhythmus zu finden suchen.

Das Erlebnis des Übergangs, ein simples Dahinfließen im Strom der Zeit, entgeht den Menschen leicht, während sie sich mit komplexen täglichen Anforderungen herumschlagen. Doch da nichts stillsteht, außer in unserer Vorstellung, leben wir alle am Übergangspunkt zwischen dem jetzigen und dem nächsten Augenblick. Durch diese Bewegung bleiben die Menschen frisch, und durch sie entwickeln sich die Geschichten unseres Lebens. Der Therapeut arbeitet ebenso wie der Schriftsteller auf die Erkenntnis und Steigerung dieser unvermeidlichen Bewegung hin, selbst wenn sie sein Patient noch nicht erkennt.

IV

NACH GESCHICHTEN SCHÜRFEN

> Alles im Geist ist Nonsensland. Es stirbt nicht. Sie werden bloß hin- und hergetragen, diese disparaten Erinnerungen, in der Wüste einer Milliarde Neuronen, abgestellt, wieder aufgenommen und fallengelassen.... Wir stoßen auf die Fragmente und schreien auf, nur weil das wir selbst waren.
>
> — Loren Eiseley
> *All the Strange Hours*

Geschichten erscheinen vielen Personen, die sie erzählen könnten, erstaunlich gefährlich. Tatsächlich muß sich der Therapeut oft abplagen, um die ans Licht zu fördern, auf die es wirklich ankommt. An günstigen Tagen können diese Geschichten leicht sichtbar sein, und man kann sie vom Boden aufsammeln wie Steine, aber zu anderen Zeiten sind sie tief in die Seele ihres Gastgebers eingebettet. Da sich der Therapeut gewöhnlich in die Erfahrungen seines Patienten einfühlen kann und seine Erzählungen begrüßt, ist die faktische äußere Gefahr minimal. Aber in jedem Menschen lauert eine innere Gefahr, die das Erzählen der Geschichten oft verbietet.

Eine wichtige Quelle dieser inneren Gefahr ist die Erregung, die sich mit dem Erzählen bestimmter hochbrisanter Geschichten einstellt. Wer körperlich mißhandelt wurde, empfindet sich vielleicht als feige, weil er sich von seinem Vater schlagen ließ, oder wie ein Störenfried, weil er sich diese Schläge zuzog, oder wie ein Verräter seines Vaters, den er auch liebte, oder wie ein Mörder, weil er ihn töten möchte. Der Betreffende kann das Gefühl haben, wenn er seine Geschichte erzählt, werde er die Kontrolle verlieren, unbeherrschbar weinen oder schreien oder einen Ausbruch erleben. Wenn diese Risiken empfunden werden, dann können diese Geschichten verborgen bleiben, wenn der Therapeut nicht das Fingerspitzengefühl und die Phantasie besitzt, um ihr Vorhandensein zu erkennen und die richtigen ans Licht zu fördern. Diese lebenserhellenden Geschichten sind immer da und warten auf die richtige Inspiration, um zutage gefördert zu werden.

Die innere Gefahr ist nicht die einzige Barriere für das Geschichtenerzählen. Manche fühlen sich auch von dem Problem überfordert, aus einem Universum allmählicher Entwicklungen einen einfachen Bericht über Bedeutsames zu extrahieren. In gewissem Sinn verläuft das Leben sehr träge, während in den Geschichten — selbst den längsten Romanen — alles sehr rasch geht. Die Geschichte ist ein Organisierungsmittel, das wenige Ereignisse aus der Vielzahl, die geschehen, auswählt und ihnen Kohärenz verleiht. Jemand fragt Sie, »Was haben Sie heute getan?«, und Sie antworten, »Ich habe den ganzen Tag gearbeitet«. Dies ist eine dürftige Zusammenfassung eines Tages, an dem Sie aufwachten, mit Ihrer Frau redeten, viele Artikel in der Zeitung lasen, unzählige Gedanken hatten, mit vielen Menschen über ein breites Spektrum von Themen redeten, sich an vergangene Ereignisse erinnerten, die Weichen für die Zukunft stellten, Enttäuschung, Erleichterung, Ärger und Hoffnung empfanden, Tagträumen nachhingen, aßen, Auto fuhren, etc. »Ich habe den ganzen Tag gearbeitet« ist nur die Überschrift, und gar keine gute, hinter der sich tatsächlich ein spannender Bericht verbergen könnte. Nehmen wir an, daß Sie im Laufe dieses Tages mit einer Kollegin Möglichkeiten erörterten, gemeinsam Ihren eigenen Laden aufzumachen. Dies mag das herausragende Ereignis des Tages gewesen sein und könnte das Thema für die Geschichte liefern. Der neue Titel, *Zukunftspläne,* trifft eine Auswahl aus den Ereignissen und faßt zusammen, worum es in der Geschichte geht.

Vom Schriftsteller erwartet man eher als vom Therapeuten, aus der bunten Mischung der täglichen Erlebnisse einen Handlungsfaden herauszufiltern. Proust sagte in *Auf der Suche nach der verlorenen Zeit,* daß er sich in den Roman verliebte, als er als Junge die dramatische Klarheit entdeckte, mit der er ein ganzes Leben kondensiert. Für ihn beschleunigte der Roman die Vorgänge des Lebens und ersetzte allmähliche Entwicklungen durch ein unmittelbar faßbares »geistiges Bild«. Durch eine raffinierte Beschleunigung der Abläufe fülle der Schriftsteller die Seiten mit »mehr dramatischen und sensationellen Ereignissen, als oft in einem ganzen Leben passieren«. Selbst beim Roman muß der Leser die allmähliche Entwicklung der Handlungsstränge jedoch aufmerksam verfolgen, den Details Beachtung schenken und darf sich Fortschritte der Fabel nicht entgehen lassen. So müssen wir aus der Anhäufung von Einzelheiten im täglichen Leben alle Ereignisse zu einer kohärenten, lebendigen und erzählbaren Einheit kondensieren.

Um Dinge zusammenzufassen, die zu berichten zuviel Zeit, Energie und Gedächtnis erfordern würde, wählen Menschen oft *Überschriften,* die ihnen als Hinweise auf Erlebnisse dienen, die sie schon seit langem verdrängt haben, die aber immer noch hochzukommen drohen. Diese Überschriften sind oft eher ein Ersatz für die Erfahrungen, auf die sie hinweisen, als Einführungen zu diesen. In der Literatur wäre eine Überschrift ohne eine Geschichte absurd, nur ein Ausgangspunkt; im Leben akzeptieren Leute jedoch häufig die Überschriften zu ihren Geschichten, ohne genau nachzuprüfen, wieweit sich diese mit den tatsächlichen Erlebnissen decken.

Eine Frau, die vor der Eheschließung stand, aber sich Sorgen machte, weil sie in der Vergangenheit eine mangelhafte Urteilsfähigkeit in bezug auf Männer bewiesen hatte, fand, daß sie mit ihrem vorherigen Mann eine schreckliche sexuelle Beziehung gehabt habe. Sie konnte mir jedoch anfangs wenig darüber sagen. Das einzige, was sie sagte, war, daß sie eine *schreckliche sexuelle Beziehung* hatte — nur eine Überschrift, aber eine, der sie nicht entrinnen konnte, solange die eigentlichen Details noch fehlten. Als wir weitersprachen, wurde ihr klar, daß sie noch viel mehr zu sagen hatte. Merkwürdigerweise war ihr zuvor nicht bewußt gewesen, daß die Ereignisse es wert waren, erzählt zu werden. Sie berichtete mir, daß sich ihr Mann Abend für Abend Playboy-TV angesehen hatte und sich nicht mehr für sie interessierte. Er hatte Herpes, und von vier Wochen war er zwei sexuell ansteckend. Nicht nur war er während eines Großteils der Zeit ansteckend, er sagte ihr nicht, wann er ansteckend war, so daß sie selbst versuchen mußte, es herauszufinden. Ihre *schreckliche sexuelle Beziehung,* jetzt mehr als ein Titel, entwickelte sich zu einer überzeugenden Horrorgeschichte.

Der gegenwärtige Mann dieser Frau war alles, was ihr Ex-Mann nicht gewesen war — rücksichtsvoll, kultiviert, voll Bewunderung für sie, offen und sexuell ansprechbar. Aber der Titel ihrer Geschichte hatte sich ihrem Bewußtsein so eingeprägt, daß sie außerstande gewesen war, der vergangenen Beziehung ihren historischen Platz anzuweisen und der neuen zu vertrauen. Indem sie die Einzelheiten berichtete, aus denen sich die *schreckliche sexuelle Beziehung* — oder *rücksichtslose Männer* zusammensetzte, und indem sie Einzelheiten ihrer neuen Beziehung schilderte, stattete sie beide mit größerer Realität aus. Ohne diese Konkretisierung erhielten alle Beziehungen zu Männern in ihrem Bewußtsein einen Stempel aufgedrückt, an dem auch Veränderungen in ihren aktuellen Erlebnissen nichts ändern konnten. Sie durchlebt eine neue Geschichte mit demselben alten Titel. Solange ihr Titel von der dazugehörigen Geschichte isoliert war, erschienen ihr ihre neuen Erfahrungen so verläßlich wie eine Fata Morgana. Jeder vertrauenswürdige Wandel des Selbstbildes setzt voraus, daß die neuen Erfahrungen psychologisch registriert werden. Sonst ist die Überprüfung der eigenen Wirklichkeit — kann ich meinem Urteil über Männer trauen? — wie ein Verwirrspiel, bei dem man nur verlieren kann.

Den Titel mit der Geschichte zu verbinden, hat eine Funktion, die sowohl über die der Katharsis hinausgeht, durch die wir uns von Dingen befreien, die sich in uns aufgestaut haben, als auch über die Einsicht, die es uns ermöglicht, uns selbst zu verstehen. Manche fassen die Ereignisse ihres Lebens in ein oder zwei Worten zusammen und vergessen dann, was sie auf diese Weise resümiert haben. Anfangs sind diese Schlagworte, die sie benutzen, praktische Symbole oder Orientierungen in einem ansonsten unbegreiflichen Dasein. Aber die Einzelheiten, die lebendige Substanz, kann verlorengehen. Wenn die Geschichte erneut erzählt wird und sich Substanz und Titel miteinander verbinden, ist die Kongruenz wiederhergestellt und das Gefühl von Ganzheit erneut vorhanden.

Die Integration von Titel und Ereignis ist eine unerläßliche Voraussetzung für ein fundiertes Leben. Beispielsweise zu sagen, jemand sei »vom Lande«, ist nicht dasselbe, wie die Kirchenfeste zu schildern, an denen er teilnahm, die Spiele, die er mit seinen Freunden spielte, die Prügel, die er bezog, oder die Panik, die er empfand, als er sich in der Stadt verirrte. Patienten, die zur Therapie kommen, präsentieren ihre Probleme als Abstraktionen wie »eheliche Schwierigkeiten«, »Homosexualität«, »Schulversagen« oder »Furcht vor Fahrstühlen«. Diese Schlagworte erfüllen ihr Bewußtsein und lassen nur wenig Raum für die individuellen Varianten, die von Mensch zu Mensch verschieden sind. Sobald die individuelle Note wiederhergestellt ist, können sich die Schlagworte ändern — und das Leben der Betreffenden ebenso. Aus »Ehezwist« kann »wutschäumend in der Küche« werden; die »homosexuelle Lebensweise« kann sich wandeln zu »besser, als ein Boxer zu sein«. So reizvoll oder so reorientierend die neuen Stichworte jedoch sein mögen, sie können doch niemals die

Geschichte selbst ersetzen.

Die Sterilität des Versuchs, Einzelheiten durch Schlagworte zu ersetzen, wurde von dem Regisseur Mike Nichols in einem Interview mit Barbara Gelb veranschaulicht. Er beschrieb ein Erlebnis, das er als Student in der Klasse von Lee Strasberg am Actors Studio hatte. Zwei Schauspielschüler probierten eine Liebesszene. Als Strasberg die Frau fragte, was sie tue, um das erforderliche Gefühl zu erzeugen, antwortete sie, sie denke an all die üblichen Dinge — Frühling, Sehnsucht, Liebe — lauter allgemeine Begriffe ohne Details. Das einzige, was Strasberg wissen wollte, sagte er, sei, ob sie einen Obstsalat machen könne. Sie war von der Frage verwirrt, aber sie sagte ihm, wie sie vorgehen würde. »Ich nehme einen Apfel, schäle ihn und schneide ihn in Stücke. Dann schäle ich eine Orange und schneide sie in Stücke. Vielleicht nehme ich dann ein paar Kirschen und entkerne sie und schneide sie klein. Und dann mische ich alles zusammen.« Strasberg bemerkte: »Das ist richtig, so macht man einen Obstsalat, und wenn du nicht jede Frucht einzeln in die Hand nimmst, schälst und in Stücke schneidest, dann hast du keinen Obstsalat. Du kannst über das Obst mit einer Dampfwalze drüberfahren, aber auf diese Weise kriegst du keinen Obstsalat. Oder du kannst den ganzen Abend vor dem Obst sitzen und sagen, 'Okay, Obstsalat.' Es wird jedoch solange nichts geschehen, bis du jede Frucht in die Hand nimmst und schälst und kleinschneidest.« Wir sind alle anfällig für leere Hülsen, wir neigen dazu, abstrakte Themen zu spielen, ohne die Substanz, aus der sie bestehen.

Fragen stellen

Ein bewährtes Mittel, um angedeuteten Erlebnissen Substanz zu verleihen, besteht darin, die Fragen zu stellen, die Einzelheiten in Erinnerung rufen. Diese Fragen müssen aus einer beständigen Wißbegier und der Absicht heraus gestellt werden, Ganzheit und Farbigkeit herzustellen. Wenn ich Sie frage, ob Sie Geschwister haben, dann können Sie entweder ausführlich oder knapp antworten, je nachdem, wie ich frage und wann ich frage. In vielen Interviews will der Fragende nichts weiter wissen, als die simple, direkte Antwort auf die Frage, punktum. Stellt man diese Frage jedoch als eine Einladung, sich selbst zu offenbaren, dann eröffnet dies individuelle Möglichkeiten für den Betroffenen.

Fragen brauchen nicht so dramatisch zu sein wie, »Hatten Sie je den Wunsch, Ihren Vater zu töten?«, obwohl solche Fragen unter Umständen allerhand aufwühlen können. Man kann schrittweise vorgehen, ganz von selbst in Fahrt kommen und dabei die Implikationen jedes Augenblicks für den nächsten hervorheben. Dieses schrittweise Vorgehen hilft dem anderen, seine eigene Initiative zu spüren und die Kontrolle über die Bewegung hin zur schließlichen Klarheit zu behalten. Nehmen wir an, ich frage meinen Patienten, ob er einen Bruder hat.

»Ja.«

»Wo wohnt er?«

»In Connecticut.«

»Er ist sehr weit weg, nicht?«

»Ja, ich sehe ihn nur gelegentlich.«

»Vermissen Sie ihn?«

»Ja, man kann sich sehr gut mit ihm unterhalten und wir führen *jetzt* sehr gute Gespräche miteinander.« (Anspielung auf frühere Schwierigkeiten).

»Ist es immer so gewesen?«

»Nein, früher hatte ich große Angst vor ihm. Er war älter und stärker als ich. Ich habe einmal gesehen, wie er einen Jungen aus unserer Nachbarschaft verprügelte. Leute zogen ihn weg. Der Junge blutete stark; Leute mußten meinen Bruder von ihm wegziehen. Später hörte ich, daß der Junge meine Mutter eine Hure genannt hatte. Sie lebte von meinem Vater getrennt, und da waren einige Männer, die sie besucht hatten. Aber ich wußte das nicht, und ich ging danach meinem Bruder aus dem Weg.«

Und so entwickelt sich die Geschichte weiter.

In diesem Beispiel kommt die Handlung allmählich von selbst ins Rollen, und nähere Einzelheiten treten in dem Maße zu Tage, wie Spannungen enthüllt, Verwirrungen angedeutet, Veränderungen aufgedeckt, Gewalttaten angedroht und Lösungen versprochen werden. Die zusammengehörigen Fragmente machen die Erfahrungen im Leben dieses Menschen — und auch die Erfahrung des Therapeuten aus. Die Entwicklung vollzieht sich mit einem Minimum an Hilfestellung, zuerst schrittweise bis die Details so an Schubkraft gewinnen und alles beschleunigen, was erzählt wird.

Der Schauspieler Ralph Richardson spricht in einem Interview mit Benedict Nightingale von einem ähnlich schürfenden Nachforschen bei der Vorbereitung auf eine Rolle. Er sagt: »Grabe und bohre. Finde mehr über die Figur heraus. Was ißt er? Welche Hosen trägt er? Was trinkt er? Wovor hat er Angst? All diese Dinge und noch mehr muß man wissen. Und das ergänzt man durch allerlei Kleinigkeiten, zufällige Gespräche, die man hört, Leute, die man eine Straße entlanggehen sieht, alles, was für die Rolle passen könnte.«

Ein Beispiel für genau ein solches behutsames Sondierungsverfahren ist die schrittweise Freilegung eines Handlungsfadens durch einfühlsame Befragung in der nachstehend beschriebenen Gruppensitzung. Clara war eine vierzigjährige Italienerin, die als Kind von einem amerikanischen Soldaten vergewaltigt worden war. Sie war außerstande, den Horror dieses Ereignisses zu verarbeiten; es war ihrem Lebensgefühl so fremd, daß sie es nicht einmal in einer vorangegangenen Psychoanalyse zur Sprache gebracht hatte. Die Sitzung war Teil einer Gruppentherapie, die ich im Rahmen eines vierwöchigen Weiterbildungsprogramms in Gestalt-Therapie durchführte. Die Sitzung wurde von einer der Trainees, Marilyn Blank, geleitet.

Zu Beginn der Sitzung informierte Clara die Gruppe, daß sie, nachdem sie Marilyns Bericht über ihre Arbeit mit Vergewaltigungsopfern gehört hatte, mit ihr an ihrer Vergewaltigungserfahrung arbeiten wollte. Marilyn stimmte zu, und sie begannen in der Therapiegruppe, die sich im Rahmen der Ausbildung täglich getroffen hatte. Durch behutsame und sensible Fragen förderte Marilyn die Geschichte von Claras Erlebnis zutage, wobei sie weit über das Schlagwort *Vergewaltigung* hinausgelangte und viele Einzelheiten und die sie begleitenden Gefühle ans Licht brachte. Die Geschichte entfaltete sich nach und nach und durchlief die Stadien von Claras Unschuld, ihrer Freigebigkeit, ihrem Erlebnis des Überfallenwerdens und ihrem Entsetzen. Sie bewirkte Erleichterung und konkretisierte gleichzeitig einen Teil von Claras Leben, schreckliche Ereignisse, die ihr bis dahin ein Gefühl der Entfremdung und Besudelung verursacht hatten. Obwohl der Bericht über diese Sitzung ziemlich lang ist, lohnt es sich, ihn im Detail zu referieren, um einen Eindruck von dem allmählichen Übergang von der Abstraktion »Vergewaltigung« zu den konkreten Ereignissen zu vermitteln, die sich zu dieser erschütternden menschlichen Geschichte verknüpften. Anfangs, an früherer Stelle in der Sitzung als hier berichtet*, hatte Marilyn ein Gefühl von gegenseitigem Interesse und

* Dies ist ein so wörtliches Protokoll, wie es Marilyn gleich nach der Sitzung zustandebringen konnte. Es scheint mir eine getreue Wiedergabe des Dialogs.

von Unterstützung hervorgerufen, den Boden für ihre Arbeit bereitet und Fragen gestellt, die Clara bewußtmachten, daß ihre Kehle zugeschnürt war, daß sie errötete, daß sie sich über den Hals strich, wenn sie das Wort »Vergewaltigung« benutzte, und daß sich ihre Atmung und ihr Tonfall änderten. Sie beschrieb das italienische Dorf, in dem sie als Kind lebte, wie sie mit ihren Freunden spielte und wie sie ihr Haar trug. Als der Tag der Vergewaltigung ins Bild kam, nahmen wir in der Gruppe bereits Anteil und konnten uns mit Claras Leben identifizieren.

Der folgende Dialog zwischen Marilyn und Clara bildete den Kern ihrer Geschichte. Marilyns Fragen fördern, wie wir sehen werden, gezielt sowohl die Einzelheiten als auch das sich zwangsläufig daraus entwickelnde Drama zutage; weder sie, noch Clara weichen in Abstraktionen aus.

MARILYN: Kannst du dich erinnern, was du gemacht hast, als du an jenem Nachmittag [der Tag der Vergewaltigung] allein warst?

CLARA: Ja, oh ja. Ich bin an diesem Tag vom Hauptplatz weggegangen und bin zu einer kleinen Holzbrücke außerhalb des Ortes gegangen, die über einen Bach führt. Der Bach hat denselben Namen wie das Dorf, in dem ich lebte. Die Brücke führte über das Wasser, und ich saß dort sehr gern und ließ meine Füße in den Bach baumeln, besonders an heißen Tagen. Ich paßte auch sehr auf, daß ich mein Kleid nicht naß machte. Das machte meine Mutter wütend. Während des Krieges hatten wir wenige Kleider.

MARILYN: Weißt du, weshalb da eine Brücke war?

CLARA: Die Kühe benutzten diese Brücke, wenn sie auf die nahen Weiden gingen. Jeden Nachmittag, wenn ich dort spielte, konnte ich die Kühe tätscheln, wenn sie vorübergingen. Aber an diesem Nachmittag war es sehr still, und es tat mir wohl, meine Füße ins Wasser hängen zu lassen (breites Lächeln).

MARILYN: Erinnerst du dich, was als nächstes geschah? Du hast allein auf der Brücke gesessen, und deine Füße baumelten im Wasser und ...

CLARA: Laute, schwere Schritte näherten sich mir. Die Einheimischen hatten keine schweren Lederschuhe. Während des Krieges war Leder knapp. Als ich aufschaute, sah ich nur große, schwarze, schwere Soldatenstiefel und eine olivgrüne Uniform. Ich erinnere mich, daß ihm die Stiefel fast bis zum Knie gingen. Das hatte ich nie zuvor gesehen.

MARILYN: Woran kannst du dich sonst noch erinnern im Zusammen-

hang mit diesen Stiefeln, als du dort auf der Brücke saßest und deine Füße in das Wasser hängen ließest?
CLARA: In Italien war es nicht üblich, Schnürstiefel zu sehen, insbesondere Lederstiefel, die fast bis zu den Knien reichten. Diese schwarzen Stiefel hatten viele Haken und Ösen, und ich glaube, sie glänzten sehr. Sie erschienen mir so groß. Der Soldat war groß, sehr groß mit dunkler Haut und dunklem Haar.
MARILYN: War es ein Schwarzer?
CLARA: O nein, er hatte bloß einen sehr dunklen Teint.
MARILYN: Erinnerst du dich, was er als erstes sagte oder tat?
CLARA: Er lächelte, ja, er lächelte, und dann setzte er sich neben mich und ließ seine Soldatenstiefel ins Wasser hängen und machte genau, was ich machte. Ich fand das sehr sonderbar, die Füße ins Wasser zu strecken, mit den Stiefeln an. (Ihre Stimme und ihr Gesicht nehmen eine kindliche Qualität an — die personifizierte Unschuld)
MARILYN: Ich stelle mir vor, daß er komisch ausgesehen haben muß, wie er da neben dir saß. Was geschah als nächstes?
CLARA: Ja, das hat er. Nach einigen Minuten bot er mir einen Kaugummi an. Das war das zweite Mal in meinem Leben, daß ich einen Kaugummi bekam. Anfangs wußte ich nicht, was ich damit machen sollte, deshalb lutschte ich ihn. Er zeigte mir dann, daß man ihn kaut und nicht lutscht.
MARILYN: Kannst du dich erinnern, was du empfunden hast?
CLARA: Ja, er schien so feundlich und glücklich, einfach dort mit mir zu sitzen, wir beide mit den Füßen im Bach. Ich war glücklich.
MARILYN: Bist du sehr lang mit ihm dort geblieben?
CLARA: Nein, denn er bat mich, ihm den Weg zu einem Nachbarort zu zeigen, und er sagte, daß er entlang der Eisenbahnschienen gehen wollte.
MARILYN: Konntest du ihn verstehen?
CLARA: Wir redeten nicht dieselbe Sprache, aber mit Hilfe von Gesten verstand ich, was er wollte, und ich dachte mir, daß diese Idee, die Gleise entlangzugehen, ungewöhnlich war. Ja, ein ungewöhnlicher Weg zu dem benachbarten Ort. Im Sommer verkehrte der Zug nur zweimal am Tag, und viele der Einheimischen und Soldaten benutzten die Gleise als Weg.
MARILYN: Wie gut du dich an diesen Tag erinnerst.
CLARA: Ich bin selbst überrascht.
MARILYN: Hast du ihm die Richtung gezeigt?

CLARA: Ja, aber er bat mich, ihm den Weg zu zeigen, und ich erklärte mich einverstanden. Ich erinnere mich, daß er mir von der Brücke aufhalf und daß ich meine Füße aus dem Wasser zog. Wir gingen zusammen über den Dorfplatz, wie zwei alte Freunde gehen würden.
MARILYN: Haben euch Einwohner gesehen?
CLARA: O ja, wir gingen so, daß uns alle sehen konnten.
MARILYN: Wie weit war der Weg?
CLARA: Etwa einen Kilometer durch das Dorf und eineinhalb Kilometer in Richtung des Nachbarorts.
MARILYN: Habt ihr unterwegs angehalten?
CLARA: Ja, nach etwa eineinhalb Kilometern blieb er stehen, um eine Pause zu machen. Er setzte sich neben das Gleis auf einen kleinen Hügel und winkte mir, mich neben ihn zu setzen.
MARILYN: Hast du das getan?
CLARA: O ja. Nachdem ich mich gesetzt hatte, zog er eine Tafel Schokolade hervor und gab sie mir. Es war die erste Tafel Schokolade, die ich je sah. Ich erinnere mich, daß ich sie mir aufheben wollte, um sie mit nach Hause zu nehmen und mit meiner Mutter und meinem Bruder zu teilen. Ich wollte sie nicht aufmachen, aber er bestand darauf, daß ich sie esse. Ich erinnere mich, daß er meine Hände nahm und mich zwang, das Papier zu öffnen und sie zu essen. Ich begriff das nicht und bekam etwas Angst. Aber ich wollte ihm eine Freude machen. Er lächelte, als ich den ersten Bissen tat, und ich dachte, ich mache ihn glücklich. Er bestand darauf, daß ich einen zweiten Biß nahm, und bestand darauf, daß ich die ganze Tafel Schokolade aufesse, obwohl mein Mund voll war. Er bestand darauf, daß ich weiterkaue und hörte nicht auf, mich zu drängen, bis ich mir den Rest der Schokolade in den Mund steckte. Er drängte mich, die ganze Tafel rasch zu essen. Das war zuviel Süßigkeit für mich, und es fiel mir schwer, so große Stücke Schokolade zu schlucken. Aber er ließ mir keine Atempause.
MARILYN: Sein Verhalten muß verwirrend für dich gewesen sein.
CLARA: Ja, und bald nachdem ich mit der Schokolade fertig war, veränderte er sich plötzlich. Verstehst du, ich hatte solche Gewissensbisse, daß ich die ganze Tafel Schokolade aufgegessen hatte. Ich hätte sie so gerne meiner Familie nach Hause gebracht. Ich wollte sie überraschen. Aber er verstand das nicht.

Nicht nur sein Benehmen änderte sich, auch seine Stimme. Sie wurde grober mir gegenüber. Er hörte auf zu lächeln und zog mich plötzlich ins Gebüsch und stieß mich zu Boden. Ich erinnere mich, daß ich einen Stein in meinem Rücken spürte, als er mich zu Boden drückte. Je fester er drückte, desto mehr drückte der Stein in meinen Rücken. Der Stein hatte eine scharfe Spitze, es war schrecklich. Verstehst du, er stach mich einfach in den Rücken. Ich erinnere mich an die Erde unter mir. Ich erinnere mich, wie ich auf diesem Abhang lag und mich ein Stein in den Rücken stach.

MARILYN: Ich beginne, den Kampf zu spüren, den du beschreibst. Laß dir soviel Zeit, wie du brauchst, bevor du erzählst, was als nächstes geschah.

CLARA: Ja ... ich spüre immer noch diesen Stein, der in meinen Rücken sticht und ... ach ja, ich erinnere mich, daß ich pinkeln mußte, aber er wollte mich nicht aufstehen lassen, und es war so schwierig wegzurutschen. Er drückte mich wieder nieder und zog mir mein Höschen aus und warf es den Hang hinunter. (Eine lange Pause)

Verstehst du, ich hatte solche Angst, daß ich das Wasser nicht halten konnte, und ich erinnere mich, daß es aus mir heraus und den Hügel hinunter auf mein Höschen lief. Das war das Schlimmste für mich. Ich hatte Angst, daß meine Mutter draufkommen würde und böse sein würde, weil ich mein Höschen naß gemacht hatte. Ich besaß nur zwei Höschen.

MARILYN: Du warst ein so stolzes kleines Mädchen. Wie hilflos und voll Angst du dich gefühlt haben mußt.

CLARA: Ich hatte Angst vor ihm und Angst, mein Höschen und mein Kleid zu ruinieren.

MARILYN: Kannst du langsam anfangen, dich zu erinnern, was als nächstes geschah?

CLARA: Ja.

MARILYN: Wo war der amerikanische Soldat? Was sagte er zu dir, und was machte er mit dir? Laß dir soviel Zeit, wie du brauchst.

CLARA: Okay. (Pause) Das nächste war, daß er über mich herfiel. Das einzige, was ich sah, war eine olivgrüne Uniform vor meinem Gesicht. Er wurde schroffer mit mir, seine Stimme änderte sich, er hatte seinen Penis draußen, und ich spürte, daß er mein Kleid aufhob und mich naß machte. Er lag wie ein dunkler Kloß auf mir, und ich konnte nichts sehen, und ich bekam keine Luft. (Clara greift sich an die Kehle, während sie das Trauma dieses Ereignisses von neuem durchlebt.)

Ich erinnere mich, daß ich nach einer Stelle suchte, wo ich atmen konnte. Es gelang mir, meinen Kopf zur Seite zu drehen, um Luft zu kriegen. Ich wandte die ganze Kraft auf, die ich hatte, um zu atmen. Ich konnte nicht atmen. Ich bekam keine Luft. Nicht mit diesem großen, dunklen Kloß auf mir.

MARILYN: Ist es dir gelungen, Luft zu kriegen, die du zum Atmen brauchtest?

CLARA: Ja, sooft ich meinen Kopf zur Seite drehte, bekam ich etwas Luft. Er war so groß und drückte mich so hart nieder, und der Stein drückte noch härter gegen meinen Rücken.

MARILYN: Ich möchte, daß du dir jetzt Zeit nimmst zu atmen. Sieh dich um und atme so tief ein, wie du es brauchst. (Sie übt mit Clara einige Minuten lang nur die Atmung)

CLARA: Ich atme. Damals fiel es mir so schwer zu atmen, ich sah nichts als Olivgrün, und es war, als wäre eine schwarze Wolke über mich gekommen.

MARILYN: Spürst du den Unterschied zwischen damals und jetzt? Dieses kleine Mädchen — du — war entschlossen zu überleben.

CLARA: O ja. Ich bin nicht naß, da ist kein Stein in meinem Rücken, und er erdrückt mich nicht. (Lange Pause)

MARILYN: Es ist wichtig, die Unterschiede zu erleben. Können wir jetzt noch etwas über die Vergewaltigung sprechen? Und denke an deine Atmung.

CLARA: Ja.

MARILYN: Als der Soldat auf dir lag, erinnerst du dich, ob er dich penetrierte?

CLARA: Er versuchte es. Es floß kein Blut, aber meine Scheide war naß von ihm und von meinem Urin.

MARILYN: Hast du geweint?

CLARA: O nein.

MARILYN: Du warst so stolz und hattest solche Angst und hast doch nicht den Kopf verloren, auch nicht in dieser Krise.

CLARA: Nein, aber ich fühlte mich so erniedrigt.

MARILYN: Erinnerst du dich, wie er dich verließ?

CLARA: Ja, plötzlich sprang er auf, schloß seine Hose und ging. Als ich aufstand, sah ich, daß meine Hände schmutzig waren, weil ich sie so gegen die Erde gepreßt hatte. Ich ging den Abhang hinunter, hob mein

Höschen auf und zog es schnell an, naß, und dann rannte ich über die Wiesen zu meinem Lieblingsversteck am Bach.
MARILYN: Über die Kuhweiden ...
CLARA: Ja. (Lächelt)
MARILYN: Hat dich jemand gesehen, als du über die Wiesen ranntest?
CLARA: Nein. Ich rannte ungesehen durch. Ich vergewisserte mich, daß mich niemand sah. Verstehst du, ich wäre über Zäune gesprungen, um auf Umwegen nach Hause zu kommen, ohne gesehen zu werden.
MARILYN: Nimm dir Zeit zu atmen.
CLARA: Ja.
MARILYN: Was hast du gemacht, als du da hinkamst?
CLARA: Ich setzte mich am Bach nieder, zog mein Höschen aus und wusch es. Es war naß und hatte Flecken von der Erde und vom Laub. Ich säuberte mein Kleid und reinigte mich.
MARILYN: Wie lang bist du dort geblieben?
CLARA: Ich blieb dort, bis es finster wurde, und ging dann nach Hause.
MARILYN: Erinnerst du dich, warum du so spät nach Hause gingst?
CLARA: Ich wollte niemanden sehen — keinen Erwachsenen. Und wenn ich in der Dunkelheit nach Hause ging, konnte niemand die Schmutzflecken auf meinem Kleid sehen.
MARILYN: Du warst ein tapferes Kind und so bereit, dieses Ereignis von deiner Familie fernzuhalten.
CLARA: O ja, ich mußte es, meine Mutter hatte so viele Probleme durch den Krieg.
MARILYN: Erinnerst du dich, wie du an jenem Abend nach Hause kamst?
CLARA: Ja, ich erinnere mich, daß ich über den Dorfplatz ging, und ich erinnere mich, wie ich das Haus betrat. Zuerst erledigte ich meine Pflichten, und dann setzte ich mich mit meiner Familie zum Abendessen.
MARILYN: Hat dir deine Mutter Fragen über dein Kleid oder dein Höschen gestellt?
CLARA: O nein, ich achtete darauf, daß mein Kleid mein Höschen verhüllte.
MARILYN: Ich möchte dir sagen, daß ich dir deine Geschichte und jedes Detail darin glaube. (Marilyns Hand berührt Claras Knie. Clara wirkt überrascht und erleichtert.)
CLARA: Wirklich?

MARILYN: O ja, ich finde es prima, wie gut du für dich an diesem Tag gesorgt hast. Du hast auch so große Rücksicht auf deine Familie bewiesen. Hast du oder einer deiner Angehörigen die Geschichte an diesem Abend erwähnt?
CLARA: Nein. Mit keinem Wort.
MARILYN: Du hast also mit deiner Kränkung und deiner Geschichte da ganz allein am Eßtisch gesessen.
CLARA: Ja.
MARILYN: (Berührt ihre Hand) Du warst so ein reizendes Kind, so tapfer, so außergewöhnlich. (Beide lächeln) Ich möchte hier aufhören. Wir sind jetzt fertig.
CLARA: Das glaube ich auch. Weißt du, es war nicht so schlimm, wie ich dachte, sich daran zu erinnen.
MARILYN: Woran hast du dich heute mit mir erinnert?
CLARA: An die Vergewaltigung in meiner Kindheit.
MARILYN: Atme ein paar Sekunden. Mach ein paar tiefe Atemzüge, und wenn du bereit bist, nimm wieder Kontakt mit der Gruppe auf.

Das Entscheidende bei dieser Gruppensitzung war die Bewegung, die durch die Fragen in Gang kam, als sie dieses verdrängte Ereignis zutage förderten. Durch diese Veränderung wurden wir Zeugen nicht nur einer Vergewaltigung, sondern einer bestimmten Vergewaltigung eines bestimmten Menschen. Das Thema vermittelte uns viele besondere Erfahrungen — das fesselnde Symbol einer aufgezwungenen Tafel Schokolade, eine rührende Furcht vor einem nassen Höschen, ein harter Stein im Rücken, ein verständnisloses Entsetzen. *Vergewaltigung* als Titel hat uns auf die Spur der Geschichte mit all ihren Dimensionen gebracht. Sobald dies erreicht war, war diese Überschrift kein bloßes Etikett mehr.

Bei der Befragung von Patienten ist der Therapeut nicht an systematische, schrittweise Fragen gebunden, sondern stellt manchmal umfassendere. Er kann Menschen nach einer Zeit in ihrem Leben fragen, als es um ihr Überleben ging, nach einem unvergeßlichen Menschen, nach einem Ereignis, das ihnen unerklärlich war, nach einer Zeit der Verjüngung oder Hilflosigkeit, einer Errettung, einer Zeit, als sie einen Tod miterlebten, einen Einbruch, ein aufregendes Rendezvous, den ersten Weggang von zu Hause, usw. Dies sind universelle Themen; diesbezügliche Fragen bringen Geschichten ans Licht, die von den individuellen Erfahrungen der Betreffenden geprägt sind.

Individuelle Fragen können unmittelbar mit dem zusammenhängen, was gerade vor sich geht. Eine Frau kauerte sich beispielsweise in ihren Sessel und hüllte sich in ihre Jacke, als friere sie. Ich fragte sie, *wie alt* sie sich fühle. Sie antwortete, sie fühle sich wie zehn, und berichtete dann ausführlich von einer Zeit, als ihr Vater sie im Alter von zehn Jahren in eine Bar mitgenommen hatte. Sie war zum ersten Mal imstande zu sagen, daß sie sich als etwas Besonderes empfand, als er sie dahin mitnahm, und daß dieses Gefühl in Gegensatz zu ihrem Ekel und ihrer Frustration über ihn und die Häßlichkeit ihrer Beziehung stand. Ihr Vater, ein Macho-Typ, hatte sie wiederholt herabgesetzt, obwohl er sie dazwischen wieder als etwas Besonderes behandelte. Sie hatte aufgehört, an das Besondere zu glauben, und obwohl sie alle Anzeichen eines besonderen Menschen aufwies — intelligent, begabt, sensibel — hatte sie das Besondere an sich verleugnet. Durch das Erzählen ihrer Geschichte begriff sie, daß ihr Vater sie trotz gegenteiliger Anzeichen tatsächlich als etwas Besonderes empfand. Sie erkannte außerdem, daß auch ihre Freunde und Lehrer und ihr Mann sie als etwas Besonderes ansehen konnten.

Jedes Ganze hat seine Teile

Eine Variation des Themas der Verwandlung des Abstrakten in das Spezifische stellt das Spannungsverhältnis zwischen dem Ganzen eines Erlebnisses und seinen Bestandteilen dar. Das Ganze ist nicht notwendigerweise eine Abstraktion. Auf das Angebot einer Zigarette beispielsweise zu antworten, »Ich möchte keine«, ist eine spezifische Aussage, die ganz für sich stehen kann. Doch die simple Ganzheit dieser Reaktion enthält viele Ingredienzien, die isoliert und weitergesponnen werden können. Haben Sie aufgehört zu rauchen? Wenn ja, wie schwer ist es Ihnen gefallen? Ist Rauchen moralisch verwerflich? Fühlen Sie sich frischer, seit Sie es aufgegeben haben? Sind Sie nervös? Atmen Sie anders? Sind Sie stolz? Sind Sie einsam? War es Ihnen mit vierzehn verboten zu rauchen? Jedes Erlebnis enthält eine Fülle von Geschichten.

Bei der Vertiefung von Ereignissen macht sich der Schriftsteller ganze Erfahrungen ebenso zunutze wie Bruchstücke, manchmal sogar, wenn die Vorfälle banal erscheinen. Eine besondere Art, »ja« zu sagen, kann beispielsweise »endlich« implizieren; eine Gesprächspause kann auf Beklommenheit hindeuten; ein Auto springt nicht an, und man wird wieder zu spät kommen; in der Reinigung geht ein Lieblingskleid verloren: alles kann als Schlüssel für Erzählstoff dienen. All diese Ereignisse können Komponenten ein und derselben Erfahrung sein — mangelhafter Selbstachtung z.B. Oder sie können selbst ganze Einheiten sein, die weitere Details erfordern. Jedes Erlebnis ist wie eine Schachtel innerhalb einer Schachtel, wobei jede Schachtel eine kleinere enthält und selbst in einer größeren enthalten ist.

Das natürliche Schwanken der Aufmerksamkeit zwischen dem Ganzen und seinen Teilen bewirkt eine gesteigerte Energie. In der kubistischen Malerei wird z.B. Energie aus dem Zerbrechen des beabsichtigten Darstellungsgegenstands in Komponenten gewonnen, die so plaziert werden, daß sie sich nicht eindeutig zu einem erkennbaren Ganzen zusammenfügen. Wenn der Betrachter die Aufspaltungen — Nase, Gesicht und Beine, die in unterschiedlichem Winkel auseinanderstreben, — sehen und das ganze durch seinen eigenen Sytheseprozeß erneut zusammenfügen kann, dann mag ihm diese Komposition aufregend erscheinen. In gewissem Sinne haben beide das Gemälde erschaffen, er und der Maler. Wie E.H. Gombrich in *Geschichte der Kunst* sagte, »dies kann man nur mit mehr oder weniger vertrauten Formen tun. Der Betrachter des Bildes (einer Geige) muß wissen, wie eine Geige aussieht, um imstande zu sein, die verschiedenen Fragmente auf dem Bild miteinander in Beziehung zu setzen. Das ist der Grund, warum kubistische Maler gewöhnlich bekannte Motive verwenden, ... bei denen wir uns leicht auf dem Bild zurechtfinden und die Beziehung der verschiedenen Teile zueinander verstehen können.« Genauso ist es notwendig, ein Bewußtsein des wieder zusammensetzbaren Ganzen zu bewahren, wenn man eine Erfahrung — wie, etwas Besonderes zu sein, — in ein darin enthaltenes Mosaik von Ereignissen aufspaltet.

Der Zusammenhang zwischen dem Ganzen und seinen Teilen kann genauso verlorengehen wie der zwischen Bewußtem und Unbewußtem infolge der Verdrängung. Wir wissen seit langem, daß Vedrängung eine Hauptursache des Verlusts von Persönlichkeitsbestandteilen und von Defiziten an Energie und Funktionsfähigkeit ist. Durch die Erkenntnis des Unbewußten und seiner Verdrängung haben sich Tiefe und Vielfalt auch in den schlichtesten menschlichen Erfahrungen offenbart. Aber der Begriff der *Bestandteile* unterscheidet sich von dem des Unbewußten. Bestandteile sind einfach Elemente — nicht Ursachen — einer detailreichen Struktur. Manche sind durchaus innerhalb der Reichweite des Bewußtseins. Bis die Aufmerksamkeit auf sie gerichtet wird, werden sie vielleicht als unwichtig, irrelevant oder ungelegen empfunden, obwohl sie leicht beschreibbar sind. Wenn ich z.B. einen Patienten, der mit verspannter Brust gesprochen hat, darauf hinweise, daß er eben tief geseufzt habe, dann weiß er dies vielleicht bereits. Aber es kann sein, daß er es nicht zu einem bewußten Erlebnis werden läßt. Sobald er den Seufzer bemerkt und als relevant erkennt, wird er vielleicht ensthafter zu dem Gespräch zurückkehren.

Dem Augenblick Substanz verleihen

Der Schriftsteller hat eine viel größere Chance als der Therapeut, das Erlebnis eines Augenblicks zu einer reichhaltigen Komposition auszugestalten. Ein Geistesblitz, ein flüchtiger Eindruck oder eine vorübergehende Empfindung im wirklichen Leben kann zu einem seitenlangen Text ausgewalzt werden. Der Autor kann jede Handlungssequenz unterbrechen — mit Ausführungen über die inneren Vorgänge seiner Figuren, mit vergangenen Ereignissen, die gegenwärtiges Verhalten erklären, oder auch mit einer Abschweifung von der Handlung durch den Autor selbst. Der fruchtbare Umweg lohnt sich. Obwohl diese Umwege sowohl in der Therapie als auch im Alltagsgespräch schwieriger sind, können wir alle vom Schriftsteller lernen, wie man sie einsetzen kann.

Ein Beispiel dafür, wie man einem Augenblick Substanz verleiht, ist in William Styrons *Sophies Wahl* enthalten. Styron füllt den Augenblick zwischen einem Satz eines Gesprächs und dem nächsten mit einer Reihe von Grübeleien. Stingo, ein zweiundzwanzigjähriger angehender Schriftsteller, ist in Sophie verliebt, eine sehr schöne, etwas ältere Frau. Sie liebt jedoch Nathan, mit dem Stingo ebenfalls befreundet ist, deshalb hat er seine Verliebtheit für sich behalten. Wie es das Glück will, haben seine Freunde Krach miteinander, wie das in Abständen geschieht. Aber diesmal hat ihre Beziehung einen ernsthaften Sprung davongetragen. Stingo und Sophie fahren zusammen an einen Strand. Sie sind nackt. In der Hitze des Augenblicks und in seinem jungfräulichen Zustand widerfährt ihm das Mißgeschick eines vorzeitigen Ergusses. Dies ist kein Problem für Sophie, die ihn sowieso für unerfahren hielt, keine Anforderungen an ihn richtet und ihn trotz seiner sexuellen Unsicherheit liebt. Er gesteht ihr mit gepreßter Stimme seine Unerfahrenheit. In diesem Augenblick der Demütigung erzählt sie ihm, wie sehr er Josef gleiche, einem verflossenen Liebhaber in Polen, der von den Nazis getötet worden war.

Sie redet immer weiter über Josef — seinen geheimnisvollen Tod, die Picknicks, die sie zusammen machten, und die Schwierigkeiten während des Kriegs. Stingo ist erstaunt, daß sie so reden kann. Zwischen einem von Sophies Sätzen und dem nächsten hat er eine Anwandlung von ernstkomischem Entsetzen über den Widersinn ihres Geplauders über die ferne Vergangenheit, während er schlaff daliegt. Was als seine sexuelle Blamage erscheint, bildet zumindest vorübergehend das Zentrum von Stingos Existenz. Während Sophie redet, schweift eine ganze Textseite in stumme Regionen von Stingos Bewußtsein ab.

Während Sophie vielleicht gar nicht bemerkt, daß noch etwas anderes geschieht, wissen wir Leser, was in Stingo vorgeht. Dieses Wechselspiel zwischen der Oberfläche und den Unterströmungen verleiht diesem Erlebnis Tiefe. Doch im wirklichen Leben hängt der Zugang zu den oft widerspenstigen Details weitgehend von gutem Timing und einer Wechselseitigkeit ab, die sehr begrenzt ist. Hätte Stingo seine geheimen Gedanken in dem Gespräch geäußert, statt sie für sich zu behalten, dann hätte dies seine Beziehung zu Sophie sicher verändert. Hätte er laut ausgesprochen, wovon nur er und der Leser Zeuge sind, dann wäre Sophie in einen neuen Kontakt mit ihm gekommen, der sie vielleicht ihrem eigenen Bedürfnis, in Erinnerungen an Josef zu schwelgen, entfremdet hätte. Vielleicht wäre das besser für sie gewesen. Vielleicht hätte es Stingo mehr Einfluß und Selbstachtung verschafft, wenn er sie gezwungen hätte, seinem Befremden Beachtung zu schenken statt dem lange entschwundenen Josef. Wir können darüber alle nur spekulieren. Dennoch ist klar, daß Stingo einer außergewöhnlichen Souveränität bedurft hätte, ihr zu vermitteln, was in ihm vorging.

In der Therapie sind die Chancen, dem Augenblick Substanz zu verleihen, besser als im täglichen Leben, wenn auch nicht so gut wie in einem Roman. Man ist weniger eingeschränkt durch die Erfordernisse der Umstände, die lineare Kontinuität und den Kontakt zwischen Menschen und kann stattdessen den Komponenten jedes Erlebnisses nachspüren. Diese Freiheit des Erforschens wird durch eine therapeutische Durcharbeitung mit Iris veranschaulicht. Sie erlebte in ihren Beziehungen zu anderen

Mitgliedern einer Therapiegruppe ein unerklärliches Defizit. Aus irgendeinem Grund »funkte« es nicht. Ein Gefühl der Kontaktlosigkeit zwischen ihr und den anderen blieb trotz vieler freundlicher Worte, die gewechselt wurden, bestehen. Die Gruppenmitglieder sagten ihr, sie schätzten ihre konzentrierte Aufmerksamkeit, daß sie zu verstehen schien, worüber die Leute redeten, ihre ganz besondere Art von Attraktivität — sie sei nicht schön, aber ein Vergnügen anzusehen. Der normalerweise schon ehrliche Ausdruck in Iris' Gesicht verstärkte sich noch, sie dachte über die Worte nach, die sie gehört hatte, und sagte dann abwehrend: »Was meinst du mit *nicht schön*?« Die simple Bemerkung, ein flüchtiger Augenblick, hätte leicht vorüberhuschen können wie die meisten Augenblicke. Aber die Beachtung, die Iris den Untertönen von »nicht schön« schenkte, hatte eine ausführliche Darstellung ihrer Schwierigkeiten mit Schönheit zur Folge. Ihre diesbezügliche Verwirrung war so groß, daß diese nie sehr weit von ihrer Bewußtheit entfernt war.

Der Vater von Iris, ein im allgemeinen gütiger Mensch, wollte, daß sie eine Schönheitskönigin werde, wie es ihre Mutter gewesen war. Er fand, sie sehe jedoch ihm ähnlicher, und er hatte sein eigenes Aussehen nie gemocht. Iris fand dagegen, daß sie fabelhaft aussehe, aber sie wollte, daß *er* sie schön finde. Er war nicht imstande, das zu begreifen, deshalb kamen sie nie richtig in Kontakt miteinander. Irgend etwas fehlte immer. Schließlich entsagte Iris ihrem Wunsch, körperlich schön zu sein, negierte die Vorstellungen ihres Vaters in bezug auf Schönheit und strebte stattdessen danach, eine »schöne Seele« zu werden. Wenn andere von körperlicher Schönheit redeten, wurde sie unwillig. Zur Zeit dieser Therapiegruppe zählte für sie nur noch, »Gutes zu tun«. Sie war zu einer strengen Kritikerin anderer geworden, die nach ihren Maßstäben nicht »Gutes taten«, und hatte es geschafft, sich ihren eigenen Wünschen, schön zu sein, zu entfremden.

Da Gruppenmitglieder sie weiterhin als attraktiv bezeichneten, fiel es Iris schwerer, sie abzutun. Sie wurde etwas weicher und errötete leicht. Als ich die Frage äußerte, ob sie mit ihren Gefühlen umgehen könnte, wenn sie sich als schön empfände, lief sie rot an. Jetzt konnte sie ihre innerliche Hitze spüren, und ihre Freude über dieses Gefühl überwand die Kluft, die sie zwischen sich und den anderen Gruppenteilnehmern wahrgenommen hatte. Ihr Strahlen war die Folge des Aufgreifens einer flüchtigen Bemerkung, *nicht schön*, die wichtige Elemente der Gesamtpersönlichkeit enthielt, die sie war. War sie schön? Ich fand es, und einen Augenblick lang glaubte sie es auch.

Bewußtheiten sind Signale

Bewußtheit ist ein simples und fundamentales Element des menschlichen Erlebens. Auf der simplen sensorischen Ebene dient sie als ein Signal, das uns sagt, ob uns warm oder kalt ist, ob wir Angst haben oder ruhig sind, ob wir sexuell erregt oder körperlich krank sind. Sie dient uns auch auf einer komplexeren Ebene, indem sie Einstellungen in bezug auf Arbeit, Stadt, Familie, Gefährten oder Lebensweise akzentuiert. Sowohl der Schriftsteller als auch der Therapeut haben den Auftrag, Bewußtheit wiederherstellen zu helfen, wo sie fehlt, oder sie zu verstärken, so daß sie zu einem wirksamen und wertvollen Partner unseres Handelns wird. Sie tun dies mit ihren eigenen Methoden, wobei sie beide die Aufmerksamkeit auf das enorme Spektrum von Erfahrungen lenken, die die Menschen entweder übersehen oder nur vage erkennen. Duch die erhöhte Bewußtheit werden Menschen befähigt, echte persönliche Entscheidungen zu treffen. Diese Entscheidungen umfassen das ganze Spektrum vom Essen, nur wenn man hungrig ist, bis zur Partnerwahl oder der Suche nach Arbeit, die den persönlichen Bedürfnissen entspricht. Bewußtheit kann geschärft oder stumpf sein, so wie sich Kameras durch ihre Scharfeinstellung voneinander unterscheiden; je intensiver die Bewußtheit, eine desto verläßlichere Grundlage stellt sie für Entscheidungen dar.

Nehmen wir z.B. an, daß jemand in einem Gespräch mit einem Freund nicht bemerkt, ab welchem Moment der andere ermüdet und zu reden aufhört. Statt zu schweigen, redet er weiter, und was ein gutes Gespräch war, nimmt ein nichtssagendes Ende. Die beiden verabschieden sich schließlich mit dem Gefühl eines vagen Mißbehagens. Aber sie ignorieren das. Schließlich braucht niemand ständig glücklich zu sein. Aber ihre Wahrnehmungsfähigkeit hat sie im Stich gelassen. Die Müdigkeit zu erkennen bzw. zuzugeben wäre eine freundliche Geste gegenüber einem guten Freund gewesen, und wenn sie sich beide für die Müdigkeit des einen interessiert hätten (warum nicht?), dann hätten sie sich rechtzeitig getrennt — oder eine Bemerkung über die Müdigkeit hätte sie vielleicht mit neuem Leben erfüllt. Stattdessen zerdehnten sie ein blasses Erlebnis, fast als ob sie durch Selbstverleugnung einander ein Geschenk machten. Ein schönes Geschenk!

Wenn das Ignorieren des Gewahrseins schließlich zur Gewohnheit wird, kann Verständnislosigkeit, ja Beschränktheit die Folge sein. Ohne geschärfte Bewußtheit fehlt dem Menschen eine grundlegende affirmative Funktion, das unmittelbare Erkennen der Realität. Der Schriftsteller sieht es ganz selbstverständlich als seine Aufgabe an, diese Affirmation, diese Realität zu erschaffen. Ein kleines Beispiel entnehme ich einem Roman von Margaret Atwood, *Lady Orakel*. Joan, die Hauptfigur, muß das Land verlassen. Sie hat ihren scheinbaren Tod inszeniert und ist von Kanada nach Italien geflohen. Nachdem sie am Abend viel getrunken hat, erwacht sie in einem kleinen Hotel:

> Als ich am nächsten Morgen erwachte, war meine Euphorie vergangen. Ich hatte keinen echten Kater, aber nach plötzlichem Aufstehen war mir auch nicht zumute. Die Cinzano-Flasche stand auf dem Tisch, leer; merkwürdig, ich konnte mich nicht daran erinnern, sie ausgetrunken zu haben. Arthur hatte mich oft genug ermahnt, nicht soviel zu trinken. Er selbst trank kaum, aber er hatte so eine Angewohnheit, von Zeit zu Zeit eine Flasche mit nach Hause zu bringen und sie offen herumstehen zu lassen, damit ich sie sehen konnte. Ich glaube, ich war so etwas wie ein Spielzeug-Chemiekasten für ihn: Insgeheim liebte er es, mit mir herumzuexperimentieren, er wußte genau, daß irgend etwas Aufregendes passieren würde. Obwohl er nie sicher war, was das sein würde oder was er überhaupt erwartete; hätte ich das damals schon gewußt, wäre es leichter gewesen

Indem sie darauf achtet, was in ihr vorgeht, enthüllt Joan nicht nur ihre sonst verborgen bleibenden Gedankengänge, sondern sie gelangt auch, ebenso wie der Leser, über ihr unmittelbares Selbst zu einer Erkenntnis über verschiedene Bestandteile ihres Lebens: Arthur, Alkohol, geheime Absichten, Vergeßlichkeit, Erinnern, Verwirrung, Andeutungen von Schwierigkeiten, die Launen des Gefühls etc. In wenigen Worten wird ein kunstvolles Gewebe von Erfahrungen geschaffen. Es ist nur ein Absatz — der vielleicht rasch vergessen wird, sobald die Geschichte weitergeht, — aber die Einzelheiten tragen alle zu dem Folgenden bei, so wie jede Erkenntnis in die nächste und diese wieder in die nächste übergeht.

Vergleichen wir Joans Äußerung mit der folgenden von Nancy, dem

Mitglied einer Therapiegruppe:

> Ich fühle mich heute komisch. Fühle mich sehr bang und vorsichtig. Es gefällt mir überhaupt nicht, wie ich jetzt bin. Sooft ich daran denke, (therapeutisch) zu arbeiten, beginnt mein Herz zu klopfen ... viele Dinge kommen mir in den Sinn — eine Art Lampenfieber, das ich oft habe. Meine innere Person möchte zu Hause sein, herumalbern oder was auch immer. Je mehr ich rede, desto größer wird meine Angst. Es hängt mit irgendeiner unerledigten Sache zusammen, die ich mit Tom (einem Kollegen und ebenfalls Gruppenmitglied, anwesend) habe

Hier sind eine Menge Andeutungen, nicht so offenherzig oder so konkret ausgedrückt wie bei Atwoods Joan, daß sich in Nancys Leben dramatische Dinge abspielen. Sie fürchtet sich zu sehr, um gleich zu sagen, worum es sich handelt; vielleicht weiß sie es selbst nicht. In der Gruppe sagt Nancy dann weiter, weil sie sich nicht »wichtig« fühle, sei sie wie ein kleines Mädchen, und weil sie sich fürchte, habe sie das Gefühl »der Dritte Weltkrieg könnte ausbrechen«. Diese Einsichten würden einen in einem Roman nicht mitreißen, und ihre Aussagen als solche würden die Gruppenmitglieder auch nicht veranlassen, sich besonders für Nancy zu interessieren. Was sie rettete, war, daß sie sich mit mir und anderen Gruppenmitgliedern in einer unmittelbaren Erlebnissituation befand und wir sie gut kannten. Die Intimität kompensierte ihre suggestiven, aber unausgegorenen Gedanken, und ihr klopfendes Herz kündete von ernsten Beklemmungen.

Nachdem sie sich auf diese Weise ein bißchen Luft gemacht hatte, fühlte sich Nancy jedoch plötzlich ruhig. Ich sagte, ich bedauerte, daß sie über ihre Angst so rasch hinweggekommen sei, da ich erwartet hätte, daß dies sie zu etwas Wichtigem für sie führen würde. Ihre Angst müsse mehr Substanz haben. Wozu sonst das ganze Theater? Es war wie in jenen Filmen, in denen man unheimliche Schritte hört, die sich einem Haus nähern, und es sich herausstellt, daß es nur der Zeitungsjunge war. Diese Reaktion hätte Nancy nicht erwartet, da sie glaubte, die Leute zögen Gelassenheit vor — aber sie bewirkte, daß sie genauer hinsah. Bald äußerte sie Abscheu, als sie erkannte, worüber sie hinweggegangen war. Sie war über ein anderes Gruppenmitglied, Evangeline, verärgert, die sehr abfällig über ihre Nachbarin gesprochen hatte. Nancy fand es furchtbar, daß Evangeline nicht »verständnisvoller« war. Sie bezeichnete sie als arrogant, und im nächsten Moment warf sie Tom vor, ihr gegenüber eisig zu sein. Tom war in Wirklichkeit das Hauptproblem, wie aus ihren enleitenden Bemerkungen hervorging. Sie wollte von ihm als ebenbürtig behandelt werden, aber da er sich ihr gegenüber förmlich verhielt, wurde sie trotzig und war nicht mehr bereit, mit ihm zu kooperieren. Obwohl Nancy wieder recht ängstlich wirkte, als sie ihm ihre Gefühle mitteilte, hörte ihr Tom mit großem Interesse zu und räumte ein, daß er ihre Trotzigkeit nicht möge. Aber er habe nie das Gefühl, etwas dagegen tun zu können. Jetzt, da sie sich dem Gespenst gestellt hatte, erzählte ihm Nancy von einem Traum, in dem sie in einer natürlichen, liebevollen Beziehung miteinander tanzten, sehr einfach und voll Zuneigung. Sie sagte, sie empfinde keine sexuellen Untertöne, aber sie habe gefürchtet, daß er das glauben könnte. Vielmehr empfinde sie eine selbstverständliche Ebenbürtigkeit ihm gegenüber, keine verschlingbare Sexualität. Diesmal wurde sie ruhig, weil es ihr gelungen war, sich mit Tom wirklich auseinanderzusetzen, statt das Thema zu vermeiden.

Geleitete Phantasiebilder

Obwohl die Erfahrungen eines jeden Lebens einzigartig sind, kann man doch gemeinsame Fäden erkennen. Diese Motive, die im wirklichen Leben vielleicht nicht so leicht identifizierbar sind wie in Romanen, werfen ein Schlaglicht auf wichtige Bereiche des Erlebens. Unter den günstigsten Bedingungen dienen diese Themen als Ausgangspunkte, an denen die Therapie ansetzt. Ein solches eindeutiges Motiv war z.B. für einen Patienten die negative Sprache, in der er positive Erfahrungen beschrieb. Statt eine Frau als attraktiv zu bezeichnen, pflegte er zu sagen, sie sei »nicht unattraktiv«. Statt sich einen ausgezeichneten Anwalt zu nennen, sagte er, »verglichen mit den Großen (sei er) nicht schlecht«. Statt zu sagen, er finde es spannend, in die Therapiestunde zu kommen, bemerkte er, er habe »kein dringendes Bedürfnis«. Nicht überraschenderweise war er impotent. Das Vorhandensein einer solchen organischen Verbindung zwischen dem Leitmotiv eines Menschen — in diesem Fall chronischer Negativismus — und seinem neuentdeckten Problem —

Impotenz — hilft dem Therapeuten bei den Vermutungen, die er darüber anstellt, wie seine Patienten ihr Leben gestalten.

Auch der Schriftsteller schenkt diesen Zusammenhängen Beachtung. Wenn er eine Figur als Pechvogel sieht, werden die Geschichten über sie ganz anders verlaufen, als es der Fall wäre, wenn er dieselbe Person als hartnäckig empfände. Ein Beispiel dafür ist John Gardners Schilderung (in *On Becoming a Novelist*) seines Leitbildes für seinen Roman, *October Light*. Er sagte, er wollte einen Roman über die Vorzüge der Wertvorstellungen von New England schreiben — »Qualitätsarbeit, Unabhängigkeit, kompromißlose Ehrlichkeit usw.« Dieser Grundgedanke leistete ihm gute Dienste, solange das Verhalten der Charaktere dem entsprach. Sobald sich Gardner jedoch tiefer in die Geschichte eingelassen hatte, begann er zu merken, daß sich seine Charaktere nicht mehr so verhielten, wie es sein geleitetes Phantasiebild erfordert hätte. Ohne daß er es beabsichtigt hatte, wurden seine Charaktere bösartig. Geschwister sperrten einander aus ihrem Leben aus und versuchten einmal sogar, einander zum Krüppel zu machen. Damit Gardner dem tatsächlichen Verlauf der Ereignisse treu bleiben konnte, mußte sein ursprüngliches Phantasiebild um der organischen Einheit willen den Fakten weichen, so wie sich diese entwickelten. Wiewohl Tugend sein Ausgangspunkt gewesen sein mochte, verwandelte sich das geleitete Phantasiebild, sobald die Ereignisse in Widerspruch zur Tugend standen, in die Halsstarrigkeit und Entfremdung, die mit egozentrischer Tugendhaftigkeit einhergehen.

Eine der Hauptfunktionen der Therapie ist die Veränderung genau solcher Phantasiebilder, Bilder, mit denen Patienten lange Zeit gelebt haben, die aber gegenwärtig überholt sind. Ein Beispiel einer solchen Veränderung des Phantasiebilds betrifft eine fünfunddreißigjährige Patientin. Sie war eine sehr energische, durchsetzungsfähige Frau, die gleichzeitig zu Abhängigkeit und Ängstlichkeit neigte. In ihrem Bedürfnis nach Aufmerksamkeit und Ermutigung konnte sie unerträglich egozentrisch sein. Diese problematische Kombination von Abhängigkeit und Egozentrik beherrschte mein Bild von ihr. Ein Erlebnis in ihrer Vergangenheit war auffallend. Ihr Vater war plötzlich gestorben, als sie fünf Jahre alt war, aber sonderbarerweise hielt ihre Familie dies vor ihr verborgen, vermutlich, um sie nicht zu belasten. Man erzählte ihr, er sei krank oder befinde sich auf Reisen. Natürlich war es unmöglich, die Lüge aufrechtzuerhalten, und obwohl sie nicht sagen konnte, wie sie die

Wahrheit herausgefunden hatte, blieb sie lange Zeit verwirrt.

Eines Tages schrieb ich, quasi freien Assoziationen folgend, eine Skizze über sie, und was ich schrieb, verwandelte mein Phantasiebild. In dieser Skizze wurde mein Bild von dieser Frau als abhängig von der Vorstellung verdrängt, daß sie eine unermüdliche, großzügige Beherbergerin sei, die, der Atmosphäre ihrer Familie entsprechend, ihren toten Vater psychologisch am Leben erhielt. Nachstehend die Skizze, die ich nach einer widersprüchlichen Traumarbeit mit ihr geschrieben hatte:

> Der Bodensatz des Traums, ihr früheres Leid, blieb in ihr zurück. Die Chance, sich davon zu reinigen, zeigt sich außerhalb des Traums, vor ihren Augen, aber ihr Vater läßt diese Befreiung nicht zu, denn sie würde ihn in die Vergangenheit verbannen, zu Staub werden lassen. Stattdessen reitet er parasitenhaft in ihrem Kopf und scheint die Zügel in der Hand zu halten, in der Hoffnung, ihre Liebe würde sie blind für diese Invasion machen. Der vor langer Zeit eingetretene Tod hatte ihn verändert und ihn zu dem Entschluß bewogen, sich eine vertraute, ewige Ruhestätte zu sichern.
>
> Mißtrauisch blickt er sich auf seinem Lager in ihrem Kopf um, aus ihren weitgeöffneten Augen schaut er ins Freie, denn er fürchtet sich vor dem Augenblick der Entdeckung. Sie hatte vergessen, daß sie ihn da am Leben erhält und seinen Herzschlag bewacht. Immer auf der Suche nach seiner früheren Großzügigkeit, hofft sie den jetzt faulig gewordenen Geschmack in ihrem Kopf aus sich herauszuspülen. Seine Scham über sein Eindringen hat ihn mit einem breiten, aber bröckelnden Schutzwall umgeben — der ihre Freiheit nur knapp umhüllt, für immer da sein, fern von seinem familiären Gefängnis. Die Macht ihrer früheren Verbindung steht ihnen immer noch vor Augen, die autonom denkt, aber jetzt eine Veränderung begrüßen würde. Sie brauchen nur geradeaus zu schauen, dorthin, wo sie wieder zu strahlen beginnt und er seine Ruhe findet. Dann löst der Traum sich auf, und die Flut des Lebens kann aufs Neue zu steigen beginnen.

Von diesem Punkt an bewirkte der Umstand, daß ich sie als großzügige Beherbergerin und nicht mehr als abhängige Narzißtin sah, eine Wendung in ihrer Geschichte. Aus dieser neuen Perspektive würdigten wir gemeinsam ihre Erfahrungen als Sozialarbeiterin, politische Aktivistin und zuverlässige, wenn auch vielleicht übertrieben aufmerksame Freundin — was alles zur Anerkennung ihrer Großzügigkeit beitrug und ihre unabhängige Existenz bestätigte. Dann stellte sich die wichtigste Erkenntnis ein. In ihrer Beziehung zu ihrem Mann simulierte sie die falsche Position einer *scheinbaren* Abhängigkeit von ihm. In Wirklichkeit unterstützte sie ihn ständig. Nach einer Periode quälender Ungewißheit gelang es ihr, diese Ehe zu verlassen und im Dienste ihres eigenen starken Willens vorwärts zu gehen.

Eine besondere Form des geleiteten Phantasiebildes ist die Metapher, die bedeutende Elemente des Lebens eines Menschen zu einem einzigen, repräsentativen Bild verdichtet. Dieses Bild rückt ein zwingendes Motiv in den Vordergrund und setzt, wenn es zur rechten Zeit kommt, die Geschichten hinter dem Bild frei. So bemerkte ich einmal zu einem melancholischen, aber einen flotten Schnurrbart tragenden Mann, der ein breitgestreiftes Hemd anhatte, daß er mich an einen Einbrecher erinnere, der gerade aus der Haft entlassen wurde, aber sich noch nicht umgekleidet habe. Er war natürlich kein Einbrecher. Doch nach einem kurzen Gespräch begann er mir von seinem alten Trauma zu erzählen. Als er ein Kind war, war sein Vater des Mordes an seiner Frau, der Mutter dieses Mannes, angeklagt gewesen. Sein Vater und seine Mutter hatten offenbar einen Selbstmordpakt geschlossen, aber sein Vater hatte überlebt. Man glaubte dem Vater diese Geschichte jedoch nicht, deshalb wurde er unter Mordanklage gestellt, von der man ihn schließlich freisprach. Obwohl diese Erfahrungen von außerordentlicher Bedeutung für diesen Mann waren, wäre diese Geschichte ohne die Metapher, die durch sein häftlingsartiges Hemd ausgelöst wurde, wahrscheinlich unerzählt geblieben.

Ein anderer Mann in einer anderen Gruppe trug einen strahlend weißen Turban, der sich hoch über sein Haupt erhob. Er war ein hellhäutiger Mensch mit Apfelbäckchen und sah aus wie der Junge von nebenan — sicher nicht wie jemand, den man erwarten würde, in einem Turban zu sehen. Tatsächlich wirkte er, als hätte man ihn gefangengenommen und ihm den Turban verpaßt. Ich sagte zu ihm, er erinnere mich an ein Kalb bei einem Rodeo, das man mit einem Lasso aus weißer Gaze gefangen habe, die ihm der Cowboy um den Kopf wickelte. Durch meine Metapher provoziert, erzählte uns dieser junge Mann, daß er von seiner Frau und dem sehr dominaten und bedrohlichen Leiter einer religiösen indischen Sekte quasi mit dem Lasso eingefangen und zu einem Mitglied dieser Sekte gemacht worden sei. Wegen der Religiosität seiner Frau sei er bei dieser Sekte geblieben, aber inzwischen sei er unsicher, ob das richtig für ihn sei.

Neugierig, wie sich dieser Turban auf meinem Kopf anfühlen würde, fragte ich ihn, ob ich diesen aufsetzen dürfe. Er willigte ein. Ich mochte das Gefühl der vielgestaltigen Existenz, die mir diese Kopfbedeckung verlieh. Für ihn war es eine Gelegenheit, eine kurze Zeit ohne den Turban auszuprobieren. Innerhalb eines Jahres gelang es ihm schließlich, wenn auch nicht ohne innere Erschütterung, sich von dieser religiösen Sekte zu trennen und danach Erfolge in der Werktagswelt zu erzielen, die ihm verschlossen geblieben waren, solange er »gefangen« blieb.

Manche dieser metaphorischen Einführungen in Geschichten zeugen von bemerkenswerten Übereinstimmungen zwischen arglos gewählten Sprachbildern und persönlichen Schlüsselerfahrungen. Manche würden sagen, daß übersinnliche Kräfte am Werk sind, die den Therapeuten befähigen, im Bewußtsein eines Menschen um die Ecken zu sehen, als schauten sie durch ein seelisches Periskop. Ebenso wahrscheinlich ist jedoch, daß die Übereinstimmung zwischen sprachlichem Bild und auftauchende Tatsache die Frucht gemeinsamer Arbeit von Therapeut und Patient ist. Die Metapher muß in sensibler Weise tatsächliche Eigenschaften des Patienten aufgreifen, die beobachtbar sind. Der Mann mit dem Schnurrbart und den Häftlingsstreifen sah wirklich so aus, wie ich ihn beschrieben habe. Die Widersprüche in der Person des naiven Turbanträgers waren mit Händen zu greifen. Solange diese dichterische Genauigkeit gewahrt wird, gibt die Allgemeinheit der Metapher dem Patienten Gelegenheit, jene Erfahrungen seines Lebens herauszupicken, die der Metapher entsprechen. Der Therapeut sagt somit nicht das Leben eines Menschen voraus wie der Hellseher, sondern gibt dem Patienten ein Passepartout, innerhalb dessen er eine Geschichte seines Lebens mit den Wahrnehmungen des Therapeuten in Einklang bringen kann.

Geleitete Phantasiebilder können nur vorübergehend sichtbar werden oder immer wieder auftauchen. Ein grimmiges Gesicht kann z.B. nur ein Augenblickseindruck sein, der auf ein kürzliches Ereignis wie den Streit mit einem Freund hinweist — oder es kann ein Thema sein, um das sich der größte Teil eines Lebens dreht. In beiden Fällen ist es die Aufgabe des geleiteten Phantasiebildes, jene Erlebnisse zu organisieren, die nach Äußerung verlangen, ohne daß ihnen ein Vehikel zur Verfügung zu stehen scheint, mit dem sie an die Oberfläche gelangen könnten. Das geleitete Phantasiebild repräsentiert eine Mini-Theorie über das Leben des oder der Betreffenden, die getestet und modifiziert werde muß, sobald sich die Geschichte dieses Lebens herauskristallisiert. Das thematische Licht, das diese Metapher ausstrahlt, hilft, das Chaos des ungegliederten Erlebens zu reduzieren. Chaos stellt ein Höchstmaß an Unschuld dar; es fegt jegliche Perspektive beiseite. Solche Unschuld hat viel Bewundernswertes, doch bei gesunder Funktionsfähigkeit ordnen sich alle Erfahrungen nach Kategorien, die Erlebnisse miteinander verknüpfen und unsere Wege erleuchten.

Leider sind solche Klassifizierungen häufigem Mißbrauch ausgesetzt. Obwohl sie klärend wirken mögen, ist eine verständliche Sehnsucht vorhanden, jedes Ereignis nach seinen eigenen Meriten zu beurteilen. Verbreitete Kategorisierungsfehler sind offenkundig bei rassischen Metaphern, die alle Angehörigen einer Rasse in einen Topf werfen; starren Organisationsstrukturen, die individuelle Kompetenzen von Mitarbeitern ignorieren; festgefahrenen Verhandlungen, bei denen beide Parteien auf ihren Positionen beharren; und diagnostischen Klassifizierungen, bei denen Symptome über einen Kamm geschoren werden. Es liegt auf der Hand, daß man, wenn man sich an einem bestimmten geleiteten Phantasiebild orientiert und alles ignoriert, was diesem Bild widerspricht, schließlich bei Verzerrungen landen wird. Ungeachtet der Irrtümer werden dennoch bei jeder Kette von Ereignissen Motive von selbst zutage treten; sensibel benutzt, werden sie die Ergiebigkeit eines Handlungsstranges erhöhen. Aber die Motive werden zwangsläufig wechseln.

Geschichten zeugen Geschichten

Allen weckenden Faktoren beim Entwickeln von Handlungsfäden liegt ein Glaube an den Wert von Geschichten zugrunde. Vielen Menschen fehlt dieser Glaube ursprünglich, aber wenn sie merken, daß sie auf offene Ohren stoßen, dann sprudeln ihre Geschichten hervor. Diese Aufgeschlossenheit braucht nicht verbalisiert zu werden; man vermittelt sie oft am besten, indem man einfach selbst Geschichten erzählt. Eine Geschichte führt zur anderen, das ist wie beim Nüsseessen. Als ich z.B. einmal vor einer großen Zuhörerschaft eine therapeutische Demonstration abhielt, meldete sich eine Frau, Jan, zur Arbeit mit mir. Als ich sie fragte, was sie sich von der Arbeit erhoffe, antwortete sie, sie wolle, daß *ich sie kennenlerne*. Während ich mich fragte, was sie mir wohl über sich sagen wolle, erzählte ich rasch eine Geschichte über eine meiner Volksschullehrerinnen. Sie war schön, und ich liebte sie, aber sie kann nicht viel über meine Existenz gewußt haben, da ich so schüchtern war, daß ich in der Klasse fast kein Wort sprach. Sobald ich die Schule verließ, war ich dagegen in meinem Element und spielte auf dem Spielplatz, auf der Straße oder zu Hause, als gäbe es keine Grenzen für mich auf der Welt. Und manchmal dachte ich wehmütig daran, wie froh ich wäre, wenn mich meine Lehrerin da, in dieser Umgebung, sehen könnte. Aber natürlich war das nie der Fall.

Jan sagte, das mache sie wirklich traurig, denn dies sei auch ein Teil ihrer Geschichte, daß sie, wie sie es ausdrückte, »sehr, sehr schüchtern« gewesen sei. Die Übereinstimmung zwischen ihren Schulerlebnissen und den meinen ist nichts Seltenes. Vertrauen zur Gemeinsamkeit dient oft als Ermutigung, ja Inspiration, für das Erzählen jener Erlebnisse, die sonst als irrelevant angesehen werden könnten. Meine Geschichte hatte ins Schwarze getroffen und Jan veranlaßt, die ihre zu erzählen, die vom gleichen Thema ausging wie die meine, aber Einzelheiten aufwies, die keinerlei Parallele in meinem Leben hatten. Sie berichtete, daß ihre große Schüchternheit schon im Kindergartenzeugnis erwähnt wurde und daß ihr Abgangszeugnis dieselbe Feststellung enthielt. »Ich war also fünfzehn Jahre lang schüchtern«.

Aus Gründen, die nicht klar wurden, erinnerte das Reden über ihre Schüchternheit Jan an eine Farm, auf der ihre Adoptiv-Großeltern gelebt hatten. Der Gedanke daran machte sie traurig. Sie waren inzwischen bereits tot, und die Farm war verkauft worden. Ihr Großvater war ein dänischer Immigrant, der beim Gehen die Hände auf dem Rücken verschränkte, während Jan hinter ihm dreintrottete. Obwohl er ein feiner Mensch war, nörgelten die Frauen der Familie ständig an ihm herum, daß er nichts richtig mache. Zum einen verdiente er nicht genug Geld; zum anderen schnarchte er so laut, daß alle vor ihm zu Bett gehen mußten. Er hatte jedoch wundervolle Hände, und Jan konnte sich an seine liebevollen Berührungen erinnern und an ihre eigenen tiefen Gefühle, als er starb, und wie der Nachbarjunge geweint hatte.

Während sie ihre Geschichte erzählte, drängte es sie plötzlich, ihm zuzurufen, daß er der einzige Großvater sei, den sie kannte, und daß es ihr leid tue, ihm nie gesagt zu haben, wie sehr sie es mochte, von ihm gestreichelt zu werden. In diesem Augenblick empfand sie eine starke Verbundenheit mit ihm. Das hatte eine solche Bedeutung für sie, daß es ihr nicht mehr wichtig war, ob ich sie kennenlernte oder nicht. In gewissem Sinn war dies eine gute Lösung, ihre Verbundenheit so stark zu empfinden, daß ihr angedeuteter Wunsch, gekannt zu werden, durch ein Vertrauen in Beziehungen ersetzt wurde. Doch etwas fehlte noch. Sie schien entspannt, aber zurückhaltend, und dies paßte nicht zu den starken Gefühlen, die sie beschrieb. Deshalb forderte ich sie auf, sich etwas Ausgefallenes zu gestatten. Sonst solle sie die Geschichte eher abbrechen, als sie zu vollenden. Als ich ihr diesen Vorschlag machte, wurde ihr bewußt, daß sie singen wollte, aber zu schüchtern dazu war. Nach einer geringfügigen Ermunterung sagte sie, sie wolle ein Volkslied aus den Appalachen, »I wonder as I wander«, singen. Sie wollte es mir vorsingen, wie sie es oft ihren Kindern vorgesungen hatte. Das tat sie auch mit bezauberndem Wohlklang und Wärme — ein besonderes Geschenk für mich, für alle Anwesenden und indirekt auch für den Großvater, dem sie ihre Liebe nie gestanden hatte. Daß es diese Frau, die so sehr unter ihrer Schüchternheit gelitten hatte, fertigbrachte, vor so vielen Menschen ihr Lied zu singen, zeugte von ihrer Reife, ihrem Mut und ihrer fundamentalen Selbstachtung. Meine Erzählung über meine Schüchternheit hatte eine gesunde Ansteckung ausgelöst und eine Geschichtenquelle zum Sprudeln gebracht.

Die gleiche Ansteckung herrscht in der Gruppentherapie, wo die Erzählung eines Patienten Geschichten ans Licht bringt, die andere mit sich herumtragen. Eine Gemeinschaft der Anteilnahme wächst um die Kenntnis der Ereignisse im Leben der anderen; es werden Reichtümer erschlossen, die üblicherweise unbeachtet bleiben können. Ein Mann, Franklin, war beunruhigt, weil er glaubte, sein Mitgefühl für die Geschichte eines anderen Gruppenmitglieds sei so stark, daß es unangemessen sei. Er kannte die Personen in ihrer Geschichte nicht, warum sollte er sich daher so stark betroffen fühlen! Unangemessenheit wurde ein Leitmotiv. Es warf überall seine Schatten auf ihn, und er begann schließlich, über seine größte Unangemessenheit zu erzählen. Er, ein Weißer, war der Vater eines schwarzen Sohnes.

Seine Frau hatte ihm auf der Hochzeitsreise erzählt, daß sie schwanger sei und daß entweder er der Vater sei oder ein Schwarzer, mit dem sie geschlafen hatte. Er war bestürzt und beklommen, aber er blieb bei ihr. Als das Kind geboren wurde, war es schwarz. Als keine Adoption zustande kam, behielten Franklin und seine Frau den Jungen und später, als die beiden sich scheiden ließen, beteiligte er sich auch weiterhin an seiner Erziehung. Franklin vergötterte den Jungen, der jetzt sechzehn ist, und er weinte aus tiefstem Herzen, während er uns erzählte, wie prächtig sein schwarzer Sohn sei. In seinen Augen ist der Junge der Inbegriff von Kraft und Klarheit. Während Franklin seine Geschichte erzählte, verschwand sein Gefühl von Unangemessenheit. Was ihm als unangemessen erschien, waren nur Dinge, von denen er fürchtete, daß sie seine Toleranz überfordern würden. Seine Toleranz war jedoch beträchtlich, und scheinbar beziehungslose Bruchstücke seines Lebens paßten sehr gut zueinander.

Franklins Geschichte und all die übrigen in diesem Kapitel haben eine besondere Funktion miteinander gemein. Sie tragen dazu bei, den skizzenhaften Eindrücken Substanz zu verleihen, nach denen diese Menschen leben. Jede Abstraktion — sei es Unangemessenheit, Größe, Schüchternheit, Vergewaltigung oder jede andere knappe Formel, auf die Erfahrungen gebracht werden, — dient als eine Einführung in detailreiche Erlebnisse. An jeder entzündet sich daher die Neugier des Therapeuten. Sobald die Patienten diese Neugier spüren, werden sie in gewissem Sinn zu Lehrern, die den Therapeuten lehren, wie sie sind. Wenn der Patient erlebt, daß dieses Wissen vom Therapeuten in Worten, Gesten und Aufmerksamkeit reflektiert wird, kann er dem Erkennen seiner eigenen Wahrheit über sich selbst um einen großen Schritt näherkommen. All diese Geschichten befanden sich knapp unter der Oberfläche des Bewußtseins. Keine wurde durch ausgefallene, tiefschürfende Mutmaßungen heraufgeholt. Simple Fragen, ein simples Hervorheben bestimmter Worte, simple vorangegangene Geschichten und simple Provokationen, mehr brauchte es nicht, um diese Geschichten ans Licht zu bringen. Doch in jedem einzelnen Fall reinigte das Erzählen der Geschichte für den Erzählenden die Atmosphäre und senkte seinen Angstspiegel.

Einzelne Geschichten schöpfen natürlich ihren angedeuteten Hintergrund gewöhnlich nicht aus. So wurde z.B. Franklins beunruhigende Verwirrung in bezug auf Unangemessenheit durch sein Erzählen über seinen schwarzen Sohn zwar erkannt und gelindert, aber um seinen Sorgen in bezug auf Unangemessenheit vollends gerecht zu werden, müßte er vielleicht noch Geschichten erzählen, die mit anderen Erlebnissen zusammenhängen. Vielleicht hat ihn seine Mutter angeschrien, sein Zimmer aufzuräumen, während sich in der Küche das schmutzige Geschirr türmte, oder vielleicht trieb sie ihn zum Lernen an, während sie vor einem lärmenden Fernsehprogramm saß, oder vielleicht zog sie ihn am Ohr, wenn er nicht wußte, was er angestellt hatte. Jede Abstraktion ist nur ein Abriß, und es kann einer Reihe von Geschichten bedürfen, um ein Motiv plastisch hervortreten zu lassen.

Nicht nur der Therapeut und der Schriftsteller sind hellhörig für potentielle Geschichten, jeder Mensch kann dies sein. Alle Gespräche enthalten interessante Handlungsfäden; wir können entweder unsere eigenen Geschichten erzählen oder sie aus anderen hervorlocken. Das mag gekünstelt erscheinen, aber es ist in Wirklichkeit das Natürlichste von der Welt. Kinder tun das immer, sie erzählen Geschichten oder fragen andere nach ihren. Auf einem Symposion für Erzählkunst, über das Dirk Johnson in der *New York Times* berichtete, sagte eine Kinderbibliothekarin, Linda Neal Boyce, daß uns Geschichten »mitteilen, wo wir gewesen sind und wohin wir unterwegs sind. Sie sagen uns, wer wir sind«. Alex Haley sagte bei dem gleichen Treffen, »wenn ein alter Mensch stirbt, dann ist dies, als sei eine Bibliothek abgebrannt«. Um an diesen reichhaltigen Fundus heranzukommen, braucht jeder Mensch bloß seiner natürlichen Neugier, dem Wunsch, mehr über irgendein Motiv zu wissen, freien Lauf zu lassen. Dies und gebanntes Zuhören genügen, um die Erzählneigung aller außer der Gehemmtesten zu beflügeln.

V

RHYTHMEN IN DER BEDEUTUNG

> Die Romane von Conrad, Hardy, Gide, Camus ... sind Orientierungshilfen für die innere Suche des Menschen.
>
> —Jerome S. Bruner

Die großen Rätsel in den einfachsten Erlebnissen wurden von Freud bei seinen Vorstößen in die psychologische Unterwelt beleuchtet. Er machte die ungeahnte Bedeutung alltäglicher Ereignisse dingfest, die bis dahin für bare Münze genommen worden waren. Damals haben die Ereignisse des menschlichen Lebens ihre Unschuld verloren.

Dem Psychotherapeuten eröffnen die psychoanalytischen Schlüssel zu verborgenen Bedeutungen eine erweiterte Welt therapeutischer Möglichkeiten, und tatsächlich sind die meisten Psychotherapeuten, ob sie Freudianer sind oder nicht, zu new-age Detektiven geworden. Bei der Arbeit mit ihren Patienten haben sie sich durch die scheinbare Sinnlosigkeit selbstschädigenden Verhaltens nicht zur Untätigkeit verurteilen lassen. Ausgestattet mit Methoden zum Dechiffrieren von Verhalten, haben sie mehr von dem verstehen gelernt, womit sie konfrontiert sind. Die Euphorie, neue Dimensionen des Lebens wahrzunehmen, ist berauschend — für die Patienten nicht weniger als für ihre Psychotherapeuten. Beide verbreiten ihre Einsichten und tun der Gesellschaft kund, daß eine Rose vielleicht doch keine Rose, zu guter Letzt vielleicht doch keine Rose ist.

Wenn diese Rose aber nicht länger als eine Rose gesehen wird, dann kann es bedauerlicherweise geschehen, daß das erlebende Bewußtsein umgangen wird. Denken wir an das Attentat auf Präsident Reagan, das ein junger Mann unternahm, der erklärte, er wollte damit nur einen Filmstar beeindrucken. Eindruck schinden ist natürlich kein Verbrechen. Es ist sogar gefühlsmäßig verständlich, daß er das wünschte. Von der Voraussetzung ausgehend, daß er verrückt sein müsse, seine Gefühle in so drastischer Weise zeigen zu wollen, wurde dieser Attentäter von einem

Geschworenengericht freigesprochen, obwohl er zumindest einen Menschen schwer verwundet und andere, einschließlich des Präsidenten der Vereinigten Staaten, verletzt hatte. Das manifeste Ereignis, auf Menschen zu schießen, wurde in diesem Fall offenkundig durch seine Bedeutung gemildert, nämlich, daß er verrückt war, auf diese Weise angeben zu wollen.

Der Konflikt zwischen Ereignis und Bedeutung ist inzwischen als tägliche Dynamik im Leben jedes Menschen erkannt worden. Von Leuten, die ständig Witze erzählen, sagt man, daß sie nach Liebe und Beifall hungern; Mütter, die darauf bestehen, daß Schlafzimmer stets aufgeräumt sind, spielen ihre eigene Reinlichkeitserziehung erneut durch; konkurrenzfreudige Unternehmer versuchen, ihren Vater zu enttrohnen; Chirurgen leben einen verborgenen Sadismus aus; und Altruisten streben ein Gefühl der Überlegenheit an oder wollen Schuldgefühle zum Schweigen bringen. Die Bevölkerung im allgemeinen und Psychotherapeuten und Künstler im besonderen sind ständig in Versuchung, hinter *alles* zu blicken — und zwar sogleich. Sie werden zu dem Glauben verleitet, daß die tieferen Dimensionen jedes Ereignisses leicht auslotbar seien.

Denken wir an die Wirkungen unserer Tendenz, gewöhnliche Erfahrungen zu psychoanalysieren. Eine meiner Patientinnen berichtete über ein unerfreuliches Gespräch unter Freunden. Sie hatte zu ihnen gesagt, obwohl sie seit einigen Jahren in San Diego lebe, vermisse sie immer noch die Ostküste, wo sie aufgewachsen war. Dies war eine durchaus simple Feststellung, die leicht zu weiteren Ausführungen über ihre Erfahrungen an beiden Orten hätte führen können. Ein Mann begann jedoch sofort, die *Bedeutung* ihrer Aussage zu übersetzen, ohne auf die angedeutete Geschichte wirklich neugierig zu sein. Er wußte, daß sie im gleichen Haus lebte, das ihr Mann mit seiner inzwischen verstorbenen früheren Frau bewohnt hatte, und er sagte zu meiner Patientin, *in Wirklichkeit* sei sie deshalb unglücklich, weil sie es als quälend empfinde, in einem von Gespenstern erfüllten Haus zu leben. Da sie immer noch in diesem Haus wohnte, waren natürlich gespenstische Elemente vorhanden. Aber sie fühlte sich durch diesen selbstsicheren Interpreten vor den Kopf gestoßen, der es sich anmaßte, ihre *tatsächlichen* Erfahrungen zugunsten der Bedeutung zu übergehen, die sie *nach seinem Dafürhalten* hatten.

Völlig ungeachtet der Richtigkeit oder Falschheit seiner Annahme über diese Frau, blieben dem Mann die tatsächlichen Unterschiede verborgen, die meine Patientin zwischen Ost- und Westküste wahrnahm — beispielsweise, was ihr in ihrer Jugend im Osten Freude gemacht hatte und was sie jetzt vermißte. Was er ebenfalls überging, war ihre bewußte Entscheidung, vorübergehend in dem Haus zu bleiben, sowohl wegen der finanziellen Vorteile, als auch weil ihr sechzehnjähriger Stiefsohn die Stabilität und Kontinuität dieses Hauses *brauchte*. Diese Elemente der Zweckmäßigkeit und der Einfühlung haben ihre Berechtigung, wie klug die Entscheidung dieser Frau, in dem Haus zu bleiben, auch gewesen sein mochte, und ungeachtet der Frage, ob sie tatsächlich eine Märtyrerrolle spielen wollte. Wenn offenkundige Zweckmäßigkeit und Rücksichtnahme abgetan werden zugunsten der angeblich *eigentlichen* Absicht dieser Frau — nämlich, die Märtyrerrolle zu spielen — dann kommt die unvoreingenommene Wahrnehmung schlicht zu kurz. Wenn dies häufig geschieht, wie dies in psychologischen Kreisen der Fall ist, dann sind die Voraussetzungen für eine verrücktmachende Verwirrung gegeben. Wie sollen wir zwischen dem unterscheiden, was »wirklich« der Fall ist und was nur der Fall zu sein *scheint*?

Freier Ausdruck

Die Psychoanalyse hat uns eines der befreiendsten Ausdrucksmittel aller Zeiten in die Hand gegeben, das ist das Konzept der freien Assoziation. Befreit von den grammatikalischen, zweckbestimmten, moralischen und logischen Erfordernissen gewöhnlicher Kommunikation kann der Einzelne Gedanken aneinanderreihen, die bestenfalls in mehrdeutiger Verbindung zueinander stehen. Sie können durchaus psychotisch erscheinen. Aber die »Psychose« der frei assoziierenden Person ist nur zeitweilig; ein leichter Schlenker des Bewußtseins, und der oder die Betreffende kehrt zu einer erkennbaren Syntax zurück.

Die uns inzwischen vertraute Entdeckung, die jene frühen Psychoanalytiker und ihre Patienten machten, war, daß durch diese spezielle Form der Gedankenverbindung häufig bestimmte symbolische Hinweise ans Licht kommen. So verschwommen diese Anspielungen auch sein mögen, sie werden dazu benutzt, eine Oase der Aufklärung für diejenigen heraufzubeschwören, die nach tieferer Bedeutung dürsten. Dieses Verlangen nach neuen Einsichten hat aufgrund der ermutigenden Entdeckungen vieler Patienten zugenommen. In den schlimmsten Szenarien scheint es jedoch fast nichts zu geben, was zu rätselhaft ist, um begriffen zu werden. Auch den vagesten Zusammenhängen wird durch Interpretation oft eine unangreifbare Bedeutung unterschoben.

Im Zeitalter des psychologischen Detektivs wird es vielfach als selbstverständlich vorausgesetzt, daß bestimmte, wenn auch noch unentschlüsselte Bedeutungen bereits für das Verhalten jedes Menschen vorhanden sind. Man braucht sie nur zu finden, indem man im Stil von Sherlock Holmes den Fingerzeigen folgt. Eine Bemerkung hier, daß man Narzissen mit ihren glockenförmigen Blüten liebt, und ein Wort da, daß man Züge hasse, die durch Tunnels fahren, und schon ist der Ödipuskomplex fertig, der an der Impotenz eines jungen Mannes schuld ist. Dieses Verfahren, Mosaiksteinchen zusammenzutragen, um die Lösung für das psychologische Puzzle zu finden, kann geistig anregend sein und führt oft zu notwendigen Klärungen. Es berücksichtigt jedoch nur die symbolische Verbindung des gegenwärtigen Ereignisses mit einem dunklen Teil der *Vergangenheit* — die Hälfte der Möglichkeiten. Die andere Hälfte, eine Alternative zu dieser Detektivmethode, besteht darin, die symbolische Gegenwart in die *Zukunft* zu verlängern. Während Geschichten entstehen, haben sich die Bedeutungen noch nicht gebildet, da die gegenwärtigen Ereignisse die Betroffenen zu neuen Verhaltensweisen nötigen. Die neuen Geschehnisse und die sich herausschälenden Bedeutungen sind nicht bloß identisch mit früheren, die neu entdeckt werden; sie haben nie zuvor existiert. Es ist wie der Unterschied zwischen dem Aufheben eines Deckels, unter dem sich ein bereits gebackener Kuchen befindet, und dem Backen eines neuen Kuchens.

Hier ist ein therapeutisches Beispiel für die zwei Möglichkeiten, mit einem Symbol umzugehen — man kann bei der Deutung eines Ereignisses rückwärtsgehen, indem man die bereits geformte Vergangenheit enthüllt, oder man kann in die noch unstrukturierte Zukunft voranschreiten. Nehmen wir an, mit dem Therapeuten zu lachen, symbolisiere die Erlaubnis, als Kind in einer Erwachsenenwelt zu spielen. Rückwärts deutend könnte sich dieses Symbol auf früheres kindliches Verhalten beziehen, das bis zum Alter von fünf Jahren gestattet und danach verboten war. Einblicke in das Verbotene sowie die Erinnerung und die Bejahung der früheren Freiheit haben den Patienten für dieses Lachen geöffnet. Oder, wenn wir die andere Option nehmen, das Lachen kann, wenn es einmal ausgebrochen ist, ohne Bezug auf früher Geschehenes vorwärts gerichtet sein und jene viele Gelegenheiten zum Lachen symbolisieren, die noch bevorstehen. Ebenso gibt es ungeachtet früherer Ereignisse viele andere Anlässe, bei denen, sagen wir einmal, eine junge Frau nach einer Reihe neuer Handlungsweisen entdecken kann, daß ihr Vater sie viel näher an sich heranläßt als je zuvor; daß ihr bisher unbekannte sexuelle Praktiken nichts Schlechtes sind, wie sie vielleicht dachte; oder daß sie sich durch eine leitende Position nicht länger überfordert fühlt. Obwohl Bedeutungen also für alle zugänglich und hilfreich sind, können sie offensichtlich sowohl aus den uns unbekannten Gegebenheiten der Vergangenheit abgeleitet werden als auch von den Inspirationen gegenwärtigen Erlebens oder den vor uns liegenden neuen Möglichkeiten. In vielen anderen Fällen kann die Bedeutung schließlich überhaupt nicht wichtig sein.

Diese Vielzahl von Möglichkeiten im Umgang mit Bedeutungen ist Gegenstand umfangreicher Forschungen gewesen, nicht nur unter Psychotherapeuten, sondern auch unter Künstlern, die entscheidend zur Lockerung bisher üblicher Zusammenhänge zwischen Ereignissen und ihren Bedeutungen beigetragen haben. Offen für freie Ausdrucksformen, haben sie in parallel zur freien Assoziation verlaufenden Versuchen ihre eigene Bestätigung für die Plastizität des Geistes gefunden. Die Plastizität, die sie fanden, — repräsentiert durch Dalis schmelzende Uhren, Picassos Behandlung von Schatten, als wären es feste Formen, Becketts Charaktere, die in einem Zustand der Ungewißheit warten, und Joyces eingewillige Syntax — haben den Beiwohnern dieser elementarsten Erfahrungen neue Spielräume eröffnet. Damit vergleichbar, hat die Relativitätstheorie die vorhandene Wirklichkeit um ihre Transzendenz erweitert und uns gezeigt, daß die Wahrheit von der jeweiligen Position des Individuums abhängt. Zieht man all diese Auffassungen in Betracht, dann wird klar, daß man die Bedeutungen eines Ereignisses, da sie nun einmal von der Perspektive des Beobachters abhängen, nicht aufspießen kann wie einen präparierten Schmetterling. Da nichts nur so ist, wie es auf den ersten Blick erscheint, stellen all die vielen anderen Aspekte, die es auch haben kann, neue Motive dar, mit denen man spielen kann.

Obwohl Freud unser Interesse am Spannungsverhältnis zwischen Ereignis und Bedeutung erhöhte, indem er auch triviale Ereignisse mit Bedeutung versah, empfinden die Künstler unserer Zeit keinesfalls diesen Drang, nach klaren Bedeutungen zu forschen. Viele von ihnen haben einen anderen Weg eingeschlagen, sie suchen sich von Bedeutungen zu befreien. Für manche Künstler am Ende des 19. und Beginn des 20. Jahrhunderts kam die Form an erster und der Gegenstand und seine Bedeutung an zweiter Stelle. Whistler gab z.B. der Form den Vorrang, indem er das Porträt seiner Mutter »Arrangement in Grau und Schwarz« nannte. Aber man konnte seine Mutter immer noch erkennen.

Bei den neuen Kunstrichtungen sind die Bedeutungen oft nicht mehr erkennbar. Speziell in den letzten Jahren ist diese Unverständlichkeit geradezu chic geworden, teils aufgrund der Absicht des Künstlers, vertraute Bedeutungen abzuschaffen, und teils aufgrund der Leichtgläubigkeit der Leute, die *up to date* sein wollen, indem sie vorgeben, sich nichts aus Bedeutungen zu machen. Manche vertreten die Auffassung, daß es dem Künstler nur um reine Selbstartikulation gehe, d.h. daß eine sinnvolle Kommunikation mit anderen nebensächlich sei. Andere, die eine Wirkung auf das Publikum anstreben, wollen diese erreichen, indem sie das unverarbeitete Erleben in ihre Arbeit einfließen lassen. Sie hoffen, daß Traurigkeit und Freude, Entsetzen, Ekel, Hingabe, Leere etc. ohne die neutralisierende Einschaltung von Bedeutung in ihrer Essenz empfunden werden können. Dies ist ein Versuch, in einer allzu rationalistisch gewordenen Welt wieder das Erleben als solches in den Mittelpunkt zu rücken. Man hofft, daß das Ereignis, von dem uns keine Deutungen ablenken, eine neue Frische, eine einzigartige Identität annimmt, wenn man es für sich betrachtet, statt es irgendwelchen Kategorien zuzurechnen, in die es zu gehören scheint.

Das Verlangen von Künstlern nach unschuldigem, unklassifiziertem Erleben wird nur teilweise befriedigt, da es gegen den menschlichen Reflex konkurrieren muß, Ereignissen Bedeutung zu verleihen. Wenn Künstler Bedeutungen umgehen, fühlen sich viele Menschen veranlaßt, dennoch nach Bedeutungen zu suchen. Statt sich auf diese Ereignisse als Ereignisse zu konzentrieren, wie es der Künstler vielleicht beabsichtigte, stellt das Publikum stattdessen Mutmaßungen über den Sinngehalt an. Wenn es den Betrachtern nicht gelingt, auch nur einen Schimmer beabsichtigter Bedeutungen zu erhaschen oder eine spezielle persönliche Bedeutung aus einem Werk abzuleiten, sind sie oft frustriert, mit der Folge, daß das Werk als solches rasch verworfen wird.

In dem Ringen zwischen den konventionellen Maßstäben und dem radikalen Versuch des 20. Jahrhunderts, Bedeutungen entweder zu verwischen oder ganz auszuschließen, scheint eine Schlußfolgerung unabweisbar: *es gibt keine vorgegebene Relation im persönlichen Erleben zwischen einem Ereignis und seiner Bedeutung*. Der eine mag sich mehr für die Bedeutungen der Geschehnisse interessieren, während es dem anderen in erster Linie um das Ereignis als solches geht. Wo diese Relationen aus den Fugen geraten, kann das Individuum in Schwierigkeiten kommen. Früher oder später führt die unverhältnismäßige Betonung entweder von Bedeutungen oder von Ereignissen zum Ausschluß lebenswichtiger Aspekte. Menschen, denen die Ereignisse wichtig sind und die die Bedeutungen vernachlässigen, können ein Leben führen, das vorwiegend impulsiv und flüchtig, das ziel- und zusammenhanglos ist. Ihr Leben gleicht Shakespeares »tale told by an idiot, all sound and fury, signifying nothing«. Wenn man andererseits kein Ereignis einfach so akzeptiert, wie es geschieht, sondern es immer auf eine tiefere Bedeutung hin untersucht, dann wird man ein Leben von Omen und Vorzeichen führen und das einzelne Geschehnis nur als Vorläufer ansehen und es niemals voll um seiner selbst willen auskosten.

Wechselspiel von Bedeutung und Ereignissen

Zwei klassische Romane, Melvilles *Moby Dick* und Kafkas *Das Schloß* repräsentieren einen unterschiedlichen Umgang mit diesem Wechselspiel von Ereignis und Bedeutung. *Moby Dick* kann man ganz naiv auf der Handlungsebene lesen. Was dem Roman seine Größe verleiht, ist jedoch das Licht der Erkenntnis, das er auf das Leben des Lesers wirft, und das tiefere Verständnis der Menscheit, das er uns vermittelt. Für den Leser, der sich für solche Implikationen nicht interessiert, ist es dennoch eine interessante Geschichte über den Kapitän eines Schiffes, der von der Jagd nach einem bestimmten Wal besessen ist. Was diese Jagd besonders interessant macht, ist, daß dieser Wal eine gewisse Berühmtheit genießt. Er wird auch von dem Kapitän personifiziert, der früher einmal von dem Wal verletzt wurde. Das Interesse wird weiter gesteigert durch Elemente wie Gefahr, Rache, Unbezwingbarkeit, die Geheimnisse des Meeres, der Primitivismus von Tieren und der Zwang zur Zusammenarbeit unter den Menschen. Obwohl die allegorische Dimension unsere Anteilnahme an den Ereignissen erhöht, braucht man sich dieser Dimension nicht bewußt zu sein. Der Fortgang der Geschichte wird durch so simple Fragen gesichert wie: Wird der Wal gefangen werden? Werden die Seeleute mit dem Leben davonkommen? Wie geschickt werden sie sich bei der Jagd verhalten? Vertrauen sie einander? Finden die Leser sie sympathisch oder nicht? Sympathisieren sie mit dem Wal oder mit dem Kapitän des Schiffes?

Kafkas Schreibweise ist ganz anders. Die Leser sind oft genötigt, ihr Interesse an der Handlung beiseite zu lassen, wenn sie Elemente integrieren wollen, die nicht ohne weiteres zusammenpassen. Einleuchtende oberflächliche Zusammenhänge zwischen den Ereignissen sind nicht vorhanden. Die Leser müssen selbst versuchen, seltsame Anspielungen, Zeitverschiebungen, unverständliche Motive und sogar eine nebulöse Geographie zu deuten. Wenn sie *Das Schloß* lesen, müssen sie ihr Bedürfnis nach einer vertrauten Reihenfolge hintanstellen und die Vorgänge wie eine Traumsequenz betrachten. In den surrealistischen Momentaufnahmen bleibt, wie in den Szenen eines Traums, ebensoviel ungesagt, wie gesagt wird. Ebenso wie der Traum bedürfen die faszinierenden Ereignisse, ungeordnet wie sie sind, der Vervollständigung. Viele Leser suchen um so eifriger nach einer in den Ereignissen verborgenen Bedeutung, als die Ereignisse selbst an Klarheit verlieren.

K selbst ist, obwohl er die Hauptfigur ist, eine schmächtige Gestalt. Er ist ein Landvermesser, der in geheimnisvoller Weise beauftragt wird, für das Schloß zu arbeiten. Der Leser weiß nicht, wo er herkommt, wie er aussieht oder selbst, wer ihn einstellte. Als er sich zur Arbeit meldet, besitzt er nur die dürftigsten Informationen darüber, was von ihm erwartet wird und wie er es durchführen soll. Kein gewöhnlicher Vermesser würde einen Auftrag unter so undurchsichtigen Umständen annehmen, doch wir erfahren nichts Näheres über diese geisterhafte Existenz. Aber der Leser versucht dennoch, die Lücken in der Verständlichkeit auszufüllen, vorwärts gezogen durch die meisterhafte Darstellung und die merkwürdig anziehende Befremdlichkeit der Ereignisse. Bestimmte Handlungselemente sind, obwohl ihre Reihenfolge klar ist, für sich genommen interessant, so daß der Leser imstande ist, die Aufhebung von Sinngehalten zu transzendieren und sie selbst zu ergänzen. Der Leser mag sich fragen, ob wir alle ähnlich leben, von einem Tag zum anderen, ohne zu wissen, wo wir herkommen und wohin wir gehen. Die Ereignisse in K's Leben verblassen neben den philosophischeren Andeutungen, daß alle Menschen ein sinnloses und entpersönlichtes Leben führen. Diese Enthüllung erinnert die Menschen an ihr eigenes Leben, aber was *Das Schloß* zu einem klassischen Werk macht, ist, daß es den Zustand der Gesellschaft ganz allgemein offenbart.

So wertvoll diese Botschaft vom Standpunkt sozialer Bewußtheit sein mag, so bewirkt doch die verminderte Bedeutung der tatsächlichen Vorkommnisse des Romans eine Verzerrung der Optik. Wenn uns auch der Kampf gegen Entpersönlichung oder Sinnlosigkeit stärker bewußt wird, so bleibt doch die Tatsache bestehen, daß vieles in unserem Leben sehr persönlich ist und eine sehr klare Bedeutung hat. Nehmen wir z.B. das folgende Ereignis. Ihr Sohn hat sich aus unerklärlichen Gründen verspätet; nach Stunden schlafloser Angst hören Sie endlich sein Auto in der Einfahrt. Das ist ein sehr persönliches Erlebnis. Erleichtert können Sie jetzt einschlafen — er ist am Leben, und Sie werden auch weiterhin viele der Dinge mit ihm tun können, die Sie so gern zusammen unternehmen. Es ist ein sehr simpler Vorfall, der keiner tiefschürfenden symbolischen Verwandlung bedarf.

Natürlich können auch andere Faktoren Ihre simplen Reaktionen beeinflussen. Beunruhigen Sie Ihre eigenen unbewußten sexuellen Phantasien und fragen Sie sich deshalb, was Ihr Sohn so spät nachts noch tut? Erleben Sie aufs Neue den Tod eines geliebten Angehörigen? Sind Sie unsicher in bezug auf Ihr eigenes Leben, und wollen Sie es durch Ihren Sohn ausleben? Haben Sie Schuldgefühle, weil Sie ihn manchmal schlecht behandelt haben?

Es kann sich durchaus lohnen, diese Fragen selektiv zu beantworten. In manchen Kreisen, insbesondere den psychoanalytischen, werden solche verborgenen Bedeutungsschichten gewohnheitsmäßig ausgelotet. Wird diese Sondierung jedoch übertrieben, dann vergeuden wir die Nahrung, die uns in Form simpler Erlebnisse zur Verfügung steht. So konnten z.B. die Mitglieder einer Gruppe psychoanalytisch orientierter junger Psychiater, die noch unerfahren und daher anfällig für stereotype Bedeutungssuche waren, kaum ein Wort vernehmen, ohne die Frage aufzuwerfen, *warum* der oder die Betreffende das gesagt habe. Das andere Extrem von Naivität stellen zwei Personen in dem Film »Diner« dar, die sich während eines Films von Ingmar Bergman flüsternd miteinander unterhalten. Der eine fragt: »Wovon handelt dieser Film?« Der andere antwortet: »Das ist symbolisch.« Der erste fragt: »Wer ist dieser Typ da droben?« Der andere antwortet: »Das ist der Tod, der am Strand spazierengeht.« Darauf der erste: »Ich bin schon hundertmal in Atlantic City gewesen, und ich habe noch nie den Tod am Strand spazierengehen sehen.«

Den Geist rühren

Es gibt Momente, wie im Werk Kafkas, in denen es ratsam ist, die Bedeutung ihrer vertrauten Grundlagen zu berauben, um paradoxerweise eine Erkenntnis zu vermitteln. Die Dadaisten, die ebenfalls die bekannte Realität destrukturieren wollten, waren an der Schockwirkung ihrer losen Assoziationen interessiert. In dem Bemühen, die geistige Starrheit aufzulockern, mit der sich Menschen an destruktive Werte und Verhaltensweisen gebunden hatten, reagierten sie insbesondere auf die Irrationalität des Krieges. Sie empfanden die Tötung und Verstümmelung von Millionen Menschen als ein Anzeichen von Irrationalität und erklärten de facto: »Wenn ihr Irrationalität wollt, dann werden wir euch Irrationalität geben — ohne heuchlerische Maskerade.« Durch die Aufhebung der Rationalität beabsichtigten sie, unser Bewußtsein in einen Zustand der Tabula rasa zurückzuverwandeln, wie er schon vor langer Zeit von John Locke beschrieben worden war. Indem sie versuchten, den Geist zu demontieren, wollten sie ihn für neues Lernen freimachen. Alte Bedeutungen blockierten die Chancen zur Veränderung, und sie traten dafür ein, all das auszumerzen, was sie als unerträglich festgefahrene geistige Strukturen empfanden. Sowohl im Dadaismus als auch im Surrealismus führte das Bedürfnis nach Veränderung zu einer Zerrüttung der vertrauten linearen Verfahrensweise des Verstandes.

Die Reorganisation der Erfahrung, erlöst von linearen Zwängen, erfordert die Freiheit, zwischen den verschiedenen denkbaren Entwicklungslinien hin- und herzupendeln, und eine frei assoziierende Ungebundenheit. Der Geist bleibt am ehesten offen für die nichtlineare Erfahrung, wenn das Individuum zuversichtlich ist, daß die auch für sich genommen interessanten, vom Weg abführenden Ideen früher oder später einen Sinn ergeben werden. Manchmal stammt dieser Glaube aus Andeutungen, daß sich die abweichenden Gedanken auszahlen werden, und manchmal stammt er aus purem Vertrauen zur Kompetenz der Leitfigur.

Ein gutes Beispiel für dieses Vertrauen ist im Werk des Hypnotherapeuten Milton Erickson zu finden, der seinen Patienten oft parabelartige Geschichten erzählte. Über längere Strecken mochten die Geschichten für den Zuhörer keinen Sinn ergeben. Ericksons Patienten oder Schüler, die sein fabelhaftes Gespür für geheime Bedeutungen kannten, waren jedoch bereit, seinen scheinbar beziehungslosen Geschichten mit ihren mehr oder weniger verborgenen Botschaften zu folgen, bis ihre impliziten Anweisungen offenbar wurden. Manchmal erfolgte diese Enthüllung gleich, manchmal erst später, und machmal stellten sich die Wirkungen ohne jede Enthüllung im Unbewußten ein.

Sidney Rosen erzählt in *Die Lehrgeschichten von Milton H. Erickson* die Geschichte von Kathleen, einer Studentin in einem von Ericksons Ausbildungsseminaren, die eine Phobie in bezug auf Erbrechen hatte. Erickson sprach mit ihr über viele Dinge: zunächst über Walrosse und Pinguine des Eismeers, über Wale, Sporttaucher und Plankton. Dann erzählte er ihr über Spechte und einen Vogelkundler, der es geschickt verstand, den Kehlsack des Spechts zu entleeren. Schließlich beschrieb er bestimmte Funktionen des Nahrungserbrechens bei den Spechten. Als er mit seiner Geschichte fertig war, hatte er ein lebendiges Bild der natürlichen Funktionen dieser Geschöpfe entworfen. Erickson und Kathleen streiften dann noch einige weitere Themen, wobei Kathleens Erbrechen nur geringe Aufmerksamkeit gewidmet wurde. Am Ende machte Erickson allerdings einige scherzhafte Anspielungen auf das Erbrechen. Der Rest war ihre Sache, gewappnet wie sie war mit dem ihr eingeimpften Verständnis für die Funktion des Erbrechens in einer Welt natürlicher Vielfalt.

Die Position der Dadaisten und Surrealisten wie auch der Kubisten ist natürlich radikaler, verglichen mit diesem Beispiel von Ericksons indirekter Relevanz. Im Kubismus wird ein ganzes Bild in seine Bestandteile zerlegt. Die merkwürdig arrangierten Teile als ein zusammengehöriges Ganzes zu erkennen erfordert erhöhte Aufmerksamkeit. So sind zwar z.B. da oder dort Arme und Beine zu erkennen, aber der Betrachter ist oft nicht imstande, die dargestellte Person aus diesen Teilen zu rekonstruieren, sofern er sie nicht zu ergänzen vermag.

Wer bereit ist, sich der Herausforderung durch die Kubisten zu stellen, für den eröffnet sich durch die Wahrnehmung und Rekonstruktion sonderbar angeordneter Teile ein großes Energiereservoir, das ein neues Maß an schöpferischer Mitwirkung erfordert. Obwohl dies eine Herausforderung für das schöpferische Wahrnehmungsvermögen darstellt, kann dabei nicht viel schiefgehen, denn selbst wenn es einem nicht gelingt, die Teile zusammenzufügen, ist der Schaden nicht groß. Zum allermindesten wird der Betrachter vielleicht feststellen, daß eindeutige Identität eine weniger rigide Notwendigkeit ist, als man sonst meinen könnte.

Im täglichen Leben und in der Psychotherapie, wo Flexibilität in bezug auf Identität ebenfalls ein notwendiges Ziel darstellt, sind die persönlichen Einsätze höher. Wenn Menschen mit Aspekten der Persönlichkeit konfrontiert werden, die mit ihrem eigenen Identitätsgefühl nicht in Einklang stehen, kann die Angst groß sein. Wenn jemand z.B. seine eigenen bizarren Phantasien oder sein Gesicht aus einem ungewöhnlichen Blickwinkel erforscht, wenn jemand beim Waschen der Genitalien eines Kindes sexuelle Erregung verspürt oder Bestürzung über den Tod eines Freundes oder ein neues Gefühl, das er nicht recht fassen kann, dann braucht der oder die Betreffende das Vertrauen, daß die Selbstidentität als ein geschlossenes Ganzes bestehen bleibt. Dem Betrachter eines kubistischen oder surrealistischen Gemäldes gelingt es nicht immer, das Ganze zu sehen (das ist auch nicht nötig). Im »wirklichen« Leben haben wir jedoch das Gefühl, das zu müssen.

Geheimnis vs. Verwirrung

Eine simple therapeutische Vignette zeigt uns, wie aus einem schwachen Versuch, kaum begriffene Zusammenhänge zwischen Ereignissen zu verstehen, eine bedeutsame Erfahrung wurde. Eines Tages fragte mich Oscar, ein Teilnehmer meines Therapieseminars an der Universität, vor der Klasse, ob ich mich wohl fühlte. Er meinte, ich sähe deprimiert aus. Ich freute mich, daß er sich zu fragen getraute, und dankte ihm für seine Anteilnahme, fügte jedoch hinzu, daß ich nicht darüber sprechen wollte. Dann vergaß ich dieses Gespräch.

Vor Beginn der nächsten Sitzung kam Oscar zu mir. Diesmal erzählte er mir, er sei während der vergangenen Woche fast verrückt geworden. Ob ich etwas dagegen hätte, wenn er während der Stunde notfalls einfach aufstünde und herumginge? Ich antwortete, ich hätte natürlich nichts dagegen. Ich wußte nicht, ob mich sein Problem etwas anging. Ebensowenig, wie er wußte, ob mein Problem in der Woche zuvor mit ihm zusammenhing. Ich war jedoch interessiert, und er erzählte mir, daß er in der Notfallambulanz eines Krankenhauses gewesen war. Er hatte offenbar einen schweren Angstanfall erlitten. Immer noch ein bißchen zittrig, klang er, als wäre sein Verstand vorübergehend entgleist, und die Leute im Krankenhaus hätten geholfen, ihn wieder auf die Schienen zu stellen. Die Gleise waren jedoch immer noch rutschig.

Während ich Oscar zuhörte, erinnerte ich mich, daß ich mich einmal, als ich auf einer Couch lag, an deren Rand meditiert hatte, als wäre es eine Felsenklippe. In einem tranceähnlichen Angstzustand hing ich verzweifelt über dem Abgrund, dann entschloß ich mich, loszulassen. Sobald ich losließ, hatte ich in meditativer Sinnestäuschung das Gefühl, in die Tiefe zu stürzen, aber als ich unten aufprallte, war ich bloß von der Couch auf den Boden gefallen.

Ich erinnerte mich dann kurze Augenblicke lang an andere Stürze. Mit fünf war ich mit den Jungen von der Straße, in die meine Familie kürzlich umgezogen war, in ein Kino gegangen. Wir saßen in der ersten Reihe. Zwischen mir und der Leinwand war ein Abstand, ein äußerst dunkler Zwischenraum. Der Film hieß »Unholy Three«, ein alter Thriller mit Lon Chaney. Zufällig fiel mir meine Mütze aus der Hand, und mit fünf wußte ich nur, daß sie unwiederbringlich in ein schwarzes Loch gefallen war. Die Tiefe des Abgrunds, in den meine Mütze — und das bedeutete auch mein kleiner Körper — fallen konnte, erschreckte mich. Eine archaische Angst ergriff von mir Besitz, während ich mir vorstellte, wie meine Mütze in die ewigen Jagdgründe einging. Heute weiß ich, daß die Versenkung bloß ein Orchestergraben war.

Diese surrealistischen Erinnerungsfetzen verstärkten mein Mitgefühl für Oscars Erlebnis. Wir redeten noch etwas, dann war es Zeit, den Unterricht zu beginnen; für die folgende Stunde war anstelle einer Vorlesung die Demonstration einer Gruppentherapie geplant. Anfangs zögerten die Teilnehmer zu sprechen. Dann erzählte Oscar, vielleicht von unserem Gespräch angespornt, vielleicht im Sog des Schweigens, der Gruppe von seiner Panik. Nach einem halbstündigen, verständnisvollen Gespräch mit anderen Gruppenmitgliedern erklärte er plötzlich, er wolle hinaus, um einen Spaziergang zu machen. Ich fragte ihn, ob er sicher sei, daß er das wolle. Oscar sagte ja. Als ich ihn fragte, ob er bald zurück sein werde, antwortete er nochmals ja. Er sah aus, als wisse er, was er wolle, und ging hinaus.

Alle waren noch mit ihm beschäftigt. Sie *wußten*, daß er allein sein wollte, und er *wußte*, daß er, wann immer er wollte, zurückkehren konnte. Dennoch hielt sich eine merkwürdige Furcht, daß er unsere Verfügbarkeit ignorieren könnte, so wenig wahrscheinlich dies auch war. Nach einigen weiteren Wortwechseln, ob wir ihn wieder hereinholen sollten oder nicht, stand jemand ruhig auf, ging hinaus und kam mit Oscar zurückgeschlendert. Er war etwa fünfzehn Minuten weggewesen und war bereit zurückzukommen, ja froh, daß wir ihn zurückholten. Er sagte, er sei hinausgegangen, weil ihn die neben ihm sitzende Frau zärtlich berührte, während er sprach, und das hatte ihm Angst gemacht. Er konnte das starke Gefühl, das ihre Berührung auslöste, nicht zulassen. Obwohl er die Wärme dieses Gefühls empfand, spaltete sich dieses Gefühl von ihm ab. Dann, schlimmer noch, erschien ihm diese Abspaltung verrückt. Während er darüber redete, verschwand die Abspaltung; stattdessen begann er sich bald »ganz beisammen« zu fühlen, sein warmes Gefühl kehrte zurück. Inzwischen war es einfach ein zärtliches Gefühl, und er verlor seine diesbezügliche Befangenheit.

In diesem Beispiel gibt es mehrere Ereignisse, die den Verlauf der Geschichte bestimmen. Jedes davon hatte eine implizite Bedeutung, aber nur einmal wurde diese Bedeutung verbal artikuliert. Die Serie von Ereignissen begann damit, daß mich mein Student fragte, ob ich deprimiert sei. Der Grund, warum er fragte, war unklar, und es wurde auch nie geklärt, ob ich deprimiert war oder nicht. Es war auch ungewiß, ob durch das Motiv des seelischen Leidens eine Bindung zwischen uns entstand. Das nächste Ereignis geschah einfach, ohne daß wir über die Bedeutung des ersten viel wußten. Das heißt, er kam zu mir und machte mir unaufgefordert die Mitteilung über seinen Panikzustand und bat mich um Erlaubnis, umhergehen zu dürfen. Sowohl Oscars als auch meine Gefühle waren diesmal erheblich stärker als beim ersten Mal, und ich stellte metaphorische Betrachtungen über archaische Gefahren an. Dies verlieh Oscars Erlebnis eine thematische Struktur.

Als nächstes erzählte Oscar seinen Kommilitonen von seinem Angstzustand — und er verließ den Raum. Sein Fortgang wurde als ein gefährliches Ereignis registriert. Dann kam die Rettung. Erst während des nächsten Ereignisses wurden wird in die Bedeutung eingeweiht, als uns Oscar sagte, warum er hinausgegangen war — wegen des unerträglichen Gefühls der Intimität mit der neben ihm sitzenden Frau. Hier erkannten wir die Andeutung eines Zusammenhangs zwischen seinen starken Gefühlen und der Gefahr einer Spaltung seines Bewußtseins. Dann schließlich die Rettung. Das Geheimnis schien vorübergehend aufgeklärt, als diese Episode gut ausging. Der unerklärliche Rest blieb der Zukunft vorbehalten. Nur als ein Nachtrag mit wenig Details kann gesagt weden, daß er den Rest des Semesters über in guter Stimmung zu sein schien, keiner besonderen Beachtung bedurfte und sich in angemessener Weise an den im Seminar behandelten Themen beteiligte.

Das Geheimnisvolle, das einem Interesse an Oscars Leben innewohnt, wirft eine Reihe von Fragen auf. Was sagen diese Ereignisse über sein Leben oder über das Leben im allgemeinen aus? Ist es von Bedeutung für den Leser oder den Psychotherapeuten? Sagt diese Geschichte etwas über sexuelle Grenzen, über Zärtlichkeit, über die Freiheit, seine Gefühle zu äußern, über die Bereitschaft von Menschen, einander anzuhören, über die Kraftreserven bei bestimmten Arten von Verrücktheit? Was ist mit Oscars Eltern, seinen Gefühlen von Scham, seiner dauerhaften Genesung? Jedes Ereignis spinnt seine eigenen Verbindungsfäden zu unzähligen anderen Ereignissen. Bedeutungen locken des wißbegierigen Geist immer weiter.

Manchmal muß der Therapeut jedoch die Verfolgung solcher Geheimnisse zugunsten einer unmittelbar klärenden Erfahrung beiseiteschieben. Ein Leben kann auf dem Spiel stehen. Oder psychologisch gefährliche Entscheidungen wie für oder gegen Scheidung, Heirat, Nachwuchs, Stellenwechsel oder sonstige tiefgreifende Änderungen können die Beschäftigung mit Unerklärlichem als Luxus erscheinen lassen. Wo Ungewißheit zu einer verfrühten Klärung drängt, kann der Zwang zu einer sofortigen Entscheidung oder Handlung in Verwirrung enden. Oscar war für mich jedoch eher ein Rätsel als eine Quelle der Verwirrung, vielleicht, weil er nicht in einer unmittelbaren Notlage zu sein schien und von anderer Seite therapeutisch betreut wurde. Wo der Druck für unmittelbare Klärung vermindert werden kann, wie dies oft der Fall ist, kann das Geheimnisvolle sich Zeit lassen, seine Klärung in dem ihm angemessenen Tempo voranzutreiben.

Um die Verwirrung zu überwinden, die die Dringlichkeit erzeugt, neigen wir oft dazu, Ereignisse zu verallgemeinern, damit uns Bedeutungen rasch zur Verfügung stehen. Dabei können wir uns auf all die »ismen« stützen. Sexismus macht es einem z.B. leicht zu glauben, Angehörige beider Geschlechter zu kennen, ohne sie individuell erlebt zu haben. Wenn man Frauen für sentimental hält, dann wird es unzähliger Erfahrung ihrer kühlen, rationalen Entscheidungsfähigkeit bedürfen, um diesen Glauben zu überwinden. Wenn man Männer als schroff und gefühllos ansieht, dann ist eine Menge Mitgefühl nötig, um ihre unerwartete Sensibilität zu erkennen. Rasche Schlußfolgerungen negieren sowohl Geheimnisvolles als auch Verwirrendes, indem sie uns vorschnelle Bedeutungen liefern und verborgene Möglichkeiten ausblenden. Nachstehend einige Beispiele voreiliger Folgerungen, die mehr behaupten, als ihnen zusteht: Mutter würde Jack nicht akzeptieren, deshalb zählen Gespräche mit ihm nicht. Das Leben eines jungen Mannes beginnt mit sechzehn, denn in diesem Alter beginnt er plötzlich, in die Höhe zu schießen. Ein fabelhafter Arbeitstag ist nicht viel wert, weil einen zu Hause kein Partner erwartet. Eine Beleidigung ist Grund zur Verzweiflung, da sie bedeutet, daß einen niemand mag. Wenn man müde wird, heißt das, daß man schwach ist, und wenn man einen Fehler macht, ist man inkompetent. In jedem dieser Fälle überschattet die rasch gefundene Bedeutung die tatsächliche Spannweite des faktisch Möglichen. Sie läßt Ereignisse außer Acht, auf die die Schlußfolgerungen nicht passen könnten, und schränkt die Freiheit ein, unvorhersagbare Richtungen einzuschlagen, so daß Stümpfe unverwirklichter Möglichkeiten zurückbleiben.

Erklärungen

Zu raschen Schlußfolgerungen gelangen, was auch unter Psychotherapeuten häufig vorkommt, hat zu einer verbreiteten Desillusionierung über die therapeutische Wirkung von Erklärungen geführt. Viele Therapeuten ziehen es heutzutage vor, die Ereignisse für sich selbst sprechen zu lassen, aber das Verständnis stellt sich leider nicht immer spontan ein. Ohne Erklärungen würden manche Menschen nie zur therapeutischen Einsicht gelangen. Dasselbe gilt in der Kunst. Nehmen wir die Musik: sie kommt dem reinen Erleben so nahe, wie die Kunst das nur kann, und vermittelt sich leicht ohne Frage nach ihrer Bedeutung. Aber selbst in bezug auf die Musik hat Jonathan Saville, ein Kunstkritiker, dafür plädiert, sie *verstehen* zu lernen. In einer Kritik von Webern »Sechs Bagatellen« schreibt er über seine eigenen Erfahrungen im Umgang mit Webern. Er spielte ihn immer wieder; durch die unzähligen Wiederholungen der Musik entdeckt er, daß Weberns Bagatellen »auf Elementares reduzierte, konzentrierte Dramen sind — ein Urzustand des Seins, eine Handlung, ein Konflikt, ein Höhepunkt, eine Lösung des Konflikts — alles innerhalb einer Zeitspanne von dreißig Sekunden«. Er führt weiter aus:

> Was diese Musik so seltsam, so scheinbar unverständlich macht, ist ihre zeitliche Komprimierung. »Ich ging langsam die Straße entlang, die aus einer Art Gummi bestand«, erzählt der Träumende, »und dann stieg die Straße an, und mein Vater fiel mir, mit einem schwarzen knopflosen Anzug bekleidet, entgegen«. Nach stundenlangem Gespräch mit dem Psychoanalytiker des Träumenden stellt sich heraus, daß dieser winzige Traum, der so rasch erzählt werden kann, eine Verdichtung der Bedürfnisse und Befürchtungen, der Furien und Dilemmas eines ganzen Lebens mit seinen unzähligen Personen, Orten und Ereignissen darstellt. Die Emotionen sind heftig, aber verschleiert; die Ereignisse mannigfaltig, aber zu einem oder zwei verschmolzen; die Breite ist radikal beschnitten, die Tiefe ist unbegrenzt. So ist Anton von Weberns Musik ... man sollte aufhören, so zu tun, als ob das Publikum von allein lerne könnte, Webern zu schätzen ... Das kann es nicht. Mit der üblichen Art der Darbietung in öffentlichen Konzerten wird es nicht fünfzig Jahre dauern, sondern *niemals* erreicht werden, daß jemand diese Musik als die ihm naturgemäße empfindet ... jemand sollte diese Musik dem Publikum erklären und die Erklärungen anhand konkreter, von den Musikern gespielte Beispiele veranschaulichen.

Angesichts der Komplexität der Erfahrung, die Saville beschrieben hat, ist es ein Zeichen von Respekt für den menschlichen Geist, wenn wir uns klarmachen, daß das einfache, reflexhafte Verstehen durch die besondere Klarheit ergänzt werden muß, zu der Erklärungen beitragen können. Die Skepsis gegenüber Erklärungen sollte sich gegen die irrige Auffassung richten, daß Erklärungen genügen, bzw. gegen die mangelhafte Qualität vieler Erklärungen — nicht gegen zum richtigen Zeitpunkt ausgesprochene, wirklich erhellende Erklärungen. Vielleicht wird man argumentieren, daß eine Erklärung nichts anderes als eine aufgewärmte psychoanalytische Deutung sei. Dies ist freilich richtig. Die Erkenntnis, daß Einsicht ein zentrales Element psychischer Veränderung ist, zählt zu den wichtigsten Beiträgen Freuds und hat ein ganzes Jahrhundert für die Mysterien des Unbewußten aufgeschlossen.

Dominic, einer meiner Patienten, hatte mir z.B. seit mehr als einem Jahr nichts mehr bezahlt, und durch ein Versehen des Sekretariats hatte ich nichts davon erfahren. Er hatte das Geld nicht, sprach das aber nie aus. Als ich das entdeckte, sagte ich zu ihm, er benehme sich wie seine Mafia-Vettern, die für ihn angeblich gestorben waren. Er war über meine Bemerkung bestürzt, da er sich sehr verächtlich über sie geäußert hatte. Aber er fand es auch aufregend. Aus seiner deprimierten und aussichtslosen Einstellung zum Leben — der für ihn übliche Zustand — wurde er darauf gestoßen, das Abenteuer zu sehen, mich vor meinen Augen beraubt zu haben. Eine dauerhafte Revitalisierung seines Lebens nahm in diesem Augenblick der Einsicht ihren Anfang, als er seine fehlende Bereitschaft begriff, zu tun, was von anderen Menschen erwartet wird. Diese Erkenntnis setzte die *Energie* des Gangsters in ihm frei, anstelle der *Schuldgefühle*, unter denen er chronisch gelitten hatte.

Die Macht der Erklärungen wird in der Psychotherapie durch zwei Irrtümer geschwächt. Der eine besteht darin, die Erklärungen vom Verhalten zu isolieren und ihnen dadurch eine Position des Abstands von den zu erklärenden Ereignissen zu geben. Dominics Mafia-Herkunft hatte z.B. eine lebendigere Bedeutung für ihn im Zusammenhang seines Betrugs mir gegenüber, denn als abstrakte Wahrheit. Der zweite Irrtum besteht darin, Erklärungen zu häufig zu benutzen. Wenn man den Leuten den Kopf damit vollstopft, verlieren sie die Einzigartigkeit des erklärten Ereignisses aus den Augen. Über solche Exzesse bemerkte John Updike in einem Interview mit George Plimpton: »Geschichten sollten nicht *in erster Linie* Verpackungen für psychologische Einsichten sein, sie sollten jedoch diese enthalten wie der Kuchen die Rosinen.«

Was Dominic in dieser Therapiestunde erlebte, steht auch in Einklang mit Maxwell Andersons Regel für ein erfolgreiches Theaterstück, die uns Josh Logan überliefert hat. Anderson sagte: »Ein Stück sollte seinen Protagonisten durch eine Reihe von Erfahrungen führen, die gegen das Ende zu in einem Augenblick gipfeln, in dem er etwas *lernt*, etwas über sich selbst *entdeckt*, das er die ganze Zeit über schon hätte wissen können, aber für das er blind gewesen ist .... Die Zuschauer müssen spüren und erleben, daß die Hauptfigur klüger wird ....« Genau das geschah mit Dominic. Er gelangte zu einer speziellen Einsicht in bezug auf seine kriminelle Herkunft, und durch diese Erkenntnis war er wieder imstande, Energie und Unternehmungslust zu erleben, die seiner Herkunft eine größere Dimension verliehen, als die Gesetzlosigkeit, die ihm vor Augen gestanden hatte.

Diese Augenblicke der Erkenntnis, die Momente, in denen sich das Bewußtsein erweitert und Erfahrungen neue Bedeutung verleiht, markieren die Zusammenhänge zwischen einzelnen Ereignissen und den Grundmustern des Lebens. Aber Bedeutungen beschränken sich nicht auf diese Augenblicke. Sie sind überall zu finden, ob sie als Wegweiser herausragen oder sich unmerklich zu verstehen geben. Es ist ein Unterschied, ob ich deine Bemerkung als kränkend oder als liebevolle Neckerei interpretiere, ob ich dein Lob als echt oder als motivierenden Trick auffasse, ob ich mich selbst als gierig oder bloß mit einem herzhaften Appetit gesegnet empfinde. Diese unterschiedlichen Deutungen sind, wenn sie die Tatsachen verdrehen, hartnäckig und werden nur zögernd aufgegeben. Und die Allgegenwart irriger Deutungen erregt schließlich die Aufmerksamkeit von Schriftstellern und Psychotherapeuten. Ihnen wird nie der Stoff ausgehen, solange sie alte Deutungen umzukehren oder neue, bisher übersehene Deutungen heranzuziehen suchen.

VI

INNERER DIALOG

> And out of what one sees and hears and out
> Of what one feels, who could have thought to make
> So many selves, so many sensuous worlds
> As if the air, the mid-day air, was swarming...
>
> —Wallace Stevens, *Esthetique du Mal*

Ich hatte einmal eine schwarz, weiß und semmelblond gefleckte Katze. Als sie drei Junge bekam, war das eine schwarz, das zweite weiß und das dritte semmelblond, jedes von ihnen eine gereinigte Ausgabe der Bestandteile ihrer Mischlingsmutter. Menschen sind ebenfalls gesprenkelt, sie verlieren ihre Reinrassigkeit durch die wechselseitigen Einflüsse ihrer zahllosen Eigenschaften. Aber im Mischling bleibt, wie in meiner Katze, die potentielle Reinheit jedes Merkmals erhalten. Obwohl ein ehrgeiziger Mensch z.B. die Reinheit seines Ehrgeizes verliert, wenn er daneben auch faul ist, so ist dieser Verlust doch nicht permanent. Wenn Eigenschaften verschwimmen oder wenn sie durch Verdrängung ganz verschwinden, müssen Schriftsteller und Therapeuten den Scharfblick haben, diese vernebelnden Wirkungen zu durchschauen und jene Bestandteile eines Menschen klar zu sehen, die verändert oder verschleiert worden sind. Carl Sandburg hat dies jedenfalls durchschaut, wenn er in einem seiner Gedichte über den Wolf in ihm selbst schreibt — auch über das Schwein und den Affen. Dann sagt er weiter:

> O, ich habe einen Zoo, eine ganze Menagerie unter meinen Rippen, unter meinem knochigen Schädeldach, unter meinem rotklappigen Herzen — und ich habe noch etwas anderes: das Herz eines Mann-Kindes, eines Frau-Kindes: es ist ein Vater und eine Mutter und ein Liebender: es kam von Gott-Weiß-Woher: es geht nach Gott-Weiß-Wohin — denn ich bin der Wärter des Zoos: ich

sage ja und nein: ich singe und töte und arbeite: ich bin ein Kumpel der Welt: ich kam aus der Wildnis.

Nachdem all diese Charaktere in einem Menschen versammelt sind, betreibt der Therapeut, der mit einem Einzelnen arbeitet, in Wirklichkeit Gruppentherapie. Durch Rede und Verhalten gibt jeder Bestandteil eines Menschen Hinweise auf seine Existenz. Der Therapeut muß das Individuum bei der Identifizierung dieser Bestandteile leiten und sie klar für sich selbst sprechen lassen, und er muß für jeden Anteil in der Gemeinschaft des Selbst einen Platz finden. Sich angesichts großer innerer Mannigfaltigkeit ganz zu fühlen ist eine bedeutende Herausforderung im Leben jedes Menschen. Und umgekehrt ist die Unzugänglichkeit bestimmter Anteile für die Integration in das Ganze eine potentielle Quelle von Störungen.

Die Aufspaltung des Menschen in verschiedene Bestandteile zeigt sich besonders häufig durch eine Polarisierung in entgegengesetzte Eigenschaften wie Grausamkeit und Güte, Zaghaftigkeit und Kühnheit, Bescheidenheit und Überheblichkeit. Es stimmt jedoch auch, daß an der inneren Auseinandersetzung noch subtilere Eigenschaften beteiligt sind, die alle zum Gesamtverhalten beitragen. Diese zahlreichen Facetten, die die vielen Seiten des Individuums repräsentieren, sind in Bündeln potentiellen Erlebens, nicht nur in Polaritäten vorhanden. So macht einem Pazifisten z.B. vielleicht nicht nur seine polare Wut zu schaffen — gegenüber einem Widersacher — , sondern auch sein Bedürfnis, mehr Zeit bei der Arbeit zuzubringen, seine Abneigung gegenüber vielen seiner Mitstreiter in der Friedensbewegung, sein Zynismus, die Frustrationen des Scheiterns oder auch Leute, die Bemerkungen über sein Muttermal auf der Oberlippe fallenlassen. Diese Elemente seines Facettenreichtums können der Arbeit in der Friedensbewegung ebenso abträglich sein wie das genaue polare Gegenteil.

Ob wir es jedoch mit Polarität oder Multilarität zu tun haben, der Therapeut erwartet jedenfalls, daß diejenigen Anteile, die unharmonisch sind, einen schlechten Kontakt untereinander haben und mehr oder weniger als isolierte Elemente existieren. Die Wiederherstellung der inneren Harmonie erfolgt durch die Erneuerung guter Kommunikation zwischen den Teilen. Dies wird erreicht, indem man jeden Anteil personifiziert und ihm eine Stimme verleiht. Sobald jeder Anteil in einen Dialog mit den anderen eintritt und die Kommunikation sich bessert, wird der Kontakt zwischen den Anteilen spürbarer, und sie beginnen, einander in einem neuen Licht zu erleben.

Eine Frau namens Caroline litt beispielsweise unter ihrer Unentschlossenheit, ob sie ein Kind bekommen sollte. Mit jedem Ticken der biologischen Uhr wurde ihr Leiden größer. Offenkundig wohnten zumindest zwei Seelen in ihrer Brust — die eine wollte ein Kind, die andere nicht. Die beiden Seelen, personifiziert, hatten beide klischeehafte Einstellungen zu sich selbst und zur jeweils anderen Seite. Ich ersuchte Caroline, einen Dialog zwischen diesen beiden Anteilen zu spielen. Anfangs waren deren Positionen so festgefahren, daß ein lebendiger Dialog unwahrscheinlich erschien. Die eine, die das Kind nicht wollte, dominierte nach außen hin, wenn auch nicht entschieden genug, um den Kampf zu gewinnen. Obwohl es ihr nicht gelungen war, den Konflikt zu lösen, war sie überzeugt, daß sie recht hatte, und sie konnte in beredten Worten darlegen, warum sie kein Kind wollte. Sie wußte, daß sich ihr Leben günstig entwickelte, und sie wollte es nicht durch die Bedürfnisse eines Kindes stören lassen. Sie war auch überzeugt, daß sie im Alter von fünfunddreißig durch eine Schwangerschaft große Risiken einging und daß sie, da ihr Bruder einen angeborenen Herzfehler hatte, Gefahr lief, ein geschädigtes Kind zur Welt zu bringen. Sie wußte auch, daß ihr Mann sie mit der gesamten Verantwortung allein lassen würde. Sie war sicher, daß dies keine Welt ist, in der man ein Kind großziehen sollte.

Zu keinem Augenblick nahm diese Seite in ihrer einleitenden Erklärung Rücksicht auf die Bedürfnisse der anderen, die sie nur als schwach ansah. Sie konnte sich das leisten, weil die Seite, die ein Kind wollte, von der anderen Seite eingeschüchtert wurde, angesichts der vorherrschenden Tendenz nicht gut denken konnte und darauf beschränkt war, nicht zu weinen, sondern Tränen aus ihren Augen tropfen zu lassen — eine passive, besiegte Hülse. Die vermeintlich überlegene Position wurde nur dadurch aufrechterhalten, daß sie den sabotierenden Einfluß der Seite ignorierte, die ein Kind wollte und die, obwohl sie keine Basis für ihre Argumentation zu haben glaubte, nicht aufgeben wollte, sondern sich jammernd in eine Sackgasse manövrierte. Wimmernd spielte sie auf das — sentimentalisierte — Gefühl an, daß ihr die speziellen Freuden der Elternschaft entgehen könnten, ohne die es keine persönliche Reife geben könne. Obwohl sie sagte, daß sie ein Kind wolle, vermittelte sie kein starkes Gefühl eines persönlichen Verlusts. Ihre Gefühle wirkten eher wie die eines Menschen, der an einen Gott glaubt, nur als Rückversicherung für den Fall, daß seine Existenz sich bewahrheiten sollte. Trotz dieser minimalen Überzeugung war Carolines Unglück stark genug, um die Opposition zu lähmen, die sie nicht von ihrer versteckten intuitiven Position abbringen konnte, daß ein Kind unerläßlich für ihre Existenz sei.

Nach mehreren Wortwechseln in diesem Dialog wurde sich die Seite, die das Kind wollte, ihrer Nutzlosigkeit deutlicher bewußt, und plötzlich erkannte sie, daß sie nicht die Dinge sagte, die sie sagen wollte. Sie ging zum Angriff über, indem sie beredt auf den Narzißmus des Anteils hinwies, der das Kind ablehnte, seine feigen und unnötigen Befürchtungen anprangerte und ihm vorwarf, sich gegen alle Erfahrungen zu verschließen, die er nicht vollständig unter Kontrolle haben konnte. An diesem Punkt fing diese Seite an, sich Gehör zu verschaffen. Als die beiden Seiten ihren Dialog beendeten, redeten sie als Gleichberechtigte miteinander — zwar noch, ohne eine Lösung zu erzielen, aber mit dem Gefühl, daß die eine Seite an Festigkeit gewinne und eine legitime Position vertrete und die andere weicher werde, was sich in einer Haltung persönlicher Wärme niederschlug. Als beide Seiten die jeweils andere mit größerem Respekt behandelten, stellte Caroline eine erstaunliche Unabhängigkeit in ihrer Beziehung zu Kindern bei sich fest. Als sie in einem Supermarkt eine Mutter mit ihrem Kind zanken sah, war sie erleichtert, daß sie kein Kind hatte. Aber die Erleichterung bedeutete nicht, daß sie kein Kind *haben konnte*. Als sie ihren Bruder besuchte, spielte sie andererseits zum ersten Mal glücklich mit ihrer kleinen Nichte, aber sie erkannte, daß dies nicht bedeute, daß sie ein Kind bekommen *mußte*.

Obwohl ihre innere Harmonie sie von einem großen Teil des auf ihr lastenden Drucks befreite, war sie noch nicht zu einer Entscheidung bereit. Nach dieser Erfahrung erfolgte jedoch ein Durchbruch an einer anderen Front. Ihre perfektionistischen Einstellungen hatten sie auch bei ihrer Arbeit blockiert und sie gehindert, mit einem wichtigen, aber schwierigen Forschungsprojekt voranzukommen. Nachdem sie sich durch den Baby-Dialog innerlich gelockert hatte, ging es plötzlich auch mit diesem Projekt voran, das sie inzwischen praktisch abgeschlossen hat. Veränderung kann ansteckend sein; neue Lernerfahrungen in einem geistig-psychischen Bereich wirken sich häufig auch auf andere Bereiche günstig aus.

Wenn man einen Dialog zwischen Anteilen eines Menschen hervorruft, besteht die Hauptaufgabe darin, die Qualität des Kontakts zu verbessern. Die voneinander entfremdeten Teile reden anfangs nicht offen miteinander. Sie kennen alle das Drehbuch, und da sie es nicht ändern wollen, spielen sie ihre Rollen so, wie diese bisher beschaffen waren. Erst wenn eine seelische Begegnung stattgefunden hat, nimmt jeder Anteil etwas von dem an, was der andere benötigt.

Der Grund, warum die entfremdeten Anteile solche Berührungsängste entwickelt haben, ist ihre Befürchtung, vom jeweils anderen ungünstig beeinflußt zu werden. Und es gibt wirklich Grund zur Angst. Wenn man sich nicht gern prügelt und mit dem Anteil spricht, das Mitglied einer Bande werden möchte, dann ist man in Gefahr; wenn man zutiefst religiös ist, meidet man den atheistischen Anteil von sich; wenn man starke sexuelle Verbote verinnerlicht hat, dann macht einem der sexuelle Anteil Angst. Der Therapeut, der gegen diese Pattsituationen anzugehen versucht, muß verschiedene Hindernisse für den Dialog erkennen, wie Abschweifungen, Mauern, das Versäumnis, Einwände zu erheben, wenn diese am Platze sind, Mißverstehen des Gesagten, farblose Reaktionen und andere Formen der Kontaktvermeidung. Sobald neue Verbindungen hergestellt sind, wird man es vielleicht aufregend finden, aggressiv zu sein, wenn man auch nicht gleich einer Bande beitritt. Oder man entdeckt vielleicht eine umfassendere Sichtweise der Religion, ohne notwendigerweise Atheist zu werden. Oder man lebt seine Sexualität aus, ohne ausschweifend oder vulgär zu werden. Jeder Teilnehmer am Dialog riskiert, gewisse Aspekte des anderen anzunehmen. Während diese Anteile anfangs inkompatibel erscheinen, gibt es in Wirklichkeit weniger Unvereinbarkeiten, als man annehmen würde. Dies ist jedoch eine Wette, die man entweder gewinnen oder verlieren kann.

Dieser Kampf, die Reinheit der eigenen Position gegenüber dem Eindringen feindlicher Kräfte zu bewahren, ist nicht nur auf der persönlichen, sondern auch auf der gesellschaftlichen und sogar der internationalen Ebene erkennbar. China und die Vereinigten Staaten waren z.B. lange voneinander isoliert; sie gestatteten nur ein Minimum an Kommunikation und fürchteten beide den Einfluß des jeweils anderen. In den letzten Jahren hat sich die Kommunikation verstärkt, wenn sie auch immer noch streng kontrolliert wird. Das Ergebnis ist ein verstärkter Einfluß in beiden Richtungen. Einfache Beispiele dieses Einflusses sind der wachsende Gebrauch der Akupunktur in den Vereinigten Staaten und die Zunahme des privaten Unternehmertums in China.

Obwohl sich der Kontakt zwischen den beiden Ländern verstärkt hat und beide bereit sind, ihre eigene Lebensweise aufs Spiel zu setzen, vermittelt uns Margaret Atwood in ihrem Roman *Surfacing* eine Vorstellung von den Dimensionen der Gefahr in den Augen der mißtrauischsten Menschen. Ihre Heldin, eine Kanadierin, läßt sie über die amerikanischen Jäger, die Kanada besuchen, sagen:

> Sie sind das, was uns bevorsteht, wozu auch wir werden. Sie breiten sich aus wie ein Virus, sie dringen ins Gehirn ein und erobern die Zellen, und die Zellen verändern sich von innen heraus, und diejenigen, die diese Krankheit haben, merken den Unterschied nicht mehr. Wie Geschöpfe aus dem Weltraum in Science-Fiction-Filmen, wie Zombies, die von einem Besitz ergreifen, sich in unser Gehirn einnisten und deren Augen leere Höhlen hinter den dunklen Brillengläsern sind. Wenn man wie sie aussieht und wie sie redet und wie sie denkt, dann ist man sie ...

Unseren Erfahrungen näher, sehen wir diese Befürchtungen in der Sorgfalt repräsentiert, mit der viele Eltern ihre Kinder bei der Auswahl ihrer Freunde überwachen. Wenn sich die Eltern Sorgen darüber machen, womit sich ihre Kinder durch bestimmte Kontakte infizieren könnten — Drogen, Krankheiten oder antisoziale Werte — , dann werden sie sich aufregen und diesen Kontakten gegenüber mißtrauisch sein. Auf der anderen Seite erweitert und bereichert sich das Leben junger Menschen durch den Kontakt mit Sitten und Gebräuchen, die sich von ihren eigenen unterscheiden. Urteilsfähigkeit ist nötig, um zwischen echten Gefahren wie Drogen und unbedeutenden zu unterscheiden, die eher mit Dünkelhaftigkeit zu tun haben, etwa, ob man Freunde hat, die Salami statt Leberpastete essen.

Das größte Gefühl von Gefahr durch den Beeinflusser stellt sich bei einer Polarisierung der Standpunkte ein. Liebe und Haß erscheinen als gefährliche Gegensätze, wenn sie in ihrer extremsten Ausprägung einerseits nach lebenslanger selbstloser Ergebenheit und andererseits nach

Mord verlangen. Den Überdruck der Gefühle von Liebe und Haß zu vermindern läßt beides akzeptabler erscheinen. Lächeln bedeutet keine unzumutbare Verpflichtung, und Grimassen führen nicht zu Mord. Dennoch lesen viele Menschen fälschlicherweise Liebe und Haß in mildere Gefühle hinein. Der Dialog kann ihnen helfen, die nötigen Unterscheidungen zu treffen.

Sichere Gelegenheiten

Der tolerante Mensch akzeptiert verpönte Eigenschaften sowohl bei sich selbst als auch bei anderen. Das fällt leichter, wenn es nicht sehr gefährlich ist. Die Phantasie ermöglicht es, sich gefahrlos mit Eigenschaften zu identifizieren, die wir nicht in Handlungen ausleben dürfen. Man kann sich vorstellen, egoistisch, vulgär, herrschsüchtig oder sogar mordlustig zu sein, ohne diese Eigenschaften selbst auszuüben. Es steht weniger auf dem Spiel, wenn die Phantasien von der »Wirklichkeit« abgekoppelt sind. Sich beispielsweise vorzustellen, daß man im Eishockey Tor um Tor schießt, ist kein großes Risiko, wenn man weiß, daß man nicht in Gefahr ist, in einem solchen Spiel an hartgesottene Gegner zu geraten, die einen rasch zu Fall bringen würden. Doch auch wenn man selbst kein Eishockeyspieler ist, können die eigenen sportlichen, agilen und mutigen Anteile in der Phantasie Anerkennung finden.

Um eine vernachlässigte Eigenschaft gefahrlos erproben zu können, empfiehlt es sich, eine dazwischengeschaltete Realität zu schaffen, in der die verschiedenen Anteile eines Menschen in einen Dialog miteinander treten können. Diese Form der Einübung in das Verbotene bereitet uns auf den gefährlichen Auftritt in der Außenwelt vor. Es ist nicht anders, als übe man das Klavierspiel, bevor man ein Konzert gibt.

Romane bieten eine weitere gefahrlose Landschaft zum Erleben neuer Situationen und Gefühle auf Distanz. Die Schriftsteller selbst sind vielleicht in einer riskanteren Position als ihre Leser, da sie im Schöpfungsakt selbst in die Charaktere und Situationen tiefer eintauchen als der beiläufige Leser. Für jene Leser, die ihr Seelenleben ernstnehmen, verwischt sich jedoch oft der Unterschied zwischen der Bedrohlichkeit des wirklichen Erlebens und der Bedrohlichkeit der von der Phantasie geschaffenen Erfahrungen. Wer sich vollkommen darauf einläßt, erlebt die

Abenteuer der Phantasie ebenso intensiv, wie wenn es wirkliche wären.

Eine ähnliche Option haben wir auch in der Psychotherapie. Entweder der Patient oder der Therapeut beurteilt, wieweit es nötig ist, sich persönlich auf etwas einzulassen. Nehmen wir z.B. an, daß Sie sich stark mit einem gefährlichen verborgenen Aspekt identifizieren, wie jenem, der von Mr. Hyde in Robert Louis Stevensons berühmter Geschichte, *Dr. Jekyll und Mr. Hyde*, repräsentiert wird. Bald zweifeln Sie nicht mehr daran, daß irgendwo in Ihrem Inneren das Gespenst von Mr. Hyde lauert. Für die meisten Menschen, die ihre unerwünschten Eigenschaften streng von ihren zulässigen getrennt haben, wäre die Rückkehr des Verbotenen zu unerträglich. Dr. Jekyll würde vorherrschen. Lassen Sie jedoch ihre verborgene Eigenschaft ans Licht kommen, dann hilft Ihnen Ihre Bereitschaft, diese Seite zu erleben, dem Gefühl des Verbotenen so nahe zu kommen, wie Sie es vermögen. Mit dem Therapeuten in sicherer Abgeschiedenheit, können Sie dann eine Furcht mehr aus dem Inventar Ihres Bewußtseins streichen.

Verletzte Prioritäten

Eigenschaften können aus anderen Gründen als Furcht isoliert werden. Manchmal steht eine Eigenschaft einfach einer anderen von höherer Priorität im Wege. Eine Frau, Dolores, beklagte sich, daß ihre einjährige Ehe ihren Reiz verloren habe. Ihr Mann hatte, ohne sich mit ihr abzusprechen, seinen elfjährigen Sohn aus einer früheren Ehe zu sich genommen. Er war jedoch nicht bereit, für die Disziplin zu sorgen, die nach Auffassung beider nötig war. Dolores, die inzwischen mit ihrem Latein am Ende war, gelang es nicht einmal mehr, ein zivilisiertes Verhältnis zu dem Jungen aufrechtzuerhalten. Ihre Beziehung zu ihrem Mann war in Gefahr, den Bach hinunterzugehen. Sie fühlte sich in die Enge getrieben und reagierte selbstgerecht. Sie hatte auch ein erregtes Gefühl der Niederlage — energiegeladen, aber hoffnungslos. Ihr Körper war so verkrampft wie ihre Einstellung.

In einer Reihe von Gesprächen mit ihrem Mann und ihrem Stiefsohn, die veranstaltet wurden, um einen fruchtbareren Kontakt zustande zu bringen, konnte Dolores nur ihre Beschwerden wiederholen und sterile Reaktionen auslösen. Genau dies macht einen Dialog unfruchtbar. Als ich sie später ersuchte, mir von ihrem Leben als Elfjährige zu berichten, erzählte sie mir, wie gern sie geritten war, und sie erinnerte sich, wenige Pflichten im Haushalt gehabt zu haben. Nachdem sie Sympathien für diesen elfjährigen Teil von sich entwickelt hatte, forderte ich sie auf, diese Elfjährige zu sein und mit ihrem achtundzwanzigjährigen Selbst zu sprechen. Die Elfjährige in Dolores sagte bloß diese zwei Worte: »Entspann dich!« Diese simplen Worte katapultierten sie richtiggehend aus ihrer sauren Perspektive. Ihr ganzer Körper entkrampfte sich augenblicklich, und als hätte man sie aus einem Käfig befreit, begann sie unbändig zu lachen. Zum ersten Mal in dieser Sitzung waren an ihr die Eigenschaften zu bemerken, die sie in die »phantastische« Beziehung eingebracht haben mußte, die sie ursprünglich zu ihrem Mann hatte. Ihre innere Strategie hatte diese Stimme abgeblockt, weil diese verfrüht ihre Demonstration von Verärgerung über ihren Stiefsohn zunichte gemacht hätte, dem sie es verübelte, die idyllische Zweisamkeit ihres Lebens zerstört zu haben, so wie sie es ihrem Mann verübelte, sie in ihrer neuen elterlichen Verantwortung nicht stärker zu unterstützen.

Die Identität entfremdeter Anteile ist oft nicht erkennbar. Dolores benahm sich, als sei sie selbst niemals elf gewesen und als wüßte sie nichts über Elfjährige. Innerlich wußte sie jedoch sehr genau, wie es ist, elf zu sein, aber das hatte sie verdrängt. Das geschieht häufig. Die verschleierte Eigenschaft hebt nie die Hand und meldet sich zu Wort. Wenn jemand z.B. zur Abhängigkeit neigt, aber entschlossen ist, dem nicht nachzugeben, dann kann die einzige Manifestation dieser Abhängigkeit ein flehentlicher Blick im unpassenden Moment oder ein sehnsüchtig zur Seite geneigter Kopf sein. Das einzige Anzeichen von Wut könnte eine abgehackte Sprechweise sein, als schneide man die Spitze einer Zigarre ab.

Ein weiteres Beispiel für einen Menschen, der eine wichtige Seite von sich verbirgt, ist ein junger Mann, der ganz versessen darauf war, Geld zu verdienen, ein Ehrgeiz, der in dem Schulmilieu, in dem er die letzten zehn Jahre verbracht hatte, als vulgär galt. Da er es sich selbst nicht zubilligen wollte, geldgierig zu sein, machte er sowohl sich selbst als auch seiner Frau etwas vor, indem er ihr einredete, sie brauchten finanzielle Sicherheit, und er müsse deshalb weiterhin die vielen Überstunden leisten, die sie ablehnte. Die entstehenden Reibungen zwischen ihnen nahmen ein fürchterliches Ausmaß an, da es ihr nicht wichtig war, viel Geld zu haben.

Im Laufe eines Dialogs zwischen dem Teil von sich, der Geld verdienen wollte, und dem Teil, der sich dagegen sträubte, begann der geldanhäufende Teil ein Motiv jenseits von Sicherheit zu enthüllen. In Geld zu schwimmen erschien ihm als solches aufregend. Dieser junge Mann wollte seinen Vater übertreffen, dessen Erfolg eine Herausforderung für ihn darstellte. Um Sicherheit ging es ihm in allerletzter Linie. Geld zu scheffeln, empfand er als so erregend wie andere vielleicht Eishockey zu spielen. Wenn dieser Mann den Anteil von sich darstellte, der *Geld machen wollte*, vermochte er zu sagen, was für diesen Teil zutraf, völlig ungeachtet aller Widersprüche zu seinen üblicheren Prioritäten. Sobald er diese Faszination zugab, lachten sowohl er als auch seine Frau über die Absurdität seiner Zensur. Sie sprachen dann miteinander über ihre Wünsche, ohne sich mit dem Vorwand der Armut auseinandersetzen zu müssen.

Schriftsteller haben besonders feine Antennen für Andeutungen innerer Vielfalt. Ihre Phantasie gestattet es ihnen, Rückschlüsse aus den Anhaltspunkten zu ziehen, die sie überall um sich wahrnehmen, und diese an die Schwelle der Realität heranzuführen. So beschreibt z. B. John Updike in *Der Zentaur* das Erlebnis eines Lehrers, der in seinem eigenen Klassenzimmer soeben von einem Pfeil in den Fußknöchel getroffen wurde. Dies erinnert an den mythischen Zentaur, ein Mischwesen aus Mensch und Pferd, der, nachdem er von einem vergifteten Pfeil getroffen wurde, so große Schmerzen litt, daß er betete, sterblich werden zu können. Im Nu wird der Leser in dieses spezielle Klassenzimmer versetzt, wo die Dinge, mit denen er sich normalerweise identifizieren würde, bis zur Unkenntlichkeit verändert sind. In diesem Klassenzimmer können sowohl Updike als auch der Leser empfinden, ja, ich weiß, wie es ist, von einem Pfeil in den Knöchel getroffen zu werden, und vermag sogar, mit der Antike den sonderbaren Kelch zu teilen, aus dem auch wir trinken. Diese Gabe, das Gewöhnliche zu transzendieren, das Gewöhnliche anzureichern, das Gewöhnliche zu intensivieren, das Gewöhnliche auszuspinnen, verleiht diesem besondere Anerkennung und löst es aus den Fesseln der Vertrautheit.

Die Art und Weise, wie Updike die üblichen Grenzen dehnt, ist charakteristisch für Schriftsteller, die einen Auslauf für ihre eigene innere Mannigfaltigkeit schaffen. Für sie ist die Projektion ihrer eigenen Eigenschaften auf ihre fiktiven Charaktere nicht so offenkundig wie für Patienten, die in der Therapie innere Stimmen in einen Dialog treten lassen. Ob

Schriftsteller das reflektieren, was sie *sind*, oder das, was sie in ihrer Umwelt *beobachtet* haben, darüber kann man streiten. Vielleicht sind die entsprechenden Anteile unter den Schriftstellern verschieden groß. Für Autoren, denen das vorschwebt, ist jedoch die Möglichkeit, ihre eigenen aufblitzenden Eigenschaften zu nehmen und ihnen volle Persönlichkeiten zu verleihen, uneingeschränkt vorhanden.

Für Goethe muß es z.B. ein Abenteuer des Selbstausdrucks gewesen sein, sowohl die faustische als auch die mephistophelische Seite von sich auszuspielen und sonst abstrakt bleibenden Eigenschaften lebendige Identität zu verleihen. Aus der Neigung zu exemplarischer Gelehrsamkeit einen Faust zu machen und aus teuflischen Zügen einen Mephisto bedeutet, diese Anteile mit einer Lebendigkeit und Detailfülle auszustatten, die simpler Introspektion unerreichbar bleibt. Beide spielen ihre besonderen Rollen voll aus, was zu einer Lösung des dramatischen Knotens führt, die sich von Goethes eigenem Leben stark unterscheidet. Als dies geschieht, wird die unerfüllte Seite von Faust, der weltlichen Freuden entsagt hat, zur leichten Beute für Mephisto, der kein Bedürfnis empfindet, von Faust zu lernen oder auf Fausts Interessen Rücksicht zu nehmen.

In der Therapie kann die Furcht, daß ein Teil einem anderen schaden oder ihn allzu stark beeinflussen könnte, leichter gemildert werden und Erfüllung ist eher zu finden als in Goethes Drama. Schließlich sind die einzelnen Teile, da sie in einem Menschen vereinigt sind, voneinander untrennbar. Sie haben zwangsläufig ein gemeinsames Interesse, wenn sie sich dessen anfangs auch nicht bewußt sein mögen. Der Teufel in mir kann nirgends anders hin, als wo auch ich hingehe, und es muß ihm daher an meinem Wohlergehen gelegen sein. Das gilt nicht für Mephisto, der Fausts Schicksal nicht zu teilen brauchte. Die Botschaft ist klar: unsere Teile müssen zusammenarbeiten, statt zu versuchen, getrennte Wege zu gehen.

Der leere Stuhl

Neben der Unzahl innerer Charaktere muß jeder Mensch mit vielen äußeren Charakteren kommunizieren. Von diesen stehen viele wichtige Personen nicht mehr zur Verfügung. Dazu zählen Menschen, die verstorben sind, Menschen, die weggezogen sind, Menschen, die nicht länger interessant erscheinen, Freunde aus einer anderen Zeit, flüchtige Bekanntschaften oder selbst ein Fremder, der einen in einer Menschenmenge angerempelt hat. Obwohl die Fortsetzung der Beziehung nicht länger möglich ist, können diese Menschen brauchbare Adressaten für übriggebliebene Kommunikation sein. Vielleicht haben Sie z.B. das Gefühl, daß Sie den Stoß hätten erwidern sollen, als der oder die Unbekannte Sie anrempelte, und vielleicht wollen Sie dem oder der Betreffenden auch noch »etwas sagen«. Mit bestimmten Menschen, die noch zur Verfügung stehen, wäre ein realer Dialog einfach zu schwierig — Sie wollen Ihre fünfundachtzigjährige Mutter vermutlich nicht zur Rechenschaft ziehen, die Sie ignorierte, als Sie sie brauchten und ebensowenig einen empfindlichen Kollegen, Freund oder Chef.

Wenn eine solche unerledigte Kommunikation vorhanden ist, kann man sich die entsprechende Person als verfügbar vorstellen, indem man sie auf den »leeren Stuhl« setzt. Der Patient spricht mit dem Stuhl, als säße der andere tatsächlich da. Diese Option eröffnet unerhörte Möglichkeiten, da sie das Spektrum von Menschen erweitert, mit denen die Patienten in einer Therapiestunde unmittelbar kommunizieren können.

Schriftsteller verschaffen sich ständig diese Möglichkeit, indem sie Charaktere in ihrer Phantasie zum Leben erwecken und die Spannung in dem Maße aufbauen, wie sich die Charaktere entwickeln. Während die fiktiven Figuren des Schriftstellers jedoch vielleicht keinen klaren Bezug zu seiner wirklichen Welt haben, wird die Person auf dem leeren Stuhl in der Therapie eindeutig als jemand identifiziert, mit dem der Patient eine unabgeschlossene Auseinandersetzung hat.

Diese vorgestellte Präsenz wurde in einer Sitzung mit Janine benutzt. Janine haßte Männer. Sie hatte allen Grund dazu, nachdem sie mit einem Mann verheiratet gewesen war, den sie für eine Flasche hielt, nachdem sie als Kind von ihrem Vater verlassen und als Halbwüchsige vergewaltigt worden war. In den letzten Jahren hatte sie zwischen sich und den Männern eine Mauer errichtet, da es für sie kein Mittelding zwischen übermäßiger Liebe zu Männern und völligem Verzicht auf sie gab. Dennoch hatte sie kein Problem mit mir, da sie mich eher als eine Ausnahme als einen Angehörigen des männlichen Geschlechts betrachtete. Hätte sie mich für einen »von denen« gehalten, dann hätte sie eine unmittelbare Gelegenheit gehabt, sich mit einem Exemplar der verhaßten Spezies auseinanderzusetzen. Da ich für sie aber nicht »zu denen« zählte, gab ihr der leere Stuhl die Chance, sich gegenüber Männern-im-allgemeinen zu erproben. Ich forderte sie auf, sich vorzustellen, daß ein typisches Exemplar von Mann auf dem Stuhl sitze. Sie begann, indem sie mit ihrem Stuhl resolut nach hinten rückte und damit den Abstand schuf, den sie haben wollte; dann sagte sie, was sie mir gegenüber bereits gesagt hatte: »Ich finde, die meisten von euch sind Arschlöcher, als Gruppe gesehen. Die meisten von euch behandeln Frauen ziemlich beschissen.«

Das war ein starker Anfang, aber mit denselben alten Worten. Mehr Substanz war nötig. Der Vorteil der Verwendung des leeren Stuhls besteht darin, daß niemand beleidigt ist und weggeht. Die Übung mit dem leeren Stuhl gestattete Janine, rasch ihre Kraft und ihre Wut zu erleben, die anderenfalls beide verwässert geblieben wären. Die Inszenierung eines Dramas hilft uns, jeder Erfahrung auf den Grund zu gehen.

Um dem Gespräch Substanz zu verleihen und es unvorhersagbar zu machen, ersuchte ich Janine, sich jetzt auf den anderen Stuhl zu setzen und der typische Mann zu sein. Sie äußerte Entsetzen und sagte, daß ich ihre Toleranz auf eine harte Probe stellte. Ich nahm an, sie fühle sich, als hätte ich sie aufgefordert, in das feindliche Lager überzutreten. Aber ich wollte das Gespräch nur realistischer machen. Trotz ihrer Bedenken wechselte Janine auf den anderen Stuhl. Als der typische Mann sagte sie: »Wir tun nur, was ihr euch von uns gefallen laßt.« Das war ein Punkt, den sie zuvor nicht erwähnt hatte, das Gespräch wurde also schon lebendiger. Dann kehrte sie wieder auf ihren Stuhl zurück und antwortete: »Wir kommen nicht mit euren Privilegien zur Welt.« Sie war bereit, es dabei zu belassen, aber die Andeutung eines unfairen Vorteils, den Frauen niemals überwinden können, bedurfte der Ausführung. Ich bemerkte, sie scheine noch mehr zu sagen zu haben. Sie fuhr fort: »Ihr kommt mit einer Macht zur Welt, die wir bei der Geburt nicht haben und die zu erwerben uns viel Zeit kostet. Ihr sorgt auch verdammt gut dafür, daß ihr nicht viel davon abgebt.« Jetzt hatte sie also nicht nur den gesellschaftlichen Vorteil der Männer angesprochen, sondern auch die Gier, mit der sie an ihrer Macht festhalten. Sie vergewisserte sich auch, daß diese die Verantwortung für ihre Gier übernehmen würden.

Es zeigt sich, daß ich Janine zu einem konkreteren Dialog veranlaßte, als sonst zustandegekommen wäre. Wie ein Schriftsteller oder Lektor hatte ich den Eindruck, daß der Dialog etwas brauchte, was sie ihm nicht gab. Als sie mehr beitrug, konkretisierte der zusätzliche Dialog ihre einleitende Bemerkung (als Gruppe sind Männer Arschlöcher) und verhalf ihr zu einem entschiedeneren Selbstverständnis.

Ich ersuchte nun Janine, sich wieder auf den Stuhl des typischen Mannes zu setzen. Als sie nichts weiteres äußern wollte, fragte ich sie: »Was hälst du als typischer Mann von Janines Worten?« Sie antwortete: »Wir können nichts dafür. Wenn wir damit zur Welt kommen, können wir nichts dafür.« Das war eine lahme Antwort — aber es war an diesem Punkt der Übung nicht nötig, daß dem Schurken seine besten Repliken zur Verfügung standen. Es war genügend da, um seine Arroganz und Gleichgültigkeit hervorzuheben, die Janines Auffassung vom typischen Mann entsprachen.

Sie kehrte auf ihren eigenen Stuhl zurück und sagte mit einer gewissen säuerlichen Anerkennung: »Warum solltet ihr überhaupt etwas dafür können wollen?« Auf seinem Stuhl antwortete sie: »Wir sollten nichts dafür können wollen. Was habe ich dir überhaupt getan?« In einer realen Begegnung hätte sie dieser Leugnung der Verantwortung durch die Männer vielleicht zugestimmt, wenn ihr diese mit lässiger Géringschätzung das Gefühl gegeben hätten, kein Bein auf den Boden zu kriegen. Aber innerlich hätte sie gekocht. In dieser freien Umgebung, wo sie selbst das Gespräch bestimmte, hatte sie die Kühnheit zu antworten: »So ungefähr alles, was man jemand antun kann.« Wieder war ein redaktioneller Eingriff zur Konkretisierung nötig, deshalb sagte ich: »Nenne Roß und Reiter.« »Mein Vater, der Mann, der mich vergewaltigte, als ich sechzehn war«, fuhr sie fort, »der Armleuchter, den ich geheiratet habe und der mich ständig verprügelte.« Dann sagte sie zu mir, »Ich glaube, darüber will er nicht sprechen«, triumphierend, diese Männer und ihre Vermeidungstechniken an den Pranger gestellt zu haben.

Dieser Dialog war ein bedeutsamer Fortschritt für Janine. Dennoch forderte ich sie auf herauszufinden, ob er nicht doch darüber reden wollte, und sich dann auf den anderen Stuhl zu setzen und zu schauen, was er zu sagen hatte. Er sagte: »Es tut mir wirklich leid. Ich habe keines dieser Dinge getan.« Sie kehrte zu ihrem eigenen Stuhl zurück und blieb bei ihrer Anschuldigung. »Doch, das hast du.« Da ich bemerkt hatte, daß sich ihre Kiefer- und Kinnmuskeln verfestigten, fragte ich sie, ob sie die Empfindungen in ihrem Gesicht spüren könne. Dies war wichtig, da diese Empfindungen ihren Worten ein Gefühl von Realität verleihen würden. Das konnte sie. Ich schlug ihr vor, diese Empfindungen in das einfließen zu lassen, was sie sagen wollte. Als sie sich auf die Empfindungen in ihrem Kinn konzentrierte, kamen die Worte hoch: »Ich möchte dich k.o. schlagen, aber ich habe es satt, wütend zu sein.«

An diesem Punkt wandte Janine ihre Augen von dem typischen Mann ab und sah mich an. Ich verwies sie auf ihn zurück. Als sie sich direkt an ihn wandte, wurde klar, was sie vermieden hatte. Sie begann zu weinen und sagte verzweifelt: »Das hatte ich vermutet. Ich möchte nicht weinen.« Ich erklärte ihr, daß dies dazugehöre und daß sie dennoch weitermachen könne. Aber sie kam nicht weiter. Da sie Unterstützung brauchte, fragte ich sie: »Halten dich deine Tränen davon ab zu sagen, wie wütend du bist? Sprich, obwohl du weinst, obwohl du wütend bist.«

Dies ist ein entscheidender Punkt. Genau in dem Augenblick, in dem sie die Möglichkeit erlebte, ihr tiefstes Inneres zu äußern, stand sie vor dem gefürchteten Widerspruch, einerseits stark zu sein und andererseits zu weinen, was Schwäche bedeutete. Sie mußte herausfinden, daß sie weinen und dennoch ihre Kraft und ihre Glaubwürdigkeit behalten konnte. Tatsächlich würde dies eine feuchte Kraft sein statt der trockenen und mechanischen Kraft, die sie an Männern feststellte. Dann sagte sie: »Keiner von euch wird mir das je wieder antun. Das weiß ich. Ich weiß, wie ich mich zu verhalten habe, um nicht mehr euer Opfer zu sein. Und ich bin so stark wie ihr.« Es stand außer Frage, daß sie jedes Wort ernst meinte und daß sie nicht mehr aus einer unterlegenen Position heraus sprach. Inzwischen empfand auch sie ihre Tränen nicht mehr als Zeichen von Schwäche. Aber nach ihren harten Worten fühlte sie sich traurig. Obwohl sie nicht entfremdet bleiben wollte, fürchtete sie sich, ihre Wut aufzugeben, um nicht wieder verletzbar zu werden. Sobald sie spürte, daß sie sich de facto nicht verletzbar fühlte, konnte sie voll Selbstvertrauen scherzen und lachen. Der typische Mann verschwand.

VII

SPOTLIGHTING

(Der Schriftsteller) muß mit seinen Worten Welten beleuchten, die vielleicht noch nie zuvor beleuchtet wurden.

—Anais Nin

Im Schaugeschäft dient das Spotlight dazu, einen Akteur hervorzuheben, es ermöglicht dem Publikum, ihn oder sie deutlich zu sehen und blendet alle ablenkenden visuellen Eindrücke aus. Das Bewußtsein hat eine ähnliche Fähigkeit, es kann die menschliche Aufmerksamkeit dirigieren und auf einen Punkt konzentrieren. Dieses geistige Beleuchten kann durch viele einfache Mittel erreicht werden. Überschwengliche einleitende Worte rücken z.B. einen Redner ins Licht; ein Spitzname hebt eine persönliche Eigenschaft hervor; ein Titel lenkt das Augenmerk auf die berufliche Position; und schwarze Kleider lassen weiße Haut hervortreten. Gelegenheit zu solcher Betonung bieten verschiedene Mittel: 1) verbale Hervorhebung, 2) Anerkennung, 3) Verhaltensstil, 4) Kontext und 5) Konsequenzen.

Verbale Hervorhebung

Eine junge Frau aß mit einem Mann zu Mittag, der etwas älter und beruflich erfahrener war als sie. Er sagte, er würde für das Essen bezahlen, da er mehr Geld habe. Sie antwortete, er könne bezahlen, wenn er es wolle, »aber nicht, weil ich arm bin«. Was sie durch diese Wortwahl beleuchtete, war ihre Unabhängigkeit *trotz ihrer Armut*. So bewundernswert ihre Selbständigkeit war, so war sie doch keineswegs arm; sie verdiente 35.000 Dollar im Jahr. Vielleicht spielte sie ihre Wohlhabenheit herunter, weil sie nicht damit angeben wollte. Bedauerlicherweise tat sie es auch, weil sie die Gewohnheit hatte, sich als arm zu betrachten. Als ihr dies bewußt wurde, erkannte sie, daß es an der Zeit sei aufzuhören, die Arme zu spielen und sich unter den Erwachsenen als ebenbürtig zu betrachten.

Die hervorhebende Kraft von Worten ist besonders in Romanen offenkundig, in denen Sprache benutzt wird, um Dinge zu beleuchten, die im wirklichen Leben vielleicht nur Bilder aus der Vergangenheit sind. Denken wir an die Darstellung des Helden in E.L. Doctorows *Sterntaucher*. Joe, der sich in seiner Jugend in Kriminalität und Elend suhlte, berichtet über den Höhepunkt seiner damaligen kriminellen Laufbahn, als er die Almosenbüchse ausraubte und den fetten Pfarrer, der ihn erwischte, in die Eier trat. Der Pfarrer windet sich vor Schmerz und geht nach Luft japsend zu Boden. So schildert Joe das Ende dieses Vorfalls:

> Ich ziele richtig, und da ist er kein Priester, wie er jetzt zu Boden geht, seine Augen springen gleich aus den Höhlen, das Gesicht rot und apoplektisch, ich kenne das Gefühl, Pater, aber mein Vater bist du nicht, er ist auf Händen und Knien auf den Steinen, er ringt nach Luft. Du willst dein Geld, schreie ich, da, nimm dein Scheißgeld, und werfe es zurückweichend in den Himmel, renne darunter weg, als es Pennies vom Himmel auf die Steinplatten regnet und scheppert wie ein Chaos, das auf den guten strengen Pater herabkommt. Ich renne durch das Geld, das wie Regen von den schwarzen Himmelsgewölben fällt.

Dieses Spotlight ist genau gezielt — auf ein Geschehnis, das so ungereimt wie frappierend ist. Das Geschehnis ist der Ausgangspunkt, auf den die Aufmerksamkeit des Lesers gelenkt wird, aber was macht Doctorow daraus! Wenn er statt dieser Darstellung einfach gesagt hätte, daß Joe Geld aus der Kirche stahl und es beim Weglaufen verlor, dann wäre eine Menge Farbigkeit veloren gegangen, und Joe und der Pfarrer wären als Charaktere blaß geblieben.

Dieses Herunterspielen, das für den versierten Schriftsteller gar nicht in Frage kommt, ist verbreitet unter Leuten, die sich in Therapie begeben. Ihr Schamgefühl und die Komplexität all dessen, was sie durchmachen, bewirken, daß sie sich unklar über ihre Erlebnisse äußern. Ich erinnere mich an eine Frau in einer Therapiegruppe, die ebenso außergewöhnliche Erfahrungen machte wie Joe, aber es verabscheute, im Rampenlicht zu stehen. Ihre Worte waren normalerweise die langweiligen Worte eines Menschen, dessen Worte nicht zählen. Als sie uns schließlich erzählte, daß sie als Kind ihrem Bruder versehentlich die Finger abgehackt hatte, fingen ihre Worte Feuer. Beim Wort »abgehackt« begann sie zu zittern, und wir wurden augenblicklich hellwach. Sie erzählte uns, wie sehr sie sich schämte, als ihre Mutter mit dem Jungen ins Krankenhaus raste und sie zurückließ. Allein, fühlte sie sich »geächtet« und »bibberte fast aus der Haut« über ihre Tat. Sobald ihre Worte den Lichtstrahl auf ihr Erlebnis gerichtet hatten, war sie imstande, fortzufahren und uns mit ihrer schaurigen Kindheit bekanntzumachen, einschließlich ihrer sonderbaren Mutter, einer Transvestitin.

Wenn Scham und Unbegreiflichkeit die Erfahrungen der meisten Menschen unterdrücken, müssen Schriftsteller und Therapeuten die Worte finden, die Klarheit in die Ereignisse bringen, auf die es ankommt. Jeder hat jemandem wehgetan und sich vor den Folgen gefürchtet; jeder kennt merkwürdige Leute; jeder ist zurückgelassen worden und hat sich verlassen gefühlt. Normalerweise bleiben diese Erlebnisse unbewußt, gekennzeichnet nur durch verschwommene Symbole, aber Annabel riskierte es und sprach die Worte aus, die Licht in die Sache brachten. Wir alle wissen, daß wir unseren eigenen individuellen Umständen entsprechend dasselbe tun könnten.

Anerkennung

Ein Leben im Untergrund, unzulänglich beleuchtet, mag das Schicksal der meisten Menschen sein, trotz des unabweisbaren persönlichen Wunsches nach Anerkennung. Beispiele dieses dringlichen Wunsches sind schon früh zu sehen, im aufmerksamkeitserregenden Verhalten kleiner Kinder und in den institutionalisierten Zeiten des Vorzeigens und Erzählens im Kindergarten und in der ersten Klasse. Durch Vorzeigen und Erzählen präsentieren sich Kinder ihren Mitschülern und Lehrern und zollen einander kritiklose Anerkennung. Dabei haben sie die Gewähr, daß niemand um die Anerkennung kämpfen muß, die außerhalb des Klassenzimmers so heiß begehrt und so selten errungen wird. Die Ereignisse eines Urlaubs, ein Geschenk, das man bekam, eine Entdeckung, die man machte, ein Fest, an dem man teilnahm — alles wird zur Kenntnis genommen. Weniger häufig wird der Gruppe von negativen Dingen berichtet, wie einer Strafpredigt, einem verbotenen Wunsch oder einer Enttäuschung.

Planmäßige Verfahren wie das Vorzeigen und Erzählen wären unnötig, wenn die Betreffenden die volle Aufmerksamkeit der anderen selbst erringen könnten und ihre Erlebnisse zur Kenntnis genommen würden. Offensichtlich stellen sich jedoch viele Menschen nicht in den Vordergrund, und sie entsagen ihrem Gefühl persönlicher Wichtigkeit. Dennoch praktizieren wir auch im Alltag ständig das Vorzeigen und Erzählen. Telefonanrufe, Gespräche beim Mittagessen, Briefe, Geselligkeiten — all dies ist voll von Berichten über persönliche Erlebnisse. Diese Anlässe zählen zu den wichtigsten Bindemitteln der Gemeinschaft, da sie die zwischenmenschlichen Grenzen überbrücken und die Menschen zusammenbringen. So wie zwei Augen dem Sehvermögen Tiefe verleihen, so fügt die Anerkennung durch andere Menschen dem individuellen Leben eine Dimension hinzu.

Das Streben nach Anerkennung ist evident bei Gruppen — Berufsvereinigungen, Wirtschaftsverbänden, Gesellschaftsclubs, selbst bei Familien. Menschen erringen Anerkennung, indem sie Ideen haben, als Sprecher fungieren, in einflußreiche Positionen gewählt oder ernannt werden oder indem sie als Mitglieder zum Gelingen einer Sache beitragen. Diese Verdienste anerkannt zu sehen ist eine allgemein erwünschte Form der persönlichen Würdigung. Ein simples Experiment mit Applaus verdeutlicht die Folgen von Anerkennung. Wenn ich Leute aufgefordert habe, sich einzeln vor einer Gruppe zu erheben, ihren Namen zu sagen und zuzuhören, während die Gruppe eine ganze Minute lang applaudiert, stellten alle erstaunliche Reaktionen bei sich fest. Überraschenderweise können sie es gerade noch ertragen, diese Freude in sich aufsteigen zu lassen. Merkwürdigerweise sind auch die Applaudierenden von diesem Vorgang fasziniert. Der Applaus schlägt beide in seinen Bann, obwohl er künstlicher Art ist, da er ein fundamentales Bedürfnis auslöst — zu bestätigen und bestätigt zu werden.

Um dieses Bedürfnis nach Bestätigung zu befriedigen, feiern wir Menschen Geburtstage, Hochzeiten, Schulabschlüsse, Jahrestage, Beförderungen, Pensionierung und Tod. Diese persönlichen Meilensteine markieren unsere Reise durch die Jahre. Und es gibt noch zahllose andere Anlässe: eine Flasche Champagner für eine Freundin, die eine neue

Wohnung bezieht, ein Toast beim Abendessen, ein brieflicher Dank für ein Geschenk, ein besonderer Besuch bei einem Freund oder ein Gedicht, mit dem man jemand würdigt. Dennoch würden diese mehr oder weniger förmlichen Anlässe zahlreiche Durststrecken dazwischen entstehen lassen, wenn sie die Hauptquellen der Bestätigung wären. Zum Glück gibt es im täglichen Leben eine Fülle von Gelegenheiten, einander zu bestätigen — durch natürliche Wahrnehmungen voneinander, durch Meinungen übereinander, durch die Gefühle, die Menschen im Gespräch äußern, und durch Erfolge bei der Zusammenarbeit. In seinem Buch *Working* hat Studs Terkel die Bestätigung untersucht, die Menschen aus allen Bevölkerungsschichten durch die bewußte Kenntnisnahme und Würdigung ihrer Lebens- und Arbeitsbedingungen zuteil wird. Nachstehend der hellsichtige Kommentar eines der Befragten, eines Bauarbeiters:

> Ein gewisser Stolz ist vorhanden — ganz egal, wie wenig man getan hat. Man fährt die Straße entlang, und man sagt, 'ich habe an dieser Straße gearbeitet'. Wenn es eine Brücke ist, sagt man, 'ich habe an dieser Brücke gearbeitet'. Oder man fährt an einem Gebäude vorbei, und man sagt, 'ich habe an diesem Gebäude gearbeitet'. Vielleicht bedeutet es niemand anderem etwas, aber man selbst empfindet einen gewissen Stolz in dem Bewußtsein, seinen Beitrag geleistet zu haben.
>
> Das Gebäude, das wir errichteten, war ein Klinikbau. Nun, dieser Granit wurde aus Kanada importiert. Er war wirklich teuer. Nun, ich habe die ganzen Granitblöcke dort gesetzt. Man macht das also, ohne daß sie einen Kratzer abkriegen. Es befriedigt einen zu wissen, daß man es gut gemacht hat. Wenn jemand an diesem Gebäude vorübergeht, kann man sagen: 'Das habe ich gemacht.'

In der Position dieses Mannes ist Anerkennung selten. Er kennt seinen eigenen Beitrag, aber andere merken oft nichts davon. Obwohl er auch allein Stolz empfindet, drängt ihn die innere Wärme, anderen von seiner guten Arbeit zu erzählen. Wird Leistung als selbstverständlich angesehen, dann verblaßt sie zu farbloser Normalität. Unter Terkels Mitwirkung erhielten die kleinen Heldentaten jedoch einen wohlverdienten Schuß Anerkennung. Im Laufe jedes Projektes gibt es viele Prüfungen, die den persönlichen Stolz und das Vergnügen oft überschatten; diesmal kamen Selbstverwirklichung und Würdigung jedoch voll zu ihrem Recht.

Auch Schwierigkeiten bedürfen der Anerkennung. Hier ist ein anderer der von Terkel Befragten, ein ehemaliger Polizist, der Feuerwehrmann wurde und der sich über die frustrierenden Realitäten seiner Welt und über seine Wertschätzung der Leute um ihn herum äußert. Er sagt:

> ... Ich begann, die Probleme der Menschen zu begreifen. Zehn Personen in einer Wohnung, da hat man keine andere Wahl, als sich auf die Straße hinauszusetzen und Bier zu trinken. Ich glaube, ich habe dieses Mitgefühl von meinem Vater.
> Mein Vater ist ein großartiger Mann. Ich weiß, was er durchmachte, den ganzen Scheiß und die schweren Zeiten. Ich weiß nicht, wie er es durchgestanden hat. Ich habe wachgelegen, damals, als ich getrunken habe, und habe ihm die ganze Nacht zugehört. Und ich habe geweint. Er hat über den Scheißkrieg geredet, das ganze Geld, das der Krieg verschlingt, und daß es die Söhne der Arbeiter sind, die diese Kriege ausfechten, oder? Und die Leute haben nichts zu essen .... Ich sage dir, wenn ich nicht mein Einkommen hätte .... Diese Jugendlichen, die hier herumhängen, Iren, Italiener, Fünfundzwanzigjährige, Alkoholiker, Säufer. Ein junger Mann ist erfroren. Er war mit meiner jüngeren Schwester befreundet, und jetzt ist er tot.

Die Verzweiflung und die geballte Wut dieses Mannes liegen auf der Hand. Aber er besitzt auch Weisheit, Augenmaß und Mitgefühl, und obwohl die Not der Armen kaum eine Neuigkeit ist, wird er, als er von der seinen erzählt, zum Mittelpunkt seiner geplagten Welt. Für den Augenblick ist er, ob er eine Kontrolle über diese Welt hat oder nicht, die Autorität und ist von der Wahrheit seiner Schilderung durchdrungen. Das mag ein geringer Trost sein, angesichts seiner eigenen Ohnmacht, wenn es darum geht, etwas zu ändern. Aber im kleineren Rahmen seines unmittelbaren persönlichen Lebens und durch sein Verständnis für seine Umgebung rettet er ein gewisses Maß an Würde aus dem Elend.

Trotz der allgemeinen Glorifizierung der Unabhängigkeit erkennen sich die Menschen selbst nicht nur durch einen inneren Maßstab, sondern auch dadurch, wie andere auf sie reagieren. Dieses äußere Ansehen ist in Verruf geraten, weil die meisten Menschen offensichtlich zu großen

Wert darauf legen, wie andere von ihnen denken. Der resultierende Konformismus kann sich an den überraschendsten Orten zeigen; z.B. war ein Freund von mir auf einer großen Versammlung der einzige Anwesende, der eine Krawatte trug. Beim Anblick der Krawatte sagte jemand zu ihm: »Du bist so angepaßt!« Dieses absurde Unvermögen, abweichendes Verhalten zu erkennen, veranschaulicht die Art der Selbsttäuschungen, die die Richtigkeit der eigenen Selbsterkenntnis bedrohen. Nehmen wir an, jemand sagt zu Ihnen: »Ich habe Sie gestern auf der Straße gesehen und versuchte vergeblich, Ihre Aufmerksamkeit zu erregen. Sie sind ein sehr zielstrebiger Mensch!« Was er sah, war eine Angespanntheit um Ihre Augen, ein rasches Ausschreiten, eine Schrägneigung des vorwärtsstrebenden Körpers — und schon bezeichnet er Sie als zielstrebigen Menschen. Sind Sie das wirklich? In Wirklichkeit sind Sie vielleicht in Gedanken verloren gewesen, nicht zielstrebig. Oder Sie waren spät dran für eine Verabredung und fühlten sich gehetzt. Wenn man verkannt wird, dann entstellt es das Bild oder negiert gar die Realität der eigenen Erfahrung. Ist der Kommentar des Beobachters dagegen zutreffend, dann erhöht dies die Gültigkeit des ursprünglichen Erlebnisses und stärkt die Verbindung mit ihm.

Um den Wert richtiger Wahrnehmung zu veranschaulichen: eine Frau beklagte sich in einer auf Video aufgezeichneten Therapiestunde über ihre Mutter, der sie vorwarf, bis zur Lächerlichkeit herrschsüchtig zu sein. Als ich sie aufforderte, dieses Bild von ihrer Mutter zu spielen, tat sie das in einem überaus aggressiven Ton, während ihre Stimme sonst recht gedämpft war. Sie zog zwar die große Energie vor, die sie entfaltete, als sie ihre Mutter darstellte, aber sie fand ihre eigene Stimme sensibler und respektvoller. Als sie sich die Aufzeichnung später ansah, empfand sie ihre Darstellung der Mutter als stark, nicht als lächerlich, und ihre eigene Stimme als die einer »Memme«, nicht der sensiblen Person, die sie sich vorgestellt hatte. Die Bandaufzeichnung scheuchte sie aus ihrer Passivität auf und eröffnete ihr eine neue Perspektive energiegeladener Freiheit.

Einer anderen Frau, einer Freundin, war es geradezu peinlich, mir ihre langen Arbeitstage zu gestehen. Lang waren sie in der Tat, sie begannen um 5 Uhr 30 früh und erstreckten sich bis spät abends mit Vorträgen, Fernsehauftritten, Konferenzen etc. Obwohl es ihr in diesem Augenblick Sorgen zu machen schien, wußte ich, daß sie ihr hektisches Leben liebte, und sie wirkte auch in der Regel rosig und beschwingt. Als ich ihr sagte, daß ich ihre Arbeitseinteilung fabelhaft fände, war sie überrascht, da sie Mißbilligung erwartete. Dann vermochte sie mir zu sagen, als gestehe sie es einem Mitverschwörer, daß sie sich eine sie weniger beanspruchende Aufgabe gar nicht wünschen würde. Abgesehen von ihren vagen Schuldgefühlen, daß sie etwas falsch mache, reue sie kein Augenblick ihrer Arbeit. Meine Worte bestätigten ihre geheime Wahrheit und bereicherten sie.

Diese Geheimhaltung war wichtig für meine Freundin, aber als ich sie bestätigte, brauchte sie sie nicht länger. Obwohl Geheimhaltung nötig, ja schön ist, kann sie, wenn sie chronisch wird, uns einengen wie eine Gefängniszelle. Ein großzügiger Mensch lenkt deshalb die Aufmerksamkeit auf das Verhalten des anderen. Das geschieht, wenn wir Dinge sagen wie, »ich wußte nicht, daß es dir so wichtig ist«, »ich ahnte, daß du das sagen würdest«, »ich zweifle nie an deiner Aufrichtigkeit« oder »ich bin froh, daß du gekommen bist«. Solche gewöhnliche Bemerkungen sind die kleinen Bestätigungen, die sich im Laufe der Jahre summieren. Aus ihnen besteht die Zustimmung und Ablehnung, die entweder unser eigenes Selbstbild verstärken oder uns im Gegenteil zu einem falschen Bewußtsein verleiten.

Die Kunstform der Karikatur ist ein besonderes Mittel der persönlichen Bestätigung. Bestimmte Merkmale werden aus dem Zusammenhang gerissen und in den Mittelpunkt der Aufmerksamkeit gerückt. Das kann eine schmerzhafte Erfahrung sein, da die Hervorhebung einer Eigenschaft die Ganzheit der Person beeinträchtigt. Die Absicht der Karikatur — Verunglimpfung oder Spaß — ist wichtig. Ein mit langen Zähnen ausgestatteter Politiker kann mit Fängen gezeichnet werden und so das gefährliche und anspielungsreiche Bild einer Schlange vermitteln. Andere Karikaturen können eine wohlwollende Anerkennung ausdrükken, selbst wenn die hervorgehobene Eigenschaft nicht besonders wünschenswert ist.

Auch Witze können bestätigend wirken. Wenn man über das unvermeidliche Zuspätkommen von jemandem scherzt, auf die ständigen sexuellen Anspielungen eines Freundes hinweist, die Neigung einer Cousine zur Sentimentalität anspricht oder die Großzügigkeit, den Mut, die Arroganz, die Energie, den Einfallsreichtum oder die Geduld von jemandem übertreibt — all dies hebt bestimmte Dinge hervor, sollte jedoch nicht mit einer vollständigen Charakterisierung der Betreffenden verwechselt werden. Unter Freunden, wo es klar ist, daß die ganze Spannweite des oder der Betreffenden nicht aus den Augen gerät, kann es Spaß machen, eine Eigenschaft hervortreten zu lassen. Natürlich kann Angst vor falscher Darstellung manchen die Freude daran verderben. Aber Vertrauen zur eigenen Ganzheit bzw. Integrität und zu der Tragfähigkeit der Beziehung kann einem ein Gefühl der Sicherheit geben.

Ruhm ist eine andere Ebene der Anerkennung. Schauspieler, Sportler, Politiker, Künstler und Abenteurer stehen im Scheinwerferlicht der Öffentlicheit. Das Bedürfnis nach solcher Beachtung durch die Massen ist so gewaltig, daß es den Ehrgeiz und zahllose Tagträume nährt. Viele Menschen unterziehen sich den härtesten Strapazen, um berühmt zu werden, und erweisen sich dabei als nicht vernünftiger als die Versuchsratte, die sich mit Kokain aufputscht und dabei verhungert. Während der Präsidentschaft von Jimmy Carter zeigte es sich, daß er, obwohl er die Wahl gegen Gerald Ford »gewonnen« hatte und dadurch viel stärker im Scheinwerferlicht stand als Ford, in Wirklichkeit der Verlierer war, was das persönliche Wohlergehen betrifft. Er alterte sichtlich, wurde ständig angegriffen, blamierte sich häufig, und dabei hing das Leben von Millionen Menschen von der Klugheit seiner Entscheidungen ab. Dennoch wollte er für eine zweite Amtszeit kandidieren.

Zum Glück kann Ruhm auch heruntergeschraubt werden. Von einem polnischen Schauspieler heißt es in dem witzigen Film »Sein oder Nichtsein«, daß er »in Polen weltberühmt« sei. Wir alle können weltberühmt im Kreis unserer Freunde oder Familie, in unseren Fabriken und Schulen oder in dem kleinen Ort oder Viertel sein, in dem wir leben. Auf diese Weise genießen wir es, im Mittelpunkt zu stehen, ohne allzuviel zu riskieren. Das Erlebnis, dazuzugehören und sich im Zentrum seiner eigenen persönlichen Welt zu befinden, ist jedem erreichbar. Wenn man sich an uns erinnert, uns einlädt, uns beschreibt, eine Geschichte über uns erzählt — das gibt den meisten von uns ein Gefühl bestätigter Existenz. Eltern fühlen sich berühmt in den Augen ihrer Kinder; Freunde in den Augen derjenigen, die sie schätzen.

Verhaltensstil

In einem kürzlich gedrehten Film, »Author, Author«, hat eine Frau ihren Mann und ihr Kind verlassen, und er ist ihr gefolgt. Sie schreit ihn an; er antwortet mit einer scherzhaften Bemerkung. Sie sagt: »Es ist nicht zum Lachen.« Er sagt: »Du schreist, und ich mache Witze, aber wir fühlen uns beide elend.« Ihr Schreien macht ihr Elend klar, aber sein Scherzen verschleiert das seine. Später, als der Mann seine Frau physisch nach Hause zurückzutragen versucht, sagt sie zu ihm, er habe offenbar nicht bemerkt, was schon lange evident war — daß sie Kinder hat und sie verläßt, daß sie heiratet und ihre Ehemänner verläßt. Ihr Verhaltensstil war ihr klar, aber ihr Mann hatte ihm nicht die nötige Beachtung geschenkt.

Alle Menschen lassen bestimmte Eigenschaften vorherrschen. Wenn diese Eigenschaften zuverlässig erkennbar werden, dann bilden sie den Verhaltensstil eines Menschen. Manche Menschen bemerken z.B. immer, wenn jemand sie verächtlich behandelt, aber es fällt ihnen nicht auf, wenn sie andere so behandeln. Menschen mit einem depressiven Verhaltensstil übersehen die Augenblicke, in denen sie vergnügt sein könnten. Statusbewußte Menschen können sich nicht darüber freuen, wenn Personen von geringem Status sie bewundern, und sie können auch das Bemerkenswerte an diesen Menschen nicht würdigen.

Da ist das Beispiel eines Studenten, der mir nach einjähriger Therapie von seinem Erstaunen erzählte, als eine seiner Prüfungsarbeiten von seiner Professorin große Beachtung erfuhr. Sie las sie der Klasse laut vor und wollte eine Kopie davon machen, die sie behalten konnte. Was für den Studenten ein gewohntes Lob hätte sein sollen, war für ihn vielmehr ein Grund zur Verwunderung.

Dieser junge Mann tat zweierlei Dinge, die eine solche Anerkennung verhinderten. Erstens hatte er bis dahin immer nur zögernd gesprochen und keinen Satz ohne Stockungen herausgebracht. Zweitens hatte er beim Sprechen immer einen fragenden Ausdruck, als bezweifle er, was er eben sagte. Da er durch seinen Verhaltensstil »ausdrückte«, daß er nichts wisse, war es für andere schwieriger zu bemerken, daß dem nicht so war. Sobald er lernte, weniger zögernd und fragend zu sprechen, war er zumindest imstande, die Anerkennung zu erlangen, die er schon viel früher verdient hätte. Eine solche Anerkennung bedeutete mehr für ihn als eine Fahrkarte für einen Ego-Trip. Es war ein Mittel, um die Wahrheit über sich selbst herauszufinden. Die Eltern dieses jungen Mannes hatten nur das Negative an ihm bemerkt — das war ihr Verhaltensstil. Er wußte, daß er besser war als ihre Einschätzung, doch lange Zeit konnte er ihr Bild von ihm nicht überwinden.

Kontext

Wie sehr sich unsere Aufmerksamkeit erhöht, hängt weitgehend von dem Kontext ab, in dem es geschieht. Nehmen wir z.B. an, Sie lesen in der Zeitung, daß John Smith seinen ersten Alleinflug machte. Das wird Sie, für sich genommen, kaum vom Hocker reißen. Wenn es in der Meldung dagegen heißt, daß John Smith der erste doppelseitig Gelähmte ist, der einen Alleinflug macht, dann wird ihr Interesse ansteigen. Falls Sie selbst doppelseitig gelähmt sind, wird sich der Nachrichtenwert weiter erhöhen.

Komplexer als dieses Beispiel ist das folgende, in dem Gail Godwin das verlorene Bruchstück eines Zahns in den Mittelpunkt rückt. In ihrem Roman *A Mother and Two Daughters* schreibt Godwin: »Nichts vermag uns wie ein verlorener Zahn oder auch nur ein Stück desselben daran zu erinnern, daß der Zahn der Zeit am kostbaren Gebäude unseres Selbst nagt. Sie [Cate] fragte sich, ob Taggert McCord [die Selbstmord begangen hatte] mit einem tadellosen Gebiß gestorben war. Oder hatte sie Brücken oder gar klaffende Lücken, von denen jede einen weiteren Schwund des Vertrauens zu sich selbst signalisierte?« Der abgebrochene Zahn, für sich genommen eine Bagatelle, spielt eine Schlüsselrolle, wenn man ihn in den Kontext von Selbstachtung, Altern und Selbstmord stellt. Durch diese Zusammenhänge verdient das Abbrechen eines Zahns, ins Scheinwerferlicht gerückt zu werden.

Psychotherapeuten rufen sehr häufig Zusammenhänge in Erinnerung. Eine Frau, Ginny, erzählt von einem Autounfall, den sie an einem Regentag erlitt, und bemerkt eine Woche später, daß sie davon noch ganz durcheinander sei. Sie spricht mit schwacher Stimme, vergießt Tränen und ist sich nicht klar darüber, warum die Wirkung dieses geringfügigen Unfalls anhält. Aber als sich Ginny den Vorfall deutlicher vergegenwärtigt, stellt sich heraus, daß er sie an einen anderen erinnert, der vor vielen

Jahren stattfand. Ginny, eine Sozialarbeiterin, fuhr damals einen dreizehnjährigen Jungen — ebenfalls an einem Regentag — zur Wohnung seiner Eltern. Sie übersah ein Stopschild, das von irgend etwas verdeckt war. Ein Lastwagen rammte ihr Auto, und der Junge wurde getötet. Das Erlebnis des früheren Unfalls machte die psychologischen Hintergründe von Ginnys gegenwärtiger Verstörung begreiflich. Sie hatte sich nie mit der Tatsache abgefunden, daß der Zusammenstoß unglücklichen Umständen zuzuschreiben war. Dank der periodisch wiederkehrenden Vorwürfe ihrer Eltern, hatte sie sich selbst immer als »Klotz« betrachtet. Die zwei Unfälle zementierten dieses Selbstbild.

Eine andere Klientin, Alice, klagte bei ihrer Therapeutin über einen verspannten Hals. Dieser machte ihr häufig zu schaffen. Man könnte meinen, diese Information bedeute nicht viel, abgesehen vom Mitgefühl für die Beschwerden eines anderen. Doch die hellhörige Psychotherapeutin ging dieser Beschwerde nach, da sie an die Fruchtbarkeit des Gewöhnlichen glaubte. Alice wuchs als Kind von Armeeangehörigen auf und wurde streng erzogen. Anständig zu sitzen, d. h. steif, geradeaus zu schauen und keine Fragen zu stellen waren zentrale Grundsätze ihrer Erziehung. Als sie von der Therapeutin aufgefordert wurde, ihren Kopf kreisen zu lassen, um herauszufinden, wie sich diese Bewegung auf sie auswirken würde, geschah etwas Überraschendes. Sie blickte zur Decke und fragte ohne nachzudenken, ob die Balken echt oder nachgemacht seien. Normalerweise wäre dies eine kecke Bemerkung für sie gewesen und die Beobachtung als solche unwahrscheinlich, wenn sie nur ihren Hals nicht bewegt hätte. Statt ihre Bemerkung zurückzuziehen oder abzuschwächen, begann sie jedoch zu lachen und freute sich sichtlich, daß sie sich diese Dreistigkeit herausgenommen hatte. Ihr verspannter Hals, den die Therapeutin in den Mittelpunkt gerückt hatte, hatte sich durch die Bewegung gelockert und war paradoxerweise verschwunden.

Im täglichen Leben ist es schwierig, den Kontext zu klären, der Licht auf die Geschehnisse werfen könnte. Ein solcher Versuch könnte zu persönlich sein oder zu lange dauern. Man fordert normalerweise nicht Leute auf, ihren Hals zu drehen, damit sie merken, wie das ist. Es gibt jedoch leichter erkennbare Aspekte des Kontexts, auf die man unaufdringlich reagieren kann. Ein Mann ruft mich an und teilt mir mit, daß er sich als Kinderarzt niederlassen will. Für sich genommen wäre das nicht besonders bemerkenswert. Aber dieser Mann, mein Freund, ist seit

20 Jahren nicht mehr in der medizinischen Praxis tätig gewesen, und eine solche Entscheidung wird sein Leben von Grund auf verändern. Vor diesem Kontext kann ich enthusiastisch reagieren, als er über seine neuen Aussichten spricht.

Oder nehmen wir an, ich rufe eine Freundin an und frage sie, was sie macht. Sie bügelt das Hemd ihres Sohnes, scheinbar eine gewöhnliche Handlung. Ich weiß jedoch, daß ihr Sohn nur einen Arm hat, und so sorgfältig sie sein Hemd auch bügeln mag, manche der Jugendlichen in der Nachbarschaft werden ihn als »anders« empfinden und Abstand zu ihm halten. Obwohl mir ihr Optimismus und ihre Liebe bewußt ist, bin ich auch traurig, und ihre in einem anderen Fall alltäglichen Worte berühren mich schmerzlich, als ich sie vernehme.

Konsequenzen

Der Absturz eines Düsenflugzeugs findet sofort im ganzen Land Beachtung. Obwohl die meisten Ereignisse keine solchen offenkundigen und weitreichenden Konsequenzen haben, tragen sie alle zur Zukunft bei. Je erkennbarer dieser Beitrag ist und je wichtiger die Konsequenzen sind, desto mehr Beachtung findet das betreffende Ereignis.

Da ein Großteil der Geschehnisse seine Folgen nicht ankündigt, müssen sowohl der Therapeut als auch der Schriftsteller die Ereignisse mit Tragweite ausstatten. Manche Konsequenzen erkennt man überwiegend erst im Rückblick. Lincolns Holzhacken gewann z.B. erst viel später Beachtung, da es sein Renommee als volksnaher Präsident steigerte. Aber was ist mit dem Durchschnittsbürger? Obwohl Folgeerscheinungen ein natürlicher Bestandteil des Lebens sind, neigt jedes Individuum dazu, vieles zu übersehen, was sich als wertvoll erweisen könnte. Nehmen wir z.B. an, jemand beginnt an einem menschenleeren Strand zu singen. Vielleicht fallen ihm auf seinem Spaziergang hübsche neue Melodien ein. Aber sobald er nach Hause oder an die Arbeit zurückkehrt, gerät dieser Augenblick musikalischer Inspiration in Vergessenheit. Er erscheint als ein isoliertes Ereignis ohne Zukunft. Ein Autor würde eine solche Inkonsequenz nicht zulassen. Er möchte gerade solche Vorfälle notieren und einen Platz für sie in der Zukunft seiner Romanfiguren finden. Aus seiner Sicht kann dieser inspirierte Augenblick seine Figur zu einer entscheidenden Wahl neuer Freunde führen oder ihn über die Routine verzweifeln lassen, in der er sich befindet, oder der Romanheld beschließt, Lieder zu komponieren und sie niederzuschreiben.

Eines der Hauptanliegen des Therapeuten ist es zu erreichen, daß das, was in den Therapiestunden geschieht, auch das Leben draußen verändert. Viele Patienten sehen diese Zusammenhänge nicht ohne weiteres. Eine Frau konnte sich mit ihrem Mann nicht einigen, sooft sie unterschiedlicher Meinung war, was ständig der Fall war. Sie widersprach auch mir; jede kleine Meinungsverschiedenheit löste Feindseligkeit aus. In ihrer ganzen Kindheit und Jugend war man über ihre Meinungen hinweggegangen, aber als Erwachsene war sie finster entschlossen, sich das nicht mehr gefallen zu lassen. Ihre Auseinandersetzungen mit Männern wie auch mit ihrem Mann versetzten sie in große Erregung, da sie sich stets mißverstanden und herabgewürdigt fühlte. Allmählich erholte sie sich jedoch von ihren Rangeleien mit mir und konnte darüber lachen, immer ihren Kopf durchsetzen zu wollen. Sie sah jedoch keinen Zusammenhang zwischen diesem Lachen und ihren Querelen mit ihrem Mann. Als ich hervorhob, daß die erfreuliche Basis, die sie mir gegenüber gefunden habe, eine gute Übung für das Zusammenleben mit ihrem Mann sei, widersprach sie mir natürlich, lachte dabei aber, als sie merkte, daß sie es wieder tat. Ihr Lachen war jedoch ein Anzeichen, daß sie, wenn sie mir gegenüber Lösungen zuließ, dies auch ihrem Mann gegenüber versuchen konnte.

Konsequenzen sind natürlich nicht immer positiv. Wenn z.B. die düsteren Aspekte der Kündigung eines Arbeitsplatzes hervorgehoben werden, kann der oder die Betreffende in einen Zustand der Apathie versinken. Aber gefürchtete Konsequenzen sind zum Glück nicht so genau vorherbestimmt, wie sich viele vorstellen, und man kann das Spektrum möglicher Konsequenzen erweitern, um das Gefühl niederdrückender Unabwendbarkeit aufzuhellen. Man wird erkennen, daß manche Dinge von größerer Unvermeidbarkeit sind als andere.

Exzesse in Spotlighting

Obwohl Spotlights das Leben aufhellen, ist es andererseits schwierig, natürlich zu leben, wenn die Scheinwerfer immer an sind. Die Erfordernisse dieser besonderen Beachtung mit dem Bedürfnis nach einer Privatsphäre zu vereinbaren ist eine ständige Herausforderung für all jene, die im Licht der Öffentlichkeit stehen. In einem Fernsehinterview beschrieb Laurence Olivier dieses paradoxe Dilemma, als er über den Schauspieler sprach, der eine Rezension seiner Darstellung liest. Lord Olivier bemerkte, daß sich der Schauspieler davor hüten müsse, die Wirkung der Kritik zu verstärken und später in seinem Spiel Befangenheit oder Aufgeblasenheit zu verraten. Gleichzeitig wäre es ein Verlust, aus der Rezension keinen Nutzen zu ziehen. Der Rezensent gibt dem Schauspieler unschätzbare Informationen, ja er inspiriert ihn, an seiner Darstellung weiterzufeilen. Wenn der Schauspieler der Versuchung widersteht zu übertreiben, was gelobt wurde — oder sich durch Kritik einschüchtern zu lassen — dann könne er eine Rolle neu kreieren und die Nuancen in späteren Aufführungen auskosten.

Dieselben Komplikationen in kleinerem Maßstab — nehmen wir an, ein Mann läuft jedes Mal zum Auto seines Freundes hinaus, sooft ihn dieser abholt, um mit ihm Squash zu spielen. Eines Tages sagt ihm der Freund, daß ihm die kindliche Art gefalle, wie er zum Auto hinauslaufe. Unser Mann freute sich zwar im Augenblick, war aber noch Wochen danach befangen, daß er seine Begeisterung so »zur Schau stelle«, und hörte auf, zum Auto zu laufen. Als er es schließlich wieder tat, fühlte er sich dabei natürlich, aber mit einer neuen Dimension. Ein Vergnügen, das er ursprünglich nicht zur Kenntnis genommen hatte, war zum Bestandteil einer harmlosen Handlung geworden.

Im Licht der öffentlichen Aufmerksamkeit zu stehen kann auch die Ganzheit der eigenen Realität deformieren. Manche Menschen erliegen den Verlockungen einer überhöhten Existenz so sehr, daß sie die Verbindung zwischen Gipfelerlebnissen und den gewöhnlichen Augenblicken des Lebens verlieren. Der Kriegsheld z.B. darf trotz aller Glorifizierung nicht vergessen, wie es ist, einen frischen Maiskolben zu essen, sich durch das Studium zu quälen, eine Verabredung einzuhalten und seine Zähne zu putzen. Dasselbe gilt für jemand, der von der Schule geflogen ist und seine Schande überwinden muß. Wir müssen uns über die Neigung erheben, so zu leben, als seien die Dinge, die allgemeine Beachtung finden, die einzigen, die es gibt.

Speziell Psychotherapeuten müssen wegen der sehr hohen Konzentration ihrer Arbeit diese Neigung in Rechnung stellen. Therapeuten glauben häufig ihre Patienten zu kennen, während sie in Wirklichkeit nur einen schmalen, wenn auch sehr wichtigen Ausschnitt aus deren Leben überblicken. Ich war oft überrascht, große Unterschiede bei Patienten festzustellen, die sich aus einer Einzel- in eine Gruppentherapie begeben. Überraschend ist auch, wie anders sie sind, wenn ich sie aus dem einen oder anderen Grund außerhalb meiner Praxis sehe. Ein Klient in Therapie, dem seine lebenslange Akne zu schaffen macht, kann durchaus ein bewährter Handwerker sein, dem sich andere anvertrauen; ein schüchterner Mensch in der therapeutischen Praxis kann ein fabelhafter Tänzer sein; ein mitteilsamer Klient ist vielleicht bei Konferenzen schweigsam.

Das Ergebnis einer solchen punktuellen Beleuchtung kann ein starres Bild sein. Wenn dies geschieht, haben wir es mit einem rigiden Selbstverständnis und einer aus Wiederholungen bestehenden Existenz zu tun. Um eine Gültigkeit zu erzielen, die über einen einzelnen Moment oder ein einzelnes persönliches Merkmal *hinausgeht*, muß das Spotlight — das nur den Punkt erhellt, auf den es gerichtet ist, — seinen Standort verändern, um neue Muster entstehen zu lassen, wie ein Kaleidoskop. Wenn es nicht frei beweglich ist, verfallen die Betroffenen dem Irrtum, nur einen selektiven Teil der Wahrheit zu glauben. Diese partielle Wahrheit ist oft schädlich, wie die chronischen Überzeugungen von Menschen in psychischen Schwierigkeiten zeigen. Sie müssen herausfinden, daß sie mehr sind als »widerwärtig«, daß der Tod nicht notwendigerweise gleich um die nächste Ecke lauert oder daß ihre Ehe der Belastung einer Meinungsverschiedenheit über die Disziplinierung der Kinder gewachsen ist.

VIII

FASZINATION

> Doch an guten Tagen strahlte Koestler eine seltene Leidenschaft für das Leben aus, eine großartige Heiterkeit angesichts des Unbekannten. Er schien Nietzsches Erkenntnis zu verkörpern, daß es bei Männern und Frauen eine Motivation gibt, die noch stärker ist selbst als Liebe oder Haß oder Furcht. Es ist die des *Interesses* — an Wissen, an einem Problem, an einem Steckenpferd, an der morgigen Zeitung. Koestler war außerordentlich interessiert.
>
> —George Steiner

Ein Patient, der meine Praxis in dem Augenblick betrat, als ein anderer sie verließ, fragte mich: »Wann ruhst du dich aus?« Ich antwortete, ich ruhte mich aus, während ich mit *ihm* arbeitete. Er lachte über die schlagfertige Antwort, aber sie enthielt mehr Wahrheit als Witz. Da ich von ihm fasziniert war, empfand ich die Arbeit als leicht und erholsam, so wie sich eine Autobatterie auflädt, während der Motor läuft.

Das bedeutet nicht, daß ich da war, um mich zu unterhalten, und die Probleme vernachlässigte, zu deren Lösung er gekommen war. Mit abwartender Konzentration auf alles, was er zu mir sagte, funktionierte mein Verstand mühelos — ohne viel technische Vermittlung — spontan auf die therapeutischen Anliegen eingestellt, mit denen er zu mir kam. Viele andere Menschen gestatten mir nicht, so leicht fasziniert zu sein. Sie verbergen das, was interessant wäre. Es ist ein Bestandteil der Kunst des Therapeuten, Dinge trotz der Verschleierungstaktik des Patienten zu erkennen.

Faszination erleichtert nicht nur Beziehungen und lädt uns mit Energie auf, sie leistet noch mehr. Sie ist ein Schlüssel zur Produktivität. Sie ist nötig für Spitzenleistungen auf jedem Gebiet, sei es Klempnerei oder die Leitung eines Familienbetriebs. Sie bündelt die Aufmerksamkeit. Sie regt zu Einfallsreichtum an. Sie erkennt Fakten. Sie organisiert Taktiken. Sie wirft emotionalen Lohn ab; sie ist faktisch ihr eigener Lohn. Sie verbindet Erlebnisse. Sie verknüpft die Erfahrung eines Augenblicks mit der nächsten, wie ein Vogel einen Ton nach dem anderen singt, wie ein Tier Schritt um Schritt läuft oder wie ein Säugling arglos von einer Beobachtung zur anderen übergeht. Faszination inspiriert uns zu fabelhaften Lernleistungen, unermüdlicher Arbeit, sagenhaftem Sex, anmutiger Bewegung, wissenschaftlichen Entdeckungen und neuen Gedankengängen.

Trotz dieser Vorzüge ist ein ständiger Kampf zwischen menschlicher Faszination und jenen kulturellen Prioritäten im Gange, die die Faszination bestenfalls in eine »vorteilhafte« Richtung lenken und sie schlimmstenfalls auslöschen. Mit den Ergebnissen dieser abstumpfenden Komplikationen sind der Therapeut und der Schriftsteller täglich konfrontiert, wenn sie aus den Pendelschlägen zwischen Unterdrückung und Flucht Material beziehen. Bei vielen Menschen dominiert schließlich eine flaue Grundstimmung, während uns andere vielleicht nur streckenweise faszinieren. Die letzteren erweisen sich, obwohl oft interessant, als durchaus nicht bereit, dem Therapeuten entgegenzukommen, wo das Interesse nach wichtigen gemiedenen Erinnerungen, Gefühlen, Worten oder Absichten verlangen würde. Es kann also sein, daß ansonsten fesselnde Menschen in besonders heiklen Bereichen undurchsichtig werden.

Wo die Faszination durch das langweilige Verhalten des Patienten blockiert ist oder wo das Interesse in eine falsche Richtung gelenkt wird, ist es Aufgabe des Therapeuten, neues Interesse zu wecken. Gegen die »Schutzfarbe« des Patienten angehend, findet der Therapeut Ansatzpunkte, indem er übersehenen Qualitäten des Patienten besondere Beachtung schenkt. Das eigentlich Überraschende ist, daß entsprechend sensible und ein klares Ziel verfolgende Konzentration oft ein Gefühl von *Trance* auslöst. Diese tranceerzeugende Aufmerksamkeit befreit den Patienten mehr oder weniger von seinen gewöhnlichen Barrieren und verschafft dem Therapeuten tranceartigen *Zugang* zu den geheimen Bezirken der Seele des Patienten. Unter dem Einfluß dieser Aufgeschlossenheit, die im nächsten Kapitel eingehender beschrieben wird, werden die vom Patienten ausgesendeten Signale zu Fingerzeigen, die es ermöglichen, die auf Schritt und Tritt vorhandenen und übersehenen Episoden aufzuspüren.

Man stelle sich einen Patienten vor, der stocksteif dasitzt und dem flüchtigen Beobachter uninteressant erscheint — oder gar sich selbst. Der therapeutische Connaisseur erkennt vielleicht unter anderen Möglichkeiten, daß die starre Muskulatur ein Anzeichen großer körperlicher

Kraft oder Ausdauer ist. Der Betreffende wirkt stark genug, um den Schreibtisch des Therapeuten zum Fenster hinauszuwerfen, oder ausdauernd genug, um jahrelange Ächtung durchzustehen. Ein anderer Patient spricht in nüchternem Ton nur über Bagatellen, die ihm selbst gleichgültig sind. Die Aufmerksamkeit des Therapeuten kann ihn zu Berichten über Enttäuschungen oder schlechte Behandlung ermutigen. Bei wieder einem anderen Patienten bemerkt der Therapeut vielleicht eine Gedunsenheit des Gesichts, und er findet einen Weg, um eine freiere Blutzirkulation zu ermöglichen, oder er sieht Hüften, die an Beine angeschweißt erscheinen, und er kann Anregungen geben, was diese Beine tun könnten. Er nimmt ein geiziges Verhalten wahr und kann Vermutungen anstellen, wofür sich der oder die Betreffende aufspart; er erblickt eine schlaffe Unterlippe und stellt sich Gefühle von Idiotie vor; er hört hochgestochene Sprache und fordert zu Vulgarität heraus.

Dave, ein junger Ingenieur, war einer derjenigen, die interessanter sind, als sie selbst wissen. Er hatte sich schon vor langer Zeit als interessante Person aufgegeben, aber der endgültige Schlag kam, als seine Frau nicht länger mit ihm verheiratet sein wollte. Als er mich aufsuchte, war er seit sechs Monaten von ihr getrennt und lebte bereits mit einer anderen Frau zusammen. Doch er empfand ein allgemeines Unbehagen und konnte seine frühere Frau nicht vergessen. Die ständige Erinnerung an sie verdarb ihm alles, was er tat.

In Daves Kindheit waren seine Eltern viel gereist und hatten ihn bei Haushälterinnen zurückgelassen. Seine Eltern waren außergewöhnlich egozentrisch und ignorierten ihn in pathologischer Weise. Das tun sie immer noch. Er war sich jedoch nicht bewußt, daß sie egozentrisch seien. Er dachte einfach, er sei uninteressant. Diese Schlußfolgerung war so tief in ihn eingebrannt, daß er sich nicht erinnern konnte, je etwas getan zu haben, was andere interessieren könnte. Es war leicht für mich, das anders zu sehen. Eines Tages, als er über seine Arbeit als Ingenieur sprach, vermochte er einzuräumen, daß er selbst seine Arbeit sehr interessant — ja faszinierend — finde. Er glaubte jedoch, dies sei nur sein persönliches Interesse, nicht interessant genug für andere, um ihnen davon zu erzählen. Auf meine Frage, wofür sich andere normalerweise interessieren würden, antwortete er, »Freizeit«. Nicht überraschenderweise erschienen ihm auch seine eigenen Freizeitbeschäftigungen nicht erzählenswert, und er behielt daher auch diese für sich. Er ist Sporttaucher, eine Betätigung, die doch selbst für meine Landrattenmentalität ein romantisches Flair hat. Das folgende Gespräch schloß sich an:

DAVE: Meistens gehe ich mit einem Partner, Oscar, tauchen; er arbeitet im gleichen Stockwerk wie ich. Und wir tauchen vor allem entlang der Küste hier. Wir holen uns gern Abalones, wenn es die Saison ist, und Hummer; diese Saison ist eben zu Ende. Das macht wirklich Spaß. Man beschafft sich ein herrliches Essen und hat gleichzeitig Spaß beim Tauchen. Ich finde es toll, irgendwo runterzutauchen, ohne ein bestimmtes Ziel zu haben.

Man beachte die vielen interessanten Andeutungen, die normalerweise unbeachtet vorüberrauschen würden. Zunächst begann er mit einer Anspielung auf Intimität und eine besondere Beziehung zu Oscar. Dann erwies er seine Sachkenntnis in einem Bereich, über den wenige Bescheid wissen. Er verwendete lustbetonte Worte: »das macht wirklich Spaß«, »Spaß«, »ich finde es toll«. Er erwähnte auch seine Freiheit von Zwecken und ließ sogar eine Spur von Abenteuerlust erkennen. Er erzählte mir dies gern, und ich hörte es gern. Aber er verstand es nicht, die Einzelheiten auszukosten; es glitt alles an ihm ab. Ich hatte nicht die Absicht, das weiterhin zuzulassen. Geleitet von dem Sinn für Details, der ihm fehlte, folgte ich meiner Wißbegier weiter:

ERV: Fängst du Hummer mit der Hand, einem Netz oder womit?

Da ich wenig über Sporttauchen wußte, wollte ich tatsächlich eine Antwort. Er spürte mein Interesse, es ermunterte ihn, ins Detail zu gehen und die abstrakten Ansichten darüber, was erzählenswert oder nicht, hinter sich zu lassen. Daß mich die Einzelheiten so offensichtlich faszinierten, beflügelte ihn; jetzt, da er anfing, mein Interesse, ja meine Bewunderung zu erregen, wurden seine Worte farbiger:

DAVE: Ja, mit der Hand. Man muß sie mit der Hand fangen. Wir tauchen noch nicht sehr lang; in diesem Winter versuchten wir zum ersten Mal, Hummer zu fangen. Anfangs versuchten wir es tagsüber, was sehr schwierig ist, weil sie sich unter den Felsen verstecken und sofort in ihr Versteck laufen, sobald man das Wasser aufwirbelt. Deshalb ist es sehr schwierig, sie zu erwischen. Aber wenn man in der Nacht geht, kriechen sie alle herum, und wenn man sie mit einer Taschenlampe anleuchtet, erstarren sie. Und sie bewegen sich viel langsamer als tagsüber. Wir probierten es nachts aus, und das war toll.

Es ist jetzt mehr *Action* vorhanden, und er findet anschauliche Worte für das Verhalten der Hummer und seinen Kampf mit ihnen. Dunkelheit, Taschenlampen, Davonlaufen, Verstecken, Schwierigkeit, Kriechen, Erstarren, all dies trägt zur Dramatisierung der Vorgänge bei. Seine Kenntnisse und seine Arglosigkeit treten ebenfalls wieder zutage und bilden einen interessanten Kontrast zueinander.

ERV: Müßt ihr tief tauchen, um sie zu erwischen?
DAVE: Ja. Wir kriegen sie meist, es ist verschieden, am ehesten in einer Tiefe von knapp 20 Metern. Das Tauchen in der Nacht ist ein tolles Erlebnis. Es ist viel Phosphoreszenz vorhanden, die Luftblasen sehen alle grün aus.

Ich spürte, wie seine Erregung anstieg; selbst er bezeichnete es als ein tolles Erlebnis. Nicht, daß er das nie zuvor empfunden hätte, aber jetzt war es nicht mehr nötig, es zu vertuschen. In seinem Bericht tat er nicht nur interessante Dinge, sondern bekannte sich auch dazu, was die Eindrücke nachhaltiger macht.

ERV: Kann man nachts unter Wasser sehen?

Ich war überrascht, daß man das konnte. Ich war naiv, und er konnte mir etwas beibringen. Die Rollenumkehrung war ebenfalls wichtig, da er seinen Beitrag zu meinem Wissen akzeptieren konnte.

DAVE: Es kommt darauf an, wie hell es ist. Mit einer Lampe kann man sehen. In einer sehr mondhellen Nacht sieht man ziemlich gut ohne Lampe. Es ist überraschend. Nachts gibt es mehr und andere Dinge zu sehen als tagsüber. Es ist ein tolles Erlebnis.

Dave war immer noch bereit, mir trotz meiner Naivität etwas beizubringen. Und er bestätigte weiterhin die Faszination, die von einem tollen Erlebnis ausgeht.

ERV: Welche Tiere fangt ihr noch außer Hummer?
(Mach weiter, Dave!)

DAVE: Ich weiß ihre Namen nicht. Es gibt verschiedene Seebarsche, Klippenbarsch, manchmal Steinbutt oder Heilbutt.

ERV: Die fangt ihr auch!

DAVE: Wir haben einen Speer. Ich persönlich mag das nicht besonders. Ich habe weniger Gewissensbisse, wenn ich wirbellose Tiere töte, als bei den Wirbeltieren. Die Fische schwimmen herum. Ich könnte das für eine Mahlzeit tun, ja, wir fangen einige von diesen. O ja, wir photografieren auch. Unterwasserphotografie, das kann wirklich Spaß machen. Besonders, wenn man wirklich nah rangeht, kleine Seeanemonen und dergleichen, die sind wunderschön, wenn man Abzüge davon macht. Das geht so unter, daß man es mit freiem Auge gar nicht sehen könnte.

Dave traf eine interessante Unterscheidung in seinen Gefühlen gegenüber wirbellosen Tieren und Wirbeltieren und fügte dann eine Draufgabe hinzu, als er das Photografieren erwähnte. Neue Dinge wurden eingeführt. Es war wichtig, daß er wußte, was er tat, als er mir all diese Erlebnisse erzählte; sonst hätte seine Gewohnheit, alles zu bagatellisieren, die Wirkung vermindern können. Oft kann der Therapeut ein Erlebnis als solches dazu benutzen, um Samen für die Zukunft zu säen, ohne daß ein Kommentar nötig wäre. Es fällt uns allen leicht, über unsere Erlebnisse hinwegzugehen, ohne ihre günstigen Implikationen zur Kenntnis zu nehmen. Für Menschen wie Dave, die verletzbarer sind als die meisten, sind Kommentare anderer über ein Erlebnis oft hilfreich. Deshalb sagte ich ihm später, welchen Eindruck er auf mich gemacht hatte. Seine Reaktion läßt erkennen, daß er die Botschaft aufgenommen hat und sie auf sich wirken lassen wird:

ERV: Du wirkst sehr frisch und lebendig auf mich, und ich lerne dich jetzt besser kennen als zuvor. Ich bin froh, dich auch auf diese Weise kennenzulernen, neben allem, was ich bisher über dich wußte — nicht nur abstrakte Begriffe über dich, sondern auch dich in

Fleisch und Blut. Ich sehe dich im Wasser vor mir, ich sehe dich in deinem Taucheranzug und mit deinem Sauerstofftank, und ich sehe dich, wie du einen Hummer packst. Ich sehe dich mit deinem Freund, und ich sehe dich mit einer Taschenlampe. Ich kann mir deine Bewegungen und dein Energie vorstellen. Ich habe jetzt einen vollständigeren Begriff von deiner Wirklichkeit, und ich denke, daß es wichtig für dich wäre, deine Wirklichkeit jenseits all der abstrakten Begriffe zu erleben, mit denen du dich beschreibst. Du bist dies, du bist das, du bist ein Mann, du bist ein Ingenieur, du bist ein Sohn — all dies sind Bezeichnungen, aber die reichen nicht aus, um mir deine Substanz zu vermitteln. Du glaubst, es sei nicht sehr viel, und du neigst dazu, deine Wirklichkeit nicht zu beachten.

DAVE: Ja. Ich merke, wenn du das sagst, daß ich mich tatsächlich so fühle, z.B. in bezug auf das, was ich dir über mich erzählen sollte. Doch wenn ich jemand anderen reden höre, dann möchte ich das auch erfahren. Genau wie du sagtest, um das alles konkreter zu machen.

Diese Sitzung hatte ein bemerkenswertes Nachspiel. Obwohl nichts in dieser Sitzung auch nur entfernt mit seiner Ex-Frau und seinen Obsessionen in bezug auf sie zusammenzuhängen schien, sprach Dave nie wieder mit mir über sie. Als ich ihn nach einer Reihe von Begegnungen fragte, warum ich nichts mehr über sie hörte, antwortete er, daß sie ihn einfach nicht mehr beschäftige. Es gab keinen Tusch, und keine Fanfaren ertönten, dennoch glaube ich, daß diese Therapiestunde Dave seine Interessantheit genügend bewußtmachte, so daß die Ablehnung seiner Ex-Frau belanglos für ihn wurde. Ab diesem Punkt fühlte er sich in subtiler Weise frei, sich näher auf die Menschen einzulassen, die ihn umgaben, insbesondere auf die Frau, mit der er zusammenlebte und seine Kollegen bei der Arbeit, von der er viel Aufregendes und Erfolge berichtete. Man könnte durchaus vermuten, daß in einer Weise interessant zu werden, die die eigene empfundene Unzulänglichkeit mildert, selbst eine heilende Kraft darstellt.

Jay Haley berichtet ein weiteres Beispiel, das die Bedeutung veranschaulicht, die Milton Erickson, einer der weisesten Psychotherapeuten unseres Zeitalters, dem Interesse zuschrieb. Erickson wurde von einem jungen Mann interviewt, dem er die Behandlung einer Frau mit einem Waschzwang erklärte. Er sagte: »Ich ging nicht auf die Ursache und die Entstehung ein; die einzige eindringliche Frage, die ich ihr stellte, war, wenn Sie sich unter die Dusche stellen, um sich stundenlang zu schrubben, sagen Sie mir, fangen Sie dann beim Kopf, bei den Fußsohlen oder in der Mitte an: waschen Sie sich vom Hals abwärts oder beginnen Sie mit den Füßen und arbeiten Sie sich allmählich hoch? Oder beginnen Sie mit dem Kopf und arbeiten Sie sich hinunter?«

INTERVIEWER: Warum haben Sie sie das gefragt?
ERICKSON: Damit sie wußte, daß ich wirklich interessiert war.
INTERVIEWER: Um sie kooperativ zu machen?
ERICKSON: Nein, damit sie wußte, daß ich *wirklich interessiert* war.

Die verzögerte Reaktion des Interviewers auf Ericksons Akzentsetzung schien ein Versuch zu sein, in Ericksons Worte etwas Wichtigeres hineinzulegen, als die Worte, *wirklich interessiert*. Aber Erickson ließ sich nicht von diesen sehr simplen und doch entscheidend wichtigen Worten abbringen. Er glaubte, sie werde nicht erkennen, daß sie interessant für ihn war. Wahrscheinlich interessierten sich wenige Menschen dafür. Aber ihr Waschzwang war zweifellos ein bemerkenswertes Phänomen, obwohl sie es ganz mechanisch tat und seine Besonderheit herunterspielte.

Ericksons Patientin hatte dasselbe Talent wie viele andere, Interesse von sich abzulenken. Patienten wiederholen dieselben alten Geschichten, schauen weg, wenn sie mit einem reden, zensieren ihre originellen Gedanken und kleiden sich unscheinbar. *Patienten gelingt es oft besser, uninteressant zu sein, als es den Therapeuten gelingt, sie interessant zu finden*. Zugegebenermaßen hat die Frau mit dem Waschzwang eine gute Chance, das Spiel des Uninteressantseins zu gewinnen, aber der unverzagte Therapeut weiß auch, während er all die Nuancen der Situation auslotet, daß die volle Bewußtheit des Händewaschens eine Reihe damit zusammenhängender Möglichkeiten wachrufen könnte. Ihr wiederbelebtes Interesse könnte sie an eine alte Demütigung durch eine Lehrerin erinnern, die ihr vorwarf, schmutzig zu sein. Oder sie könnte ihr einen Moment ins Gedächtnis rufen, als sie mit ihrem Vater in die Badewanne sprang und hinausgeworfen wurde. Oder die simplen Empfindungen des Waschens, eine nach der anderen, könnten ihr Vergnügen bereiten. Oder sie könnte die

Farbe ihrer Haut bemerken und spüren, daß dies wirklich ihre Haut ist, oder, oder, oder. Es gibt eine endlose Reihe von Szenarien für die Wiederherstellung des Gefühls, daß sie das wirklich tut, was sie tut. Daß sie sich dafür interessierte und daß sie wußte, daß jemand anderer sich dafür interessierte, würde dazu beitragen, eine Existenz zu bestätigen, die sie vielleicht bereits aufgegeben hatte.

Diese Verwandlung von etwas Banalem in etwas Faszinierendes findet entsprechende Beachtung auch durch Schriftsteller wie Barbara Pym. Die Hauptfigur ihres Buches *Excellent Women*, Mildred, ist eine langweilige Person, die sich nach ihrer eigenen Einschätzung so benimmt, als hätte sie »kein Recht, außerhalb [ihrer] eigenen Haustür angetroffen zu werden«. Durch eine Reihe von Erfahrungen wird sie zu einer eigenständigen und aufregenden Frau, nicht durch ihren Entschluß, sondern durch neue Chancen und Anregungen. Während eines Großteils ihres Lebens, umgeben von kleinen Geistern, hatte sie einfach nicht bemerkt, daß sie ein Mensch mit unabhängiger Wahrnehmung, Aufgeschlossenheit für neue Menschen und einem beweglichen Verstand ist. Als sie zwei seltsame Menschen kennenlernt, die in ihren Wohnblock einziehen und sie sofort mögen, wird sie mit Einstellungen konfrontiert, die den Kirchenkreisen völlig fremd sind, in denen sie bisher mit Hingabe gedient hat. Diese beiden psychologisch bedenkenlosen Akademiker, von denen sie sich anfangs eingeschüchtert fühlt, wecken tiefe Gefühle in ihr, als sie bei sich selbst eine Intelligenz entdeckt, die zu einer uneingeschränkten Auseinandersetzung mit ihnen fähig ist. Das Mäuschen, das sie war, verwandelt sich in eine Person, die imstande ist, Menschen so zu sehen, wie sie wirklich sind. Sie beginnt, ihre eigene Wahl unter ihnen zu treffen und ihre eigene Wirkung auf sie zu spüren.

Das Schwergewicht dieses Romans liegt auf der Wirkung, die dadurch entsteht, daß zwei neue Menschen in Mildreds Leben treten. Diese Menschen haben nicht die Absicht, Mildred zu verändern. Obwohl sie ganz anders sind als sie und auch durchaus auf ihr eigenes Wohl bedacht, finden sie sie interessant, so wie vieles, was in ihren Gewässern schwimmt. Welche Faktoren es auch sein mögen, die eine neue zwischenmenschliche Chemie bewirken, für Mildred ist jedenfalls die Zeit gekommen, sich jetzt mit diesen Menschen einzulassen, während sie früher davor zurückgeschreckt wäre. Vielleicht ist die Erweiterung ihres Bewußtseins unter diesen neuen Umständen durch eine zufällige Bereitschaft zum Wandel bedingt.

Es ist eine Analogie zur Therapie vorhanden. Ebenso wie Mildreds Nachbarn sie zu neuer Lebendigkeit erwecken, so führt auch der Therapeut neue Elemente in das Leben seiner Patienten ein. Er wird zum Fünften Faktor, eine besondere Rolle, die Robertson Davies in seinem Roman *Der Fünfte im Spiel* beschreibt. Nach seiner Ausführung bezieht sich der Fünfte im Spiel auf eine Rolle in alten Opern oder Dramen, die weder die des Helden, der Heldin, des oder der Vetrauten noch die des Bösewichts ist. Doch diese fünfte Figur sei notwendig gewesen, um eine »Erkenntnis oder Entscheidung« herbeizuführen. Davies' Fünfter im Spiel ist Dunstan Ramsey, der sich im Alter von zehn Jahren vor einem Schneeball duckt, der die Frau des Pastors trifft. Der für ihn bestimmte Schneeball läßt sie stürzen, was zur Frühgeburt ihres Kindes führt. Das ist die Eröffnungssequenz, an die sich drei fesselnde Romane von Davies über das spätere Schicksal von mehreren seiner fiktiven Charaktere anschließen.

Ein solcher Einfluß, zufällig fruchtbar, ist im Leben aller Menschen vorhanden, aber sie übergehen ihn oft. Der Therapeut hat nicht nur die Aufgabe, solche Einflüsse zu bemerken, die dem Leben eines Menschen Gestalt und Richtung verleihen, sondern auch selbst der Fünfte im Spiel zu sein. Er ist die neue Person im Leben eines Patienten, keine Hauptfigur, aber ein Moderator, der ihn ermutigt, zu neuen Erfahrungsebenen vorzudringen. Es ist seine Aufgabe, dafür zu sorgen, daß er, obwohl er keinen erstrangigen Platz im Leben seiner Patienten einnimmt, von ihnen als willkommene Ergänzung akzeptiert wird. Seine spezielle Geisteshaltung — verständnisvoll, respektvoll, amüsant und erfrischend in der Ausdrucksweise — kann leicht von seiner Rolle als technisches Instrument überschattet werden. Er ist schließlich nur vorübergehend anwesend; er ist nur — nur — ein Sprungbrett.

Das Wechselspiel zwischen Technik und Faszination

Faszination ist nur ein Teil seiner Aufgabe. Sie bildet das Gegenstück zum technischen Können. Damit sein Interesse für jeden Einzelnen nützlich wird, muß die Disziplin hinzukommen, die therapeutisch relevanten Themen zu verfolgen. Es ist immer eine unglaubliche Zahl von Dingen vorhanden, für die man sich interessieren kann; nur einige davon schlagen therapeutisch zu Buche. Viele interessante Phänomene bringen wenig ein. Ein Therapeut, der von den wunderschönen Sprachbildern eines Patienten fasziniert ist, kann sich von seinen Alkoholproblemen ablenken lassen. Man tut wahrscheinlich gut daran, auf ein Lispeln, eine kürzliche Afrikareise oder selbst einen Autounfall, dessen Zeuge der Patient auf dem Weg in die Praxis wurde, nicht näher einzugehen. Dieselben Dinge, die zu einem Zeitpunkt nichts bringen, können sich als fruchtbar erweisen, wenn man sich im richtigen Augenblick mit ihnen beschäftigt.

Da er unzählige solche technische Erwägungen beachten muß, fällt es dem Therapeuten schwer, dem Patienten mit simpler Aufgeschlossenheit gegenüberzutreten. Zwischen unmittelbarem Interesse und einer leitenden Methodologie schwankend, hindert die Reverenz des Therapeuten für seine erlernten Verfahren ihn daran, die vielen faszinierenden Eigenschaften, mit denen alle Patienten in die Therapiestunde kommen, aus ganzem Herzen zu würdigen. Es ist deshalb wichtig, daß die Methodologie, der er folgt, eine brauchbare Anleitung enthält, wie Faszination therapeutisch fruchtbar werden kann. Zum Glück für den urteilsfähigen Therapeuten leistet eine gute Methodologie genau dies.

Freud als klassisches Beispiel bezog einige elementare Quellen der Faszination in seine psychoanalytische Technologie ein. Dazu zählt in erster Linie die freie Assoziation. Diese sonderbare Erlaubnis für den Patienten, ungeachtet aller üblichen verbalen Erfordernisse, genau das zu sagen, was ihm durch den Sinn ging, war ein großer Schritt in die Faszination. Das Konzept der Übertragung war ebenfalls eine Einladung zur Faszination. Der Therapeut wurde nichts weniger als ein Symbol der wichtigsten Personen im Leben der Patienten. Wie sich der Patient gegenüber dem Analytiker verhielt, wurde zu einem Schlüssel zum Verständnis seines Lebens. Nichts kann belanglos sein, wenn alles, was geschieht, ein symbolischer Wegweiser zu jenen Elementen ist, aus denen sich die Seele des Patienten zusammensetzt. Obwohl viele Menschen durchaus fähig waren, sich selbst unter solchen Umständen zu langweilen — Analytiker ebenso wie Patienten —, boten die Übertragungsimplikationen Gelegenheit zu einer der fesselndsten Beschäftigungen unseres Zeitalters.

Um 1950 herum baute die Gestalt-Therapie ihre eigenen methodologischen Brücken zur Faszination. Einen hohen Rang nahm dabei die starke

Betonung der Unmittelbarkeit des Erlebens und die volle Konzentration auf dieses ein. Die Erfahrungen, die dabei in den Brennpunkt gerückt wurden, reichten von simplen Empfindungen wie einer Verspannung des Unterkiefers zu umfassenden Wertsystemen wie der Forderung nach staatlicher Unterstützung für die Armen. Es wurde klar, daß die Konzentration auf Schlüsselereignisse besonders starke Gefühle auslöste.

Die Gestalt-Therapie betonte darüber hinaus die heilende Wirkung guter Kontakte, eine heftige Reaktion auf die entpersönlichten Erfahrungen, die in unserer Kultur so verbreitet sind. Der verbesserte Kontakt wurde unterstützt durch spezifische Erkenntnisse über den psychologischen Wert der simplen Kontaktfunktionen des Sehens, Hörens, Sprechens, der Berührung und Bewegung. Die Förderung dieser Funktionen bewirkte eine weitere Steigerung des persönlichen Erlebens. Durch diese Steigerung wurde ein hohes Maß an Faszination erreicht.

Dieser Betonung der Unmittelbarkeit diente auch das sogenannte *Experiment*, d.h. die therapeutische Verwendung von Übungsmöglichkeiten für jede Form von benötigtem Verhalten. Wenn z.B. ein Patient nicht erfolgreich mit seinen Eltern, einem Partner, einem Chef oder einer alten Nemesis reden kann, dann kann er dies üben, gewöhnlich gleich in der therapeutischen Sitzung. Oder wenn jemand seine Stimme nicht richtig einsetzt, kann man ihm beibringen, effektiver zu atmen. Die Tendenz zu unmittelbarem Handeln führte kritische Situationen herbei — man mußte sich der gefährlichen Person in der Phantasie stellen oder eine riskante Funktion üben. Diese kritische Situation war jedoch relativ gefahrlos, da niemand gefeuert, geächtet oder bestraft wird und der Therapeut ein versierter Bundesgenosse ist. Trotz der relativen Sicherheit blieb jedoch ein beträchtliches persönliches Risiko, und die Gefahr bewirkte eine Verengung und Intensivierung der Aufmerksamkeit. Obwohl diese Risiken gewöhnlich heilsam waren, sind manche Gefahren dennoch zu groß, deshalb mußte der Therapeut dafür sorgen, die Bedrohung in experimentell handhabbaren Grenzen zu halten.

Die große Faszination, die diese technischen Entwicklungen begleitete, stand in Einklang mit dem damals wachsenden Bedürfnis nach Faszination, das sich in der Gesellschaft insgesamt zeigte. Schüler und Studenten begannen zu fordern, daß der Unterricht nicht nur Inhalte transportieren, sondern auch interessant sein sollte; eintönige Ehen wurden nicht mehr ertragen, sondern aufgegeben; der Markt für Sensationen einschließlich des Geschäfts mit Gewalt, Sex und Terror dehnte sich aus; Lautsprecher wurden leistungsfähiger, Farben greller etc. Trotz all der bedauerlichen Übertreibungen, zu denen diese Tendenzen führten, förderten sie dennoch ein erneuertes Selbstinteresse in einer Welt, in der Resignation nur zu häufig als einzige Möglichkeit erschienen war.

Angesichts der impliziten methodologischen Befürwortung der Faszination durch die Psychoanalyse und die Gestalt-Therapie sowie durch andere Methoden ist es nur noch ein kurzer Schritt, jetzt vollends mit den Schriftstellern gleichzuziehen und die Faszination ausdrücklich in den Mittelpunkt zu stellen. Menschen kommen in die Therapie nicht nur, um eine reiche Auswahl gut erforschter Probleme zu lösen, sondern auch um ihre Kraft der Faszination zu erneuern und sie ausüben zu lernen. Sie lesen Romane bereits in der Erwartung fasziniert zu werden, und die literarischen Stoffe stammen aus dem gleichen Reservoir persönlicher Erfahrungen. Wenn Menschen in Therapie kommen, sind sie konfrontiert mit Rätseln die sie nicht lösen können, Gefahren, die sie bedrohen, Todesfällen, über die sie nicht hinwegkommen, Liebesbedürfnissen, die sie nicht befriedigen können, und Hoffnungen auf eine Erneuerung versäumter Gelegenheiten. Sie haben ungewohnte Eigenschaften, die nur sie besitzen, sowie vieles, was sie mit dem Therapeuten verbindet, einschließlich der Fähigkeiten des Staunens und Lachens, der Gewalttätigkeit und Erniedrigung. Nur ein blasierter oder unkonzentrierter Therapeut wäre nicht fasziniert, auch wenn die Patienten selbst ihre Existenz als geschlechtslos oder peinigend empfinden mögen.

Faszination wirkt in subtiler Weise bestätigend auf Menschen, da ihre Rückhaltlosigkeit zumindest vorübergehend ihr Verhalten bejaht. Dies hat nichts mit Billigung spezifischer Verhaltensweisen zu tun, obwohl die Bezeugung echten Interesses eine verläßliche Basis für Gegenseitigkeit darstellt. Auf ihrem Gipfel kann Faszination eine hypnotische Wirkung haben und dem auf der Stelle tretenden Menschen eine größere Wandlungsfähigkeit ermöglichen. Bei einem bestimmten Paar, Jack und Alexis, widersprachen meine Wertvorstellungen diametral denen von Jack, doch meine Faszination ermöglichte es ihm, weiterhin mit mir zu arbeiten, und schuf eine Atmosphäre, in der er seine potentiell tragische Ehe in einer Weise gestalten konnte, die für ihn und seine Frau so wenig abträglich wie möglich war. Die beiden zusammen waren eine Farce. Die Feindseligkeit in ihrer Ehe erinnerte an das Paar in Georges Simenons

Roman, *Die Katze*. Darin leben zwei verbitterte, frustrierte Menschen bis zum Ende ihren Haß aus, der eine abgestorbene Liebe zudeckt, von der nur noch eine Spur von Zärtlichkeit übrig ist, zu schwach, um ins Gewicht zu fallen. Die Frau hatte die geliebte Katze ihres Mannes vergiftet. Von da an wurde das Schweigen zwischen ihnen nur noch durch einen Austausch schriftlicher Mitteilungen und die grausamen Streiche durchbrochen, die sie einander spielten. Erst beim Tod seiner Frau rief der Mann ihren Namen und empfand sehnsüchtig, daß »nichts mehr da war«.

Jack und Alexis waren in einer glücklicheren Lage. Sie nahmen *tatsächlich* Vernunft an, bevor es zu spät war. Als sie sich in Therapie begaben, konnten sie einander nicht mehr ausstehen. Er war ein riesiger, stämmiger Mann mit rotem Gesicht, ein Rückfall in die absurde Stahlfabriken Macho-Mentalität. Sie war eine strahlende, exotisch wirkende Frau, die er in Griechenland kennengelernt hatte. Sie wollte nicht einmal mehr mit ihm reden. Merkwürdigerweise kochte sie immer noch für ihn. Aber es war schwer zu sagen, was diese beiden einmal aneinander gefunden haben mochten. Sie besaß soviel Energie, daß ihre Haut davon gespannt schien, doch um den Frieden zu wahren, zügelte sie diese Kraft bis nahe an die Katatonie. Das *einzige*, was sie sich noch wünschte, war Frieden. Diesen Frieden suchte sie zu erreichen, indem sie ihren Körper so anspannte, daß man es ihr fast ansah. Sie war einsilbig; selbst ein Satz wäre mehr gewesen, als *er* verdiente. Natürlich war auf diesem Weg kein Frieden zu erlangen. Als sie seine Unterhosen nicht bügelte, versetzte er ihr einen Fausthieb. Aber selbst seine Faust konnte den Panzer ihrer höhnischen Überlegenheit nicht durchdringen. Sie hatte ihre eigene »Machisma« und gab nie nach, selbst dann nicht, wenn er sie verdroschen hätte.

Ich ging zur Couch hinüber und setzte mich neben ihn. Mit meinem Arm auf seiner Schulter fragte ich ihn, ob er wisse, als welches Ekel er sich entpuppe. Er konnte kaum glauben, daß ich das sagen würde und war bestürzt über mein Urteil. Er meinte, jeder hätte sie verdroschen, und ich sei ein Waschlappen, wenn ich anders dächte.

Er war so seltsam, wie ein Stier, der an einer Tafel zu speisen versucht. Trotz dieses enormen Unterschieds in unseren Einstellungen merkte er durch meine Berührung und was er von mir sah und hörte, daß ich fasziniert war, nicht weniger, als hätte ich den Zusammenstoß zweier Autos beobachtet. Was das für ihn bewirkte, war, ihm klarzumachen, ohne daß ich es aussprach, daß ich trotz unserer gegensätzlichen Wertvorstellungen nicht aufgeben würde, wie jemand, der Jacks Buch nicht aus der Hand legen kann. Er und seine Frau waren fesselnde Karikaturen, die mit ihrer kleinlichen Halsstarrigkeit — beide weigerten sich z.B., dem anderen das Haus zu überlassen — bereit gewesen wären, in einer Atmosphäre latenter Explosivität das Schweigen endlos weiter zu ertragen. Jack wurde später weniger Macho, zog aus und verzichtete auf ein Haus, das ihm von Anfang an wenig bedeutet hatte. Der verbissene Mut der Verrückten, die wie in *Die Katze* ihre Trümpfe monomanisch ausspielen, wich in diesem Fall der Flexibilität und einer für beide Seiten akzeptablen Lösung.

Die Katze schildert das Schlimmste, was in einer Ehe geschehen könnte, da die Charaktere der Unerbittlichkeit ihrer Mißgunst nicht entrinnen können. Der Autor folgt ihnen in den vorherbestimmten Ruin und läßt sie ihre Bösartigkeit in vollem Umfang ausleben. Nichts steht ihrem Verderben im Wege. Herauszufinden, was geschieht, wenn man eine Eigenschaft bis zur Neige ausschöpft, ist ein großer Luxus für einen Autor. Die bremsende Wirkung der Komplexität fehlt, wenn seine Figuren von einer einzigen Leidenschaft verzehrt werden, und Tragik ist ein vorausbestimmtes Ergebnis. Es ist niemand vorhanden, der diesen Personen helfen würde, ihr Leben anders einzurichten — nicht einmal der Autor, der nur neugierig ist, was geschehen wird.

Jack und Alexis hätten die Charaktere in *Die Katze* sein *können*, aber sie waren nicht allein. In Gesellschaft eines Dritten entdeckten sie die Komplexität in ihrem Leben. Einander das Leben zur Hölle zu machen schien zunächst äußerst reizvoll; sie sahen nichts als die Kehle des anderen. Schließlich siegte doch ihr Überlebenswille.

Ihre doppelte Zerreißprobe war faszinierend, weil sie die Risiken des Ehelebens vor Augen führte, deren wir uns alle bewußt sein sollten. Ihre Situation glich dem krassen Beispiel von *Die Katze*, aber sie mußten den Kelch nicht bis zur Neige leeren, sondern konnten zu einer menschlichen Lösung finden. Meine Arbeit mit ihnen als faszinierter Zeuge schärfte mein Bewußtsein für jene menschlichen Impulse, die sich der Technik kühler Beobachtung entziehen. Erasmus schrieb vor langer Zeit über die Torheit, die durch langweiliges Faktenwissen zur Faszination der simplen Erfahrungen des Lebens vordringt. Er empfahl eine besondere Form der Schmeichelei, ehrlicher, als das Wort heute impliziert, eher so etwas wie

Faszination, verbunden mit Güte. Diese Geisteshaltung

> ...kommt aus innerer Güte und Treuherzigkeit. ... Sie kräftigt einen niedergeschlagenen Sinn und tröstet die Betrübten, muntert die Müden auf, macht die Stumpfsinnigen lebendig, erquickt die Kranken, besänftigt die Aufbrausenden, bringt und hält Verliebte zusammen. Sie steigert den Bildungstrieb der Jugend, erheitert das Alter und erteilt den Regierenden unter der Verkleidung des Lobes Mahnung und Lehren, ohne anzustoßen. Im ganzen macht sie jeden sich selbst angenehmer und wertvoller.

Mit einem solchen Repertoire, das ihr Substanz verleiht, hilft uns die Faszination die Trivialisierung durch eine Technologie, die das nüchterne Expertentum hervorgebracht hat, abzuwenden.

IX

FLUCHT AUS DER GEGENWART

Es heißt, Odysseus habe, satt von Wundern,
aus Liebe geweint, als er Ithaka,
grün und schlicht, sah. Kunst ist dies Ithaka,
aus grüner Ewigkeit und nicht aus Wundern.

—Jorge Luis Borges

Um den heilenden Einfluß der Faszination leichter zu verstehen, ist es hilfreich, ihren Zusammenhang mit der Betonung des Hier-und-Jetzt zu sehen, die neuerdings so populär ist. Diese Betonung blendet jede ablenkende Aufmerksamkeit für Dinge der Vergangenheit oder Zukunft oder für Dinge, die anderswo geschehen, aus. Wenn diese Ablenkungen fehlen, bleibt ein zugespitztes Erlebnis übrig, eindringlicher, als wenn man alles auf sich wirken ließe. Bei solch blanker Bewußtheit vertieft sich die Konzentration und macht jeden Menschen uneingeschränkt erlebnisfähig. Wer für eine Prüfung lernt oder einen Tennisball zu treffen versucht, weiß dies und bemüht sich, alles übrige aus seinem Bewußtsein zu verbannen. Aber trotz ernsthafter Anstrengung ist es schwierig, seine Aufmerksamkeit zu bündeln, wenn es immer tausend konkurrierende Interessen gibt.

Um 1950 herum wurden Therapeuten besonders aufmerksam auf diese Konzentrationsstörungen, die sich als Barrieren der Veränderung erwiesen. Viele von ihnen fingen an, komplexen Systemen von Einflüssen zu mißtrauen, die der Vermeidung dessen zu dienen schienen, was nach ihrer Ansicht wirklich zählte — die Dinge, die jetzt und hier geschehen. Während zuvor unbeteiligte Klagen über die Vergangenheit, besorgtes Gerede über die Zukunft und abgedroschene Berichte über Ablehnung durch Freunde zu den von den Therapeuten akzeptierten Themen gezählt hatten, waren sie nunmehr darauf bedacht, den ganzen psychologischen Jargon abzuräumen und zu klaren Empfindungen und Gefühlen vorzudringen. Wenn es ihnen gelang, die Aufmerksamkeit von einer ausgedehnten psychischen Landschaft auf die Gegenwart zu verengen, dann übte dies eine reinigende Wirkung aus. In einer Welt unüberblickbarer Komplexität führte die Betonung des Unmittelbaren zur Einfachheit zurück und trug zur Ausschaltung vieler lähmender Gewohnheiten bei, die die Therapie zu einem mühevollen Prozeß machen.

Bei dieser verengten Perspektive kann jeder beliebige Punkt, auf den sich die Aufmerksamkeit konzentriert, eine Kette innerer Ereignisse auslösen. Eine simple Empfindung wie z.B. ein Jucken kann, wenn man sich darauf konzentriert, zunächst stärker werden. Dann kann es auf einen anderen Körperteil übergehen, dann wieder auf einen anderen und dann an die ursprüngliche Stelle zurückkehren. Bei fortgesetzter Konzentration kann jede Bewußtheit die nächste zünden, bis der ganze Körper wie von einer sanften Glut erwärmt ist. Die Empfindungen können zunehmen, wie Dominos, die sich erheben, statt zu fallen, und Wogen von Gefühl ansammeln, die aufgestaute Energie freisetzen und den Menschen kräftigen, der ursprünglich nur ein gewöhnliches Jucken verspürte, das er hätte ignorieren können.

Dieselbe Faszination, die von simplen Empfindungssequenzen ausging, bezog sich auch auf komplexere Verhaltensweisen. Hier-und-Jetzt-Dialoge mit einem vorgestellten Vater waren dramatischer als Gespräche *über* ihn; auf Kissen einzudreschen, war fesselnder, als über ungeschlagene Schlachten zu reden, und aufgestaute Kritik offen zu äußern übertraf Anspielungen auf vage Beschwerden. Diese wie auch viele andere Übungen in Unmittelbarkeit führten viele Menschen auf bis dahin unvorstellbare Höhepunkte der Faszination. Ein in diesem Zusammenhang neuer Begriff, Gipfelerlebnis, wurde als Codewort für totale Inanspruchnahme und deren elektrisierende Konsequenzen eingeführt.

Die eindrucksvollen Wirkungen der *Konzentration* wurden von einem verbreiteten Glauben an etwas überschattet, das man *fälschlicherweise* als die Macht der Gegenwart identifizierte. Die Orientierung auf das Hier-und-Jetzt gewährleistet an sich noch kein hohes Maß an Konzentration. Viele Menschen sind nur mangelhaft konzentrationsfähig, obwohl sie von ihren gegenwärtigen Anliegen in Anspruch genommen sein mögen. Depressive Menschen beschäftigen sich z.B. wenig mit der Zukunft und nur in verschwommener Weise mit der Vergangenheit. Es ist ihre Konzentration, nicht ihr Kalender, was Mängel aufweist. Menschen mit guter Konzentration beschäftigen sich auch nicht ausschließlich mit der

Gegenwart. Ihre Interessen können sich klarerweise auf Ereignisse erstrecken, die an jedem Ort und zu jeder Zeit stattfinden können.

Da es aber leichter war, *jetzt* zu sagen, als Menschen Konzentration zu lehren, setzte sich die Anweisung, in der Gegenwart zu bleiben, dennoch leichter durch als die schwierigen Erfordernisse der Konzentration. Eine wachsende Zahl von Menschen unterstützten die Idee, in der Gegenwart zu leben, da sie erkannten, wieviel ihnen entgangen war, indem sie es zuließen, daß ihr Leben aufgeschoben und von wichtigen Zielen abgelenkt wurde. Ein Leben auf Sparflamme zu führen bis zu dem künftigen Zeitpunkt, da sie ihr Studium abschließen oder heiraten oder in den Ruhestand treten würden, war verständlicherweise für sie nicht länger akzeptabel. Viele Menschen kamen zu der Überzeugung, daß die Gegenwart alles ist, was sie im Leben haben, die einzige Realität.

Noch 1984 spiegelte sich diese Einstellung in einem Buch mit dem scharfsinnigen Titel *The Precious Present*.(Ein Wortspiel: die kostbare Gegenwart — das kostbare Geschenk — d. Übers.) In diesem Buch wird die Gegenwart hemmungslos glorifiziert. Auf ein breites Publikum zugeschnitten, ist das Buch im Stil einer Fabel verfaßt. Ein alter, weiser Mann, der einem kleinen Jungen die kostbare Gegenwart erklärt, sagt: »Sie ist die Gegenwart, weil sie eine Gabe ist, und sie ist kostbar, weil jeder, der ein solches Geschenk erhält, für immer glücklich ist.« Die Objektivierung der Gegenwart geht weiter, da der Junge danach sucht, als wäre sie der Heilige Gral. Obwohl dieses Buch mit seiner Vergötterung weiter geht, als üblich ist, illustriert es die Schlüsselposition der »Gegenwart«, die zu einem Schlagwort geworden ist, das für Selbstgenügsamkeit, Relevanz und Authentizität steht. Dies kann jedoch auch zu einer beengenden Perspektive werden, die die Aufmerksamkeit für viele andere wertvolle Aspekte des Lebens vermindert.

Tiefe Konzentration, nur gelegentlich durch die Anweisung bewirkt, in der Gegenwart zu bleiben, ist eine Fähigkeit, mit der wir alle zur Welt kommen. Sie ist jene natürliche Aufmerksamkeit, mit der jeder Mensch die ihn umgebende Welt in seine eigenen Erfahrunsgrenzen einbezieht. Wenn diese Fähigkeit gut funktioniert, kann sich jeder Einzelne frei und anmutig allen Dingen in seiner Reichweite zuneigen. Erwachsene stellen diese Souveränität neidvoll bei kleinen Kindern fest, deren Fähigkeit, sich von Dingen vollkommen fesseln zu lassen, dem Erwachsenen geradezu traumhaft erscheint. Durch ihre schlichte Konzentration sind Kinder leicht fasziniert.

Wenn die Kinder größer sind, werden ihre Interessen stark durch andere bestimmt: Eltern, Freunde, Lehrer, religiöse Führer und die Polizei. Es ist ihnen nicht gestattet, viele der Dinge zu tun, die ihr Interesse erwecken, wie die Straße überqueren, sich mit Sexspielen zu vergnügen oder Mutters Vasen fallenzulassen, um zu sehen, wie sie bersten und zerbrechen. Sie werden auch von Gebrüll, Schlägen und widersprüchlichen Anordnungen eingeschüchtert. Und man verlangt von ihnen viele Dinge zu tun, die sie lieber nicht tun würden, wie an einer Geographiestunde teilzunehmen oder bestimmte verhaßte Speisen zu essen.

Ihre Konzentration und die sie begleitende Faszination beginnen dann zu schwinden. In der Schule sind manche beneidenswerten Schüler nach wie vor von dem fasziniert, was sie lernen, aber die meisten müssen sich zum Lernen schlicht zwingen. Bestenfalls tun sie es mit grimmiger Entschlossenheit oder Gewohnheit oder indem sie mit ihren Gedanken zur Hälfte woanders sind. Die Lehrer kümmern sich auch oft nicht darum, ob ihre Schüler fasziniert sind — nur, ob sie sich den vorgeschriebenen Stoff angeeignet haben, seien es Multiplikationstabellen, Shakespeare oder eine Fremdsprache. Die empfangene Botschaft lautet: da es ohne Lernen nicht geht, brauchst du es nicht zu mögen, du brauchst es nur zu tun!

Vielen bleibt nichts anderes übrig, als sich bis zu einem gewissen Grad zu distanzieren. Auf diese Weise erledigen wir viele der Dinge, die wir tun müssen. Halt dir die Nase zu, während du Rosenkohl ißt, spann deine Muskeln an, wenn du einen Fehler machen könntest, träume von einer Mitschülerin, statt mir ihr zu reden. Gerade diese epidemieartige Distanzierung wollten die Verfechter des Hier-und-Jetzt ausmerzen. Nicht daß Distanzierung etwas Neues gewesen wäre, hatte sie sich doch im Laufe der Jahrhunderte akkumuliert. In unserem Jahrhundert hat die Distanzierung jedoch besondere Spuren hinterlassen. Sie ist ein Thema, das von zahlreichen Schriftstellern, insbesondere Kafka, Sartre und Camus bevorzugt wurde. Inzwischen ist die Erkenntnis der Distanzierung so verbreitet, daß sie nicht nur in der Kunst ausführlich untersucht wird, sondern auch Gegenstand häufiger allgemeiner Kommentare ist. Es bedarf keines großen philosophischen Scharfsinns, um sich heute über die entpersönlichten Kräfte im klaren zu sein, die an der Arbeit sind.

Konzentration und Distanzierung können als polare Gegensätze betrachtet werden, und Konzentration bleibt schwierig, solange Distanzierung ihr entgegenarbeitet. Konformismus, unzeitgemäße Gewohnheiten, fehlerhafte Sprache, große Verpflichtungen gegenüber bestimmten Leuten und eine Vielzahl spezieller Ängste, all dies zählt zu den ablenkenden Einflüssen, mit denen wir es täglich zu tun haben. Geht man davon aus, daß diese Einflüsse nicht verschwinden werden, dann muß sich die Verbesserung der Konzentration, aus eigener Kraft bewirkt, *trotz* anhaltenden Grund für Distanzierung von selbst einstellen. Dies ist in der Tat ein verwickeltes Problem, und die Hier-und-Jetzt-Verfechter unternahmen einen Schritt zu seiner Lösung, indem sie etwas Bemerkenswertes vollbrachten: *sie machten Konzentration und Distanzierung zu Bundesgenossen*! Während man sich auf das Hier-und-Jetzt konzentriert, distanziert man sich von allem übrigen. Das Hier-und-Jetzt markiert einen kleinen Bereich als Domäne der Konzentration. Alles übrige zählt nicht.

Durch diese Verengung des persönlichen Brennpunkts verhalf die Betonung der Gegenwart einer altbekannten psychologischen Methode zu neuen Ehren — der Abspaltung oder Dissoziation. Das heißt, dank ihrer natürlichen Fähigkeit zur Bewußtseinsspaltung sind Menschen imstande, ihre Aufmerksamkeit von wichtigen Bereichen ihres Lebens abzukoppeln, um sie auf ein bestimmtes Anliegen zu richten. Dieses Phänomen der Bewußtseinsspaltung wurde früher als pathologisch angesehen, weil es auf das gravierende Unvermögen hindeutet, die Aufmerksamkeit zwischen verschiedenen Bereichen von potentieller Bedeutung in der erforderlichen Weise hin- und herpendeln zu lassen. Ein Mensch mit multiplen Bewußtseinszuständen wußte z.B., wenn er sich in der einen Identität befand, nichts von der Existenz der anderen Identität. Oder jemand konnte seine Selbstmordgedanken abspalten und quasi in Trance dazu getrieben werden, Selbstmord zu begehen. Tatsächlich ist die Abspaltung nicht bloß pathologisch. Sie ist ein weiteres Phänomen, das an jedem Punkt eines von der Pathologie bis zur Gesundheit reichenden Spektrums angesiedelt sein kann. Es kann den Gipfel gesunder Faszination oder eine Wahnvorstellung im hinteren Trakt eines Krankenhauses bedeuten.

Dissoziation kann somit als allgemein übliches Mittel zur Abschottung der Aufmerksamkeit von vielen unwillkommenen Dingen bezeichnet werden. Eine solche Dissoziation liegt vor, wenn ein Autofahrer, der Tagträumen nachhängt, plötzlich bemerkt, daß er nicht auf die Straße achtet. Dissoziation kann weniger gefährlich und eher zweckdienlich erscheinen, wenn eine Malerin erstaunt feststellt, daß es Zeit zum Abendessen ist und sie das Mittagessen glatt vergessen hat. Diesem Autofahrer und dieser Malerin war es vorübergehend unmöglich, ihre Aufmerksamkeit zu verlagern. Ob ein solcher Wechsel der Aufmerksamkeit wünschenswert ist, hängt von den jeweiligen Umständen ab. Die von ihrer Arbeit ganz in Anspruch genommene Malerin braucht ihre Aufmerksamkeit nicht zu verlagern, solange es nicht brennt oder sie eine wichtige Verabredung versäumt oder zu verhungern droht. Es liegt auf der Hand, daß die abgespaltene Aufmerksamkeit manchmal wirkungsvoll sein und den Gipfel zielbewußter Konzentration darstellen kann; bei anderen Anlässen, wo ein Wechsel nötig ist, könnte sie verheerend sein.

Das Risiko bei der unbeirrbaren Konzentration ist natürlich, daß einem viele Erfahrungen entgehen, die unerläßlich sind. Früher oder später kann das, was man ignoriert hat, wieder auftauchen und einen verfolgen. Was immer man im Moment tut, fühlt oder möchte, sollte in Einklang mit einem möglichst großen Erfahrungshintergrund stehen, aus dem es heraustritt und in dem es seine Spuren hinterläßt. Keine Idee, kein Verhalten, kein Wunsch ist eine unabhängige Größe. Ob jemand Wein, Milch, Wasser oder Gift zu sich nimmt, hängt mit den Dingen zusammen, die für den Betreffenden von Bedeutung sind. Deshalb trinkt ein Mitglied der Anonymen Alkoholiker im allgemeinen keinen Wein, ein Säufer trinkt keine Milch, ein Schwimmer trinkt nicht das Wasser, in dem er schwimmt, und ein glücklicher Mensch nimmt sich, selbst wenn er gelegentlich mit dem Gedanken spielt, nicht das Leben.

Obwohl es zahlreiche Ausnahmen dieser Gleichungen und beträchtlichen Raum für persönliche Eigenheiten gibt, stehen Erfahrungen, die man macht, doch meist in Einklang mit den gegebenen Voraussetzungen. Es bedarf starker Kräfte, um jemand aus seinem Bezugsrahmen zu lösen, deshalb fällt es uns so schwer, »über unseren Schatten zu springen«. Doch obwohl man nicht über seinen Schatten springen kann, muß man, wenn man sich verändern will, diesen ständig vorhandenen Bezugsrahmen transzendieren, dessen Einflüsse sich bereits auf unser Bewußtsein ausgewirkt haben. Der Weg der Abspaltung, den ich gleich beschreiben werde, ist ein mächtiges Mittel, um diesen Einflüssen zu entgehen. Bevor ich über diese Möglichkeit spreche, möchte ich jedoch die entgegengesetzte Alternative für eine psychologische Veränderung skizzieren, die die Bedeutung des *Kontexts* für die menschliche Entwicklung hervorhebt.

Zunächst, wenn wir die Rolle des Kontexts betrachten, so können wir das, was uns wichtig ist, stets aus einer meist ziemlich großen Zahl von Optionen auswählen, aus mehr Möglichkeiten, als ein Mensch ausschöpfen könnte. Um das zu veranschaulichen, können wir mit der Erkenntnis beginnen, daß wir nicht bloß einen Mann sehen können, und nichts weiter. Wir können nur einen Mann sehen, der, unter vielen anderen kontextabhängigen Möglichkeiten, auf einer Straße geht, Sportkleidung trägt, zwei Kinder an der Hand führt, von denen das eine sein Sohn und das andere eine Nachbarskind ist. Dies ist eine simple Aussage über die unvermeidliche Beziehung zwischen Figur und Grund; d.h. in diesem Fall zwischen dem Mann und der Straße, den Kindern und der Kleidung. Aber der/die Wahrnehmende — nehmen wir an, es ist eine Frau — hat noch andere Möglichkeiten, um den Mann, den sie erblickt, mit allem übrigen zu verknüpfen, das den Kontext für ihre Wahrnehmung bildet. Das ganze Erlebnis wird anders sein, wenn diese Beobachterin von einem Telefongespräch in Anspruch genommen ist, das sie unglücklich macht. Sie wird von dem Mann dann nur beiläufig Notiz nehmen. Wenn die Beobachterin dagegen von dem Mann gefesselt ist, dann wird ihr der Telefonanruf vielleicht nicht viel bedeuten. Oder sie wird die Kinder nur am Rande bemerken. Vielleicht empfindet sie auch Mitleid, wenn sie weiß, daß die Frau dieses Mannes vor kurzem gestorben ist. Oder der Anblick des Mannes kann sie an eine Szene in einem Film erinnern. Oder sie kann den Wunsch haben, ihm einen Gruß zuzurufen und ihn mit den Kindern in ihr Haus einzuladen. All diese kontextabhängigen Optionen geben der Beobachterin einen großen Spielraum für eine individuelle Wahl ihres Verhaltens und ihrer Gefühle.

Zweitens kann man, wenn man dem Kontext besondere Beachtung schenkt, Dinge neu interpretieren, die bereits geschehen sind, ein weithin anerkanntes Verfahren in der Psychoanalyse. Diese Option beruht auf der Erkenntnis, daß unerwünschte Verhaltensweisen und Gefühle durch den *Kontext* bedingt sind, der in der Kindheit und Jugend der Betreffenden vorhanden war. So kann z.B. eine Patientin, die sich in Gegenwart ihres Arbeitgebers sehr unwohl fühlt, vergessen haben, wie laut sie ihr Vater stets anschrie. In der Psychoanalyse erinnert sie sich daran und verschafft sich dadurch die Chance, ihr Verständnis dessen zu verändern, was in diesen frühen Jahren tatsächlich geschah. Sie erkennt vielleicht, daß das Gebrüll ihres Vaters einer Verzweiflung über Schwierigkeiten entsprang, die mit seiner Tochter gar nichts zu tun hatten. Der neuerlebte Kontext, den dieses Verständnis schafft, wäre günstiger für den verbesserten Kontakt der Patientin zu ihrem Chef, der schließlich nicht ihr Vater und (vermutlich) nicht verzweifelt ist. Da die Psychoanalytiker diese Reorganisation der Vergangenheit als fruchtbar erkannten, legten sie natürlich großen Nachdruck auf den Kontext der Erfahrungen jedes Menschen.

Nun zurück zu den Verfechtern der Abspaltung, die die Veränderung aus genau der entgegengesetzen Position her anstrebten. Statt im Kontext herumzustöbern, versuchten sie, ihn mehr oder weniger abzuschaffen und mit neuen Erfahrungen von vorn zu beginnen. Die wichtigsten methodologischen Schauplätze für diese Experimente waren Gehirnwäsche, Meditation, Hypnose, Drogen und die Hier-und-Jetzt-Orientierungen der Psychotherapie, insbesondere der Gestalt-Therapie. Obwohl jedes dieser Instrumentarien verschiedene Motive, Verfahren und Ergebnisse bietet, bewirken sie alle, daß die Betroffenen aus dem Zeitkontinuum schnellen. Dies ist eine magnetische Aussicht in einer Welt ständig wachsenden Zeitdrucks, in der ein populärer Spruch lautet: »Haltet die Welt an, ich möchte aussteigen«. Diese Methoden verhalfen genau dazu, sie ermöglichten es den Teilnehmern, Asyl in einer Gegenwart zu finden, die pur, fesselnd, aus einem Guß, von allem losgelöst erschien. Sehen wir uns nun an, wie jede dieser Methoden Aufgeschlossenheit für neue Erfahrungen erreichte und gleichzeitig Gefängniswände errichtete.

Gehirnwäsche

Gewöhnlich wurden abspaltende Verfahren bei Menschen angewandt, die, obwohl sie nicht alle Wirkungen voraussehen mochten, dennoch willige Teilnehmer waren. Dies traf jedoch nicht immer zu, insbesondere nicht bei der Gehirnwäsche von Personen, die politische Dissidenten oder ausländische Feinde waren. Gehirnwäsche ist vielleicht die härteste vorsätzliche Methode zur Beseitigung von Kontext. Das Ziel ist, eine Tabula rasa zu schaffen, das Bewußtsein — nötigenfalls gewaltsam — dafür zu öffnen, womit es gegenwärtig gespeist werden soll.

Methoden der Gehirnwäsche wurden in allen Jahrhunderten in der einen oder anderen Form angewandt, aber der Begriff wird in neuerer Zeit zur Beschreibung der Verfahren benutzt, mit denen Chinesen und Russen Personen auf ihr soziopolitisches System einschworen. Hier ist ein Beispiel, wie sie es machten. Nach einem Bericht von R. L. Walker, der 1956 über die Indoktrination chinesischer Arbeiter schrieb, begannen sie, indem sie ihre Trainees für neun bis zwölf Monate von ihrer normalen Umgebung und den üblichen Einflüssen ihrer Familie, Freunde und Tätigkeiten trennten. In der amerikanischen Gesellschaft schaffen wir schon seit langem ein neues Lernklima für junge Menschen, wenn sie zum ersten Mal ihr Elternhaus verlassen, um an ein College zu gehen. Angesichts der erhöhten Mobilität schicken wir neuerdings sogar die Cheerleaders der High School (deren Aufgabe es ist, die Sportteams der Schule anzufeuern) aus ihren Heimatorten in ferne Trainingsstätten, wo sie zusammen leben und ausgebildet werden. Die Klausur, jetzt allgemein üblich in den Kirchen und in der Industrie sowie für Encounter-Gruppen, ist ebenfalls dazu geeignet, eine isolierte Atmosphäre für optimales Lernen zu schaffen. Menschen, die an solchen Gruppen teilnehmen, machen sprunghafte Lernfortschritte durch die gebündelte Aufmerksamkeit, die ihnen durch die Trennung von ihrer Familie und anderen vertrauten Einflüssen erleichtert wird.

Auf dieser Isolierung vom Vertrauten aufbauend, zielte das chinesische Umerziehungsprogramm auch darauf ab, Müdigkeit hervorzurufen — in härterer Weise, als das bei unseren Klausuren üblich ist. An die Teilnehmer wurden enorme Anforderungen gestellt, genau wie das an unseren medizinischen Fakultäten der Fall ist, und man ließ ihnen wenig Gelegenheit zur Entspannung oder zum Nachdenken. Man steigerte die Konzentration noch mehr, indem man Spannung und Ungewißheit eskalierte. Die Art und Weise, wie die Spannung erhöht wurde, war angsteinflößend. Leute verschwanden, und es wurden Gerüchte über ihr Schicksal ausgestreut. Als genügte dies noch nicht, um den persönlichen Ansporn jedes einzelnen zu erhöhen, gut zu lernen, wurde der ausgeübte Druck noch durch beleidigende Sprache verschärft. Die Chinesen ließen sich dabei offenbar von denselben Prinzipien leiten wie Synanon (amerikanische Selbsthilfeorganisation zum Drogenentzug — d.Übers.), wo Beleidigungen mit Ehrlichkeit und Spontaneität gleichgesetzt werden. All diesen Schikanen setzten die Chinesen die Krone auf, indem sie Humor verboten — der uns normalerweise daran erinnert, daß alles nicht so heiß gegessen wie gekocht wird.

Dieses Verfahren schuf offensichtlich eine Notlage, die die Aufmerksamkeit von selbst auf die unmittelbare Gegenwart konzentriert. Diese Trainees befanden sich in einem vollkommen neuen Milieu, für das ihre gewohnte Welt zumindest vorübergehend von geringer Relevanz war. Nach solchen Perioden der Erschöpfung und Krise fand das sogenannte »Zöpfeabschneiden« statt, wobei »die Zöpfe« Bindungen an alles bedeuteten, was vorher am wichtigsten war — Werte, Freunde, Familie, Arbeit, Freizeitvorlieben etc. Wie William Sargant, ein anderer Erforscher des Gehirnwäschephänomens, festgestellt hat, kann man Menschen Glaubenssysteme »durch zufällig oder absichtlich hervorgerufene Furcht, Wut oder Erregung einpflanzen ... Erinnerungen können vorübergehend ausgelöscht werden, ... so daß es möglich wird (andere Verhaltensweisen) zu etablieren.«

Robert Jay Lifton interviewte eine Anzahl früherer »Feinde«, die das chinesische Verfahren zur Reformierung des Denkens durchgemacht hatten. Wieder wird klar, daß ein Hauptbestandteil ihrer Erfahrungen die Unterdrückung des Kontexts war; d.h. was im Leben jedes Einzelnen vorher zählte, wurde annulliert. Einer der Beteiligten sagte über seine Erfahrung: »Man muß alle seine imperialistischen Gedanken ausmerzen und verurteilen, und man muß unter Anleitung des Funktionärs alle seine eigenen Gedanken kritisieren ... Dies ist nötig, denn *wenn man diese Gedanken nicht los wird, kann man keine neuen aufnehmen*« (Hervorhebung durch Erving Polster).

Obwohl die Indoktrinierten die neuen Überzeugungen in der Regel annehmen, scheinen sie nach ihrer Freilassung oft geistesabwesend vor sich hinzustarren, wie es Lifton und andere beschrieben haben. Sie leben verbindungslos in der alten Umgebung, in die sie zurückkehrten. Einen vergleichbaren Ausdruck, wenn auch nicht ganz so beziehungslos, habe ich an einigen Encounter-Gruppen-Fans bemerkt, die zum formelhaften Gebrauch von Phrasen neigen wie »damit kann ich umgehen«, den oder die Nächstbeste umarmen oder die Leute mit der Bemerkung abtun, »das ist dein Problem«.

Unter den Absolventen der chinesischen Programme ist eine peinigende Bewußtseinsspaltung festzustellen, wenn sie in den Westen zurückkehren. Sie machen den Eindruck, von den Toten wiederauferstanden zu sein. Die Wiederauferstehung scheint jedoch von zweifelhaftem Wert, wenn man nicht auf Seligkeit, sondern phrasenhafte Rhetorik und einen leeren Gesichtsausdruck stößt. Haben sie jetzt die Folgen der Gefängnisjahre abgeschüttelt oder die Spuren der früheren Jahre, denen sie entfremdet worden waren? Zwischen Erziehern und Umerziehern, die beide ihr Bewußtsein zu prägen suchten, liegen sie doppelt besiegt und mit geschwächter Loyalität am Boden. Obwohl die chinesische Umerziehung »haftenbleibt«, werden manche Opfer der Gehirnwäsche durch den widersprüchlichen Kontext im Westen aufs Neue auseinandergerissen. Selbst wenn sie der Indoktrinierung Mängel vorwerfen, sehnen sie sich nach der simplen Vereinbarkeit zwischen ihren neuen Ideen und der Gefängnisphilosophie. Diese Vereinbarkeit zwischen dem unmittelbaren Erleben und dem Kontext, in dem es stattfindet, — die für die innere Harmonie so nötig ist — zerbricht, sobald sie in die Umgebung zurückkehren, die ihnen einst so vertraut war, wie es nur die Heimat sein kann.

Hypnose

Hypnose ist ein anderes Mittel, um den Augenblick des Erlebens von dem Kontext zu trennen, in dem er sich ereignet. Die hypnotischen Induktionsmethoden dienen im allgemeinen dem Zweck, das Bewußtsein des einzelnen zu verengen. Obwohl sich die Hypnotiseure in ihren Verfahren und Zielen stark voneinander unterscheiden, arbeiten die meisten offensichtlich durch Lenkung der Aufmerksamkeit auf eine spezifische Empfindung oder ein bestinmtes äußeres Objekt unter Ausblendung aller übrigen Reize. Marion Moore hat über Milton Erickson, den bekanntesten therapeutischen Hypnotiseur, gesagt, er habe es »meisterhaft verstanden Menschen davon abzulenken, sich auf ihre Umgebung und ihre Gedanken zu konzentrieren.... Das Ziel seiner Induktionsverfahren war es, die Aufmerksamkeit des Betreffenden nach innen zu lenken und dadurch seine Empfänglichkeit für äußere Reize einzuschränken. Dieses Hinhalten der Aufmerksamkeit löste rasch eine tiefe Trance aus.« Sobald die Trance eingetreten ist und der Betreffende sich in diesem abgespaltenen Zustand befindet, können normale Überzeugungen und Gewohnheiten oft umgangen werden. Der Hypnotisierte ist von seinem neuen Gegenstand so in Anspruch genommen, daß alles übrige in den Hintergrund tritt. Wie Erickson und sein Co-Autor Ernest Rossi bemerkt haben: »Wenn der Therapeut die momentane Erfahrung des Patienten im Hier-und-Jetzt richtig bezeichnet, ist der Patient gewöhnlich sofort dankbar und für alles übrige aufgeschlossen, was der Therapeut zu sagen hat. (Dadurch entsteht) eine Ja-Haltung für alle Suggestionen, die der Therapeut aussprechen möchte.«

Diese Beschreibung der Tranceinduktion bestätigt die Annahme, daß das vollständige Erleben des Hier-und-Jetzt die Aufgeschlossenheit eines Menschen für neue Ideen verändern kann. Sobald die Abspaltung herbeigeführt ist, kann der oder die Betreffende mit dem Therapeuten über Erfahrungen sprechen, die ihm oder ihr sonst nicht zugänglich wären. Und durch posthypnotische Suggestion können die Betreffenden Dinge tun, die sie sonst nicht tun würden. Manchmal treibt die damit einhergehende Zielstrebigkeit Patienten zu rasch voran, so daß sie sich sträuben. In anderen Fällen gehen sie zwar voran, entwickeln aber starke Angst. In beiden Fällen stößt der Therapeut an die Grenze seiner Fähigkeiten, den Kontext ganz zu beseitigen. Wenn peinigende Angst auftritt, muß der Therapeut den Klienten durch die Schrecknisse geleiten die ihre Macht behalten haben.

Ein Hauptunterschied zwischen Hypnose und Gehirnwäsche besteht darin, daß die letztere einen langwierigen Prozeß erfordert, während bei der Hypnose nur eine knappe Zeitspanne zwischen der Induktion und den beabsichtigten Folgen vergeht. In kurzer Zeit gestattet der hypnotische Zustand bekannte Wirkungen, die von Schmerzunempfindlichkeit und großen Kraftleistungen bis zum Erinnern längst vegessener Ereignisse reichen. Durch posthypnotische Suggestion kann man erreichen, daß eine Klientin einen Anruf macht, vor dem sie sich fürchtete, daß sie ihrem Kind Geschichten erzählt, die sie sich nicht zu erzählen getraute, daß sie in Ruhe Vorträge hält, bei denen sie früher in Panik geriet, oder einen Fahrstuhl benutzt, was ihr vorher wie ein Todesurteil erschienen war. Diese und ähnliche erstaunliche Ergebnisse — unter normalen Umständen nicht zu erzielen — sichern der Hypnose einen Platz in jedem historischen Repertoire scheinbarer Wunderheilungen.

Ein Teilnehmer einer gruppenhypnotischen Demonstration, dem man gesagt hatte, daß er außerstande sein werde, seinen Arm zu heben, berichtete später, daß er gewußt habe, er *könnte* seinen Arm heben, wenn er es *wollte*, aber daß er nicht gewußt habe, wie er es wollen sollte. Für die Ausführung dieser simplen Bewegung fehlte einfach die nötige Verbindung zwischen seinem Willen und den ausführenden Organen, als ob seiner Persönlichkeit die Klammer fehle, die deren Bestandteile zusammenhält. Zu einer ähnlichen Spaltung kann es auch im täglichen Leben spontan kommen. Nach ihrer Erholung aus einer depressiven Stimmung sagte eine Frau zu ihrem Mann, daß sie mit ihm sprechen, ja ihm vergeben wollte, es aber nicht schaffte, ihren Mund zu öffnen.

Ein anderer Unterschied zwischen Gehirnwäsche und Hypnose ist, daß die Hypnose gewöhnlich bei einem bestimmten und zeitlich begrenzten Anlaß eingesetzt wird und daß der Zustand der Abspaltung dem oder der Betreffenden nicht aufgezwungen wird. Die Unterscheidung ist jedoch manchmal zweifelhaft. Man ist sich zunehmend darüber im klaren, daß die Faktoren, die bei der üblichen hypnotischen Trance einen so starken Einfluß ausüben, in Wirklichkeit universeller und auch in unbeabsichtigter Weise wirksam sind. Jede Beschränkung auf den gegenwärtigen Augenblick ruft in der Regel ein gewisses Maß an Dissoziation hervor. Wer ein Kind vor dem Ertrinken rettet, in ein Handgemenge verwickelt wird oder eine zwanzig Meter hochschießende Feuersäule beobachtet, wird alles übrige vergessen. Auch andere Alltagserlebnisse haben einen spontanhypnotischen Einfluß. Beredsamkeit, ein gezieltes Ansprechen spezifischer Bedürfnisse von Menschen, das Hervorrufen des Gefühls einer Notlage, ein überzeugendes Vertreten des eigenen Standpunkts, eine Aura des Erfolgs zählen zu den Phänomenen, die Menschen in ihren Bann schlagen. Ihre Wirkung bedarf keiner der bewußt herbeigeführten Bedingungen, um jene Aufmerksamkeit zu erregen, die ein Erlebnis gewöhnlich als hypnotisch qualifiziert. Doch angesichts verbesserter hypnotischer Techniken und eines gesellschaftlichen Klimas, das die Gegenwart verehrt, könnte die Auffassung an Boden gewinnen, daß außer dem, was uns gegenwärtig bewegt, nichts existiert. Hypnose ist eine der großen Entdeckungen aller Zeitalter, da sie nicht nur eine therapeutische Wirkung hat, sondern uns auch Einblicke in geheime Windungen der Seele gestattet. Aber, um ein bekanntes Zitat zu variieren, gut weht der Wind, der keinen Nachteil bringt, was als Leitmotiv dieses ganzen Kapitels dienen könnte.

Dieselben unerhörten Möglichkeiten zur Veränderung des Verhaltens, die die Hypnose versprach, bietet auch das verwandte Phänomen der Meditation. Manchmal sind beide voneinander ununterscheidbar. In beiden Fällen wird das normale Wahrnehmungsspektrum eines Menschen zugunsten einer anhaltenden, unabgelenkten Konzentration ausgeschlossen. Meditation ist für eine große Zahl von Menschen etwas so Alltägliches geworden wie das Gebet für den Kirchgänger. Viele Menschen konzentrieren ihre Aufmerksamkeit häufig, gewöhnlich täglich, für einen längeren Zeitraum von zwanzig Minuten oder mehr auf ein Mantra, ein Bild, eine Empfindung, eine seelische Verfassung (wie Liebe) etc. Nach diesem Beginn stellen sich häufig eindrucksvolle innere Veränderungen ein. Anhaltender Friede, ein Gefühl kosmischer Harmonie, körperliches Wohlbefinden, schlichtes Vertrauen, ein gesunder Optimismus für die Bewältigung von Problemen, all dies sind Beispiele des großen Einflusses meditativer Konzentration auf persönliche Veränderungen.

Gopi Krishna, ein Praktiker der Meditation, hat eloquent über seine Vorstöße in das Reich der Kundalini-Erfahrungen geschrieben. Kundalini ist ein vitaler Energiestrom, der seinen Sitz am unteren Ende der Wirbelsäule hat. Sobald er erweckt wird, »trägt er das begrenzte menschliche Bewußtsein in transzendentale Höhen und stattet das Individuum mit unglaublichen geistigen und seelischen Kräften aus«. Krishnas Erfahrungen übersteigen natürlich die des gewöhnlichen Praktizierenden der Meditation. Sie sind ekstatisch und verzückt. Es ist am besten, seine eigenen Worte zu benutzen, um die ekstatischen Kräfte zu beschreiben, die sich des fortgeschrittenen Meditierenden bemächtigen. Über sein Traumleben sagt er:

> Meine Träume, die etwas Exotisches und Überirdisches hatten, waren so ungeheuer lebhaft und eindrucksvoll, daß ich im Traumzustand buchstäblich in einer strahlenden Welt lebte, in der jede Szene und jedes Objekt vor einem wunderbar erleuchteten Hintergrund glänzte und schimmerte, wobei das Ganze ein Bild von solcher Pracht und erlesenen Schönheit war, daß ich mich ohne zu übertreiben wirklich fühlte, als durchstreife ich im Schlummer zauberhafte elysische Regionen des Himmels.... Die lebhaften Eindrücke, die

> ein genau erinnerter glücklicher Traum während der Nacht hinterließ, blieben den ganzen Tag erhalten, eine süße Erinnerung an eine offenbar einige Stunden dauernde, wie es schien überirdische Existenz, und in der nächsten Nacht folgte ein weiterer Traum, der ebenso bezaubernd und lebhaft war wie der vorhergegangene.

Damit man ihn nicht, aus dem Zusammenhang gerissen, um solche Seligkeit beneidet, berichtet Krishna:

> Wie die überwiegende Mehrzahl der an Yoga interessierten Menschen hatte ich keine Idee, daß ein System, das der Entwicklung der latenten Möglichkeiten und edleren Eigenschaften des Menschen dienen soll, manchmal solche Gefahren mit sich bringen kann, daß cs einen manchmal durch das schiere Gewicht vollkommen fremder und unkontrollierbarer Seelenzustände um den Verstand bringen oder gar des Lebens berauben kann.

Krishna schreibt die fast tödlichen Qualen, die seine freigesetzten Kundalini-Ströme begleiten, einer falschen Richtung zu, die er bei seinen eigenmächtigen Forschungen einschlug. Wir können jedoch auch spekulieren, daß die Probleme durch Schwierigkeiten entstanden, Energien zu assimilieren, für die seine früheren Lebenserfahrungen keinen brauchbaren Bezugsrahmen boten. Die abgespaltenen neuen Energien wurden trotz, nicht aufgrund wichtiger Aspekte seiner früheren Lebenserfahrungen frei. Jener Mut, der erforderlich ist, um über sein offenbares Schicksal hinauszuwachsen, stand ihm reichlich zur Verfügung, und im Laufe seines inneren Kampfes kam es zu einer Aussöhnung zwischen Krishnas Erleuchtung und dem Leben, das er zuvor geführt hatte. Bevor sich diese Harmonie einstellte, berichtete er einmal über das Ausmaß seines Verlusts:

> Ich verlor jegliches Gefühl der Liebe für meine Frau und meine Kinder, die ich aus der Tiefe meines Seins liebgehabt hatte. Der Quell der Liebe in mir schien völlig versiegt zu sein.... Ich sah immer wieder meine Kinder an und versuchte das tiefe Gefühl in mir wachzurufen, mit dem ich sie zuvor betrachtet hatte, aber vergeblich .... *Sie erschienen mir nicht besser als Fremde*. (Hervorhebung durch Erving Polster).

Drogen

So umwerfend die Effekte der Meditation manchmal sein mögen und so verbreitet ihre Praxis inzwischen ist, so kann sie sich dennoch in ihrer Wirkung nicht mit bestimmten Drogen messen. Drogen bemächtigen sich des Bewußtseins in unmittelbarer, überwältigender Weise ohne Indoktrinationsprozeß. Mit diesen Eigenschaften eignen sie sich hervorragend als Instrument der Hier-und-Jetzt-Mentalität. Kein Warten; kaum begonnen, ist die Tat vollbracht. Sobald die Droge, sei es Marijuana, LSD, Heroin, Kokain oder viele andere, in den Körper eingedrungen ist, gleitet der Benutzer in eine neue Erlebniswelt, aus der es keine Rückkehr gibt, bis sich die Wirkung der Droge erschöpft. Obwohl der Zugang mechanisch bewirkt wird, macht jeder Benutzer seine eigenen, individuellen Erfahrungen. Zwar ist er dem beherrschenden Einfluß der Droge ausgesetzt, dennoch spielt die Lebensgeschichte des Einzelnen eine Rolle. Bei LSD kann z.B. der eine köstliche Bilder sonst unerreichbarer Kombinationen schöner Farben und Formen sehen. Ein anderer fühlt sich von der Gefahr bedroht, von einem Berg verschlungen zu werden. Ein Dritter hat ein Erlebnis sexueller Transzendenz, während er Jagd auf einen Elefanten macht. Was den persönlichen Nutzen schmälert, ist, daß diese persönlichen Unterschiede zwar mit dem Leben jedes Einzelnen zu tun haben, die Betreffenden jedoch das Gefühl haben können, daß ihnen das Erlebnis zustößt und nicht, daß sie es bewirken. Manche Menschen entdecken erst rückblickend Zusammenhänge mit dem Kontext ihres Lebens. Sie sind dann vielleicht imstande, diese Erleuchtungen als Leitfäden zu benutzen, ähnlich wie sie es auch mit Träumen tun könnten. Leider verschwinden die persönlichen Implikationen gewöhnlich wieder; dann ist die Versuchung um so größer, erneut zur Droge zurückzukehren. In Konkurrenz mit dem gewöhnlichen Leben ist die Droge ein größerer Magnet, und bei häufigem Gebrauch wird die Gegenwart zu einem Gefängnis, dessen Tore sich schließen.

Gestalt-Therapie

Die Gestalt-Therapie nimmt einen Platz unter diesen kontextauflösenden Instrumentarien ein, obwohl der Primat der Gegenwart ursprünglich nur ein kleiner Bestandteil ihrer Methode war. Trotz des verengten Bildes, das viele Praktizierende davon haben, ist die Gestalt-Therapie ein komplexes methodologisches System. Eine Grundbedingung des Hier-und-Jetzt der Gestalt ist die Einbeziehung des Erinnerns, Vorstellens und Planens als gegenwärtige Funktionen. Obwohl dieser Vorbehalt allen Erlebnissen, gleichgültig wo und wann sie stattfanden, Aufmerksamkeit sichern sollte, hat er dasselbe Schicksal erlitten, das Vorbehalten oft beschieden ist. Er rückte in den Hintergrund. Die zwangsläufige Folge ist, daß viele durch den paradoxen Widerspruch verwirrt sind, einerseits zu glauben, daß die Vergangenheit nicht zählt, und gleichzeitg anzunehmen, daß Erinnerungen wichtig seien. Da es schwierig ist, mit Paradoxen umzugehen, hat eine Seite die Oberhand behalten — der Glaube, daß nur die Gegenwart zählt.

Dies unterlief sogar Fritz Perls selbst, dem Urheber der Gestalt-Therapie. In seinen frühen theoretischen Schriften beschrieb er die Gegenwart als »einen ständig in Bewegung befindlichen Nullpunkt der Gegensätze Vergangenheit und Zukunft«, d.h., er anerkannte Gegenwart und Zukunft noch als lebendige Bezugspunkte für die Gegenwart. Obwohl er seine Ansicht darüber niemals wirklich änderte, würde man das nicht glauben, wenn man seine späteren Aphorismen über die Gegenwart liest. Während er es in seiner konkreten therapeutischen Arbeit meisterhaft verstand, Menschen zu Neuinszenierungen früherer Lebenserfahrungen zu veranlassen, die er so lebendig heraufbeschwor, daß die Betroffenen fast das Gefühl einer Reise in einer Zeitmaschine hatten, brachte er es dennoch fertig, in *Gestalt Therapy Now* zu schreiben:

> Ich habe nur ein Ziel: einen Bruchteil der Bedeutung des Wortes *jetzt* zu vermitteln. Für mich existiert nichts anderes als jetzt. Jetzt = Erfahrung = Bewußtheit = Wirklichkeit. Die Vergangenheit ist nicht mehr, und die Zukunft ist noch nicht.

Was sollten seine Leser und seine Zuhörer denken? Die behutsamsten und ernsthaftesten unter ihnen waren imstande, diese Aussage mit seiner konkreten Arbeit und mit anderen seiner Grundsätze zu vergleichen, wie die Notwendigkeit, Unerledigtes abzuschließen, die untrennbare Beziehung zwischen Figur und Grund und die zentrale Bedeutung der menschlichen *Funktionen*. Diese Perspektiven respektierten alle die Mannigfaltigkeit der Erfahrungen und den Kontext, in dem diese eingebettet waren. Für andere dominierte jedoch das holzschnittartige Bild, das er vom Hier-und-Jetzt entwarf. Im Sinne einer raschen Verständigung funktionierten die klaren Gleichsetzungen, die Perls zwischem dem Jetzt auf der einen und Erfahrung, Bewußtheit und Realität auf der anderen Seite vornahm, zwar gut — sie waren aber nur halbwegs zutreffend. Da die Gegenwart nur ein Punkt auf einem Zeitkontinuum ist, ist sie faktisch weder Erfahrung noch Bewußtheit noch Realität. All dies sind Geschehnisse in der Zeit, nicht die Zeit selbst, so wenig ein Schmuckstück in einer Schatulle eine Schatulle ist.

Ein weiteres Mißverständnis in bezug auf das Hier-und-Jetzt war, daß Perls' Schlagworte über die Gegenwart Bestandteil des an Einfluß gewinnenden existentialistischen Ethos seien. In Wirklichkeit vertraten viele Existentialisten, darunter Kierkegaard, Binswanger, May und De Greeff, nicht den Primat der Gegenwart. Laut Henri Ellenberger meint z.B. De Greeff, daß nur das einjährige Kind in der Gegenwart lebe. Ein vierjähriges habe den Begriff eines Tages, das fünfjährige den Begriff von gestern und morgen, das achtjährige den der Woche, Fünfzehnjährige haben eine Vorstellung vom Monat, Zwanzigjährige vom Jahr und Vierzigjährige von Jahren und Jahrzehnten. Er fügt hinzu, da Schizophrene ihre Bewußtheit von Gegenwart und Zukunft ebenso verengen wie geistig Zurückgebliebene und Psychopathen.

Tatsächlich decken sich Perls' Auffassungen jedoch mit einer vereinfachten Version von Jean-Paul Sartres überaus komplexen Auffassungen über die Zeit. In *Der Ekel* läßt Sartre seinen Protagonisten, Roquentin, paradoxerweise ein Historiker, alles leugnen außer dem gegenwärtigen Erleben. Roquentin sagt:

> Ich sah mich beklommen um: Gegenwart, nichts als Gegenwart. Leichte und haltbare Möbel, in ihrer Gegenwart befangen, ein Tisch, ein Bett, ein Spiegelschrank — und ich selbst. Die wahre Natur der Gegenwart enthüllte sich: sie war das, was existierte, und alles, was nicht Gegenwart war, existierte nicht. Die Vergangenheit existierte nicht. Überhaupt nicht. Weder in den Dingen

> noch in meinem Denken. —Jetzt wußte ich: die Dinge sind ganz und gar das, was sie scheinen — und *hinter* ihnen ... ist nichts.

Dies war eine erschreckende Resignation in bezug auf die Hintergrundfaktoren im Leben, mit der die Grundsätze von Perls durchaus vereinbar waren, die für die Auslöschung des Kontexts eintraten. Doch ebenso wie ein gründlicheres Studium von Perls seine Berücksichtigung eines breiteren Spektrums menschlicher Erfahrungen ergibt, würde die Beschränkung auf das Hier-und-Jetzt eine Trivialisierung von Sartre bedeuten. In *Das Sein und das Nichts* schreibt er z.B.:

> Wenn wir anfangen, den Menschen auf der Augenblicksinsel der Gegenwart zu isolieren ... haben wir uns radikal aller Methoden beraubt, seine ursprüngliche Beziehung zur Vergangenheit zu verstehen.

Diesem Gefühl der Isolierung entsprechend ist zu erkennen, daß selbst in *Der Ekel*, wo Roquentin nichts wahrnimmt außer der Gegenwart, sein Zustand eher als eine Krankheit denn als ein Kommentar über die natürliche Befindlichkeit des Menschen zu werten ist. Er fühlt sich in der Gegenwart eingekerkert und wird von Angst befallen, als er erkennt, daß er der Zeit nicht mehr gestatten möchte, stillzustehen. Er ist tief verstört darüber, daß es ungewiß ist, ob die Bedürfnisse nach einem Ziel und Zweck, nach einer entwickelten Beziehung, nach vertrauten Tätigkeiten und Orten in Erfüllung gehen werden. Klagend bemerkt er:

> Noch nie habe ich so stark wie heute das Gefühl gehabt, ohne geheime Dimensionen zu sein, auf meinen Körper beschränkt zu sein, auf die leichten Gedanken, die wie Blasen aus ihm aufsteigen. Ich konstruiere meine Erinnerungen mit meiner Gegenwart. Ich bin in die Gegenwart zurückgeworfen, verlassen. *An die Vergangenheit versuche ich vergebens anzuknüpfen: ich kann mir nicht entkommen.* (Hervorhebung durch E. Polster)

Die Qual von Roquentins Eingeschlossenheit in der Gegenwart entspricht der Ausweglosigkeit, mit der jede Neurose identifiziert wird. Vielleicht empfand Sartre Roquentin als tragisch in der Gegenwart gefangen;

vielleicht sah er ihn im Gegenteil als bedauerlicherweise abgeneigt, in der Gegenwart zu leben. In Wirklichkeit ist ja nichts da, worin man leben oder wovor man fliehen müßte. Die Vorstellung, *in der Gegenwart* zu leben, erinnert einen an die Digitaluhr, ein passendes Symbol für eine isolierte Gegenwart. Daß diese Erfindung mehr ist als eine banale Annehmlichkeit, wird von den Beobachtungen von Tina Jacobowitz, einer Lehrerin aus New Jersey, veranschaulicht, die feststellte, daß Kinder nicht mehr so leicht bruchrechnen lernen wie früher. Sie erkannte, daß das runde Zifferblatt Beziehungen verdeutlicht, die bei Digitaluhren nicht mehr klar werden. Begriffe wie vorher, nachher, Ganzes, Teil, halbe und Viertelstunde können durch diese Uhren nicht mehr vermittelt werden. Mit Ausnahme eines winzigen Bruchteils einer ganzen Minute steht die Zeit still, und immer ist die Zeit, die die Uhr anzeigt, die einzige Zeit, die man sehen kann. Im Interesse der Einfachheit beseitigt die Digitaluhr den Kontext, in dem eine bestimmte Zeit auftritt, und macht dadurch die visuelle Erfahrung einer ständigen linearen Fortbewegung zunichte. Der strikt auf die Gegenwart orientierte Mensch entwickelt eine ähnlich digitale Mentalität. Nur wenn wir uns des unaufhaltsamen Verrinnens der Zeit bewußt sind, können wir jedoch der vollen Tragweite der menschlichen Erfahrungen gerecht werden.

Dennoch hat das Hier-und-Jetzt als psychologischer Brennspiegel zur Steigerung der Aufmerksamkeit einen wichtigen Zweck erfüllt. Es half, den psychischen Abstand zwischen dem Individuum und den Ereignissen des Lebens zu schließen. Während man versuchte, in die *Gegenwart* zu gelangen, war man gleichzeitig genötigt, sich auf das eigene *Erleben* einzulassen. Man begriff, daß das Wesentliche das ist, *was* geschieht, mit *wem* es geschieht, *wie* es geschieht, *wann* es geschieht, *wie* man sich dabei *fühlt* und insbesondere, welche *Konsequenzen* das Geschehen hat. Der Therapeut vermittelt den Bezug zu Fundamentalerem jedoch eher, indem er den Patienten unmittelbar zu dessen *Funktion* und zur *Bewußtheit* hinführt und nicht dazu, »in der Gegenwart zu leben«. Die durch die hohe Konzentration entstehende schmale Bandbreite des Erlebens bringt das Individuum dann voran wie ein Flugzeug, das dem Leitstrahl folgend sein Ziel ansteuert. Um die Intensität des gesteigerten Erlebens mit der umfassenderen Realität in Einklang zu bringen, in die das Leben jedes Menschen eingebettet ist, muß der Therapeut beweglich genug sein, um zwischen verschiedenen Formen des Kontakts hin- und herzupendeln. In dieser Vielseitigkeit inbegriffen sind einige Dinge, die der Therapie ein lockerndes Gefühl alltäglicher Menschlichkeit verleihen und die normalerweise als Zeitverschwendung betrachtet werden, wie Rezepte auszutauschen, zu scherzen, einen Film zu besprechen oder sich über Ferienpläne zu unterhalten. Bemerkungen über die Ausstattung eines Hauses, die Beschreibung eines guten Freundes oder die Erwähnung eines zufälligen Abenteuers setzen die Erweiterung des bloßen Interesses eines Menschen am anderen fort. Das Eingehen auf die Geschichten über die wichtigsten Ereignisse im Leben eines Menschen, das Erkennen der Implikationen ihrer Handlungen, das Planen neuer Möglichkeiten, ein Gefühl für die Wichtigkeit von Freundschaften — diese und ähnliche menschliche Anliegen unterstreichen den Umfang von jemandes Aufmerksamkeit. Diese Spannweite der Themen und Verhaltensstile kann dazu beitragen, ein sonst abgespaltenes Erlebnis zu einem selbstverständlichen Bestandteil der umfassenderen Existenz eines Menschen zu machen.

Dieser Wechsel von einer Umgangsform zur anderen schließt hohe Konzentration nicht zwangsläufig aus. Vielmehr bereitet er den Boden dafür. Selbst ein Roman, so verdichtet er ist, verursacht einem nicht ständig Herzklopfen; ebensowenig sollte es die Therapie. Menschliches Engagement besteht aus mehr als innerer Aufmerksamkeit oder auf Kissen einschlagen oder schmerzhafter Konfrontation oder nervenaufreibendem Schauder. Es lohnt sich daher, oft eine Abschwächung der geballten Energie zu riskieren. Zu wenig Abwechslung — bei ständiger hochkonzentrierter Betonung des »Hier-und-Jetzt« — verhindert vieles, worauf es ankommt: Beharrlichkeit des Engagements, Erkennen der Folgen eigener Handlungen, Vorbereitung auf schwierige Dinge, die der Vorbereitung bedürfen, Verläßlichkeit, Bereitschaft für die Anforderungen, mit denen Menschen unweigerlich konfrontiert sind etc. Wenn diese unvermeidlichen Erfordernisse des Lebens chronisch zugunsten von etwas beiseite geschoben werden, was nur *vorübergehende* technische Maßnahmen sein sollten, ist Entfremdung von großen Teilen der relevanten Gesellschaft eine Folge; daß das Leben zu einem Klischee wird, ist eine weitere.

Ein paar Beispiele von Menschen, die von Klischeevorstellungen über das Leben in der Gegenwart befallen sind, sollen die spaltende Wirkung auf das Bewußtsein aufzeigen und die therapeutische Einladung dagegensetzen, aus der Gegenwart zu entfliehen. Abigail, eine fünfundzwanzigjährige Frau, war ihren Eltern entfremdet, die sich aus religiösen Gründen nicht damit abfinden konnten, daß sie unverheiratet mit einem Mann zusammenlebte. Obwohl sehr bedrückt über ihre Distanz zu ihnen, ließ sich Abigail nicht davon abbringen, mit diesem Mann zusammenzuleben, den sie liebte. Sie hatte den dringenden Wunsch, sich mit ihren Eltern zu versöhnen, aber nicht auf Kosten ihrer Entscheidungsfreiheit. Als sie mir ihre Geschichte erzählte, sprach sie im Ton eines Menschen, jünger als ihre fünfundzwanzig Jahre, aus einer hoffnungslosen, kindlichen Position gegen ihre Eltern ankämpfend. Sie wußte viel mehr als diese über das heutige Leben, aber sie redete dennoch zaghaft. Ich forderte sie auf, laut mit ihren Eltern zu reden und sich dabei vorzustellen, daß diese in meiner Praxis säßen. Sie sagte, sie würden sie in scharfem Ton fragen, ob sie heiraten werde. Darauf antwortete sie, daß sie nicht darüber reden wolle. Normalerweise, im tatsächlichen Kontakt mit ihnen, würde sie entweder tränenreich dahinschmelzen oder in katatonieähnliche Lähmung verfallen. Ich ermutigte sie, sich so gut zu artikulieren, wie sie konnte, und aus ihrem Wissen Nutzen zu ziehen, indem sie aussprach, was sie als richtig erkannt hatte. Abwechselnd beide Seiten verkörpernd, spielte sie den folgenden Dialog zwischen ihr und ihren Eltern:

ABIGAIL: Der Grund, warum wir nicht geheiratet haben, ist, daß wir gern zusammenleben und ich nicht etwas tun möchte, bloß weil man es von mir erwartet .... Ich muß das Gefühl haben, daß es mir innerlich wichtig ist.

ELTERN: (beißend) Nun, ist die Kirche nicht Grund genug für dich?

ABIGAIL: Die Kirche ist mir sehr wichtig. Was mir wichtig ist, ist der spirituelle Teil davon, Gott zu erleben. Mir geht es nicht bloß darum, die Regeln zu befolgen. Unserer Kirche zufolge ist die Ehe ein Sakrament. Und ich weiß nicht, warum ... ich verstehe es überhaupt nicht (weint, sieht wieder verwirrt und resigniert aus).

Ein entscheidender Punkt war erreicht. Einen Augenblick lang gelang es Abigail gut, ihren Standpunkt klar zu vertreten. Dann wurde sie typischerweise wieder verwirrt. Sie schaffte den Schritt nicht, etwas, das sie in ihrer gegenwärtigen Umgebung mit Sicherheit wußte, auch gegenüber ihren Elten zu wissen. Ihre eigenen Wahrheiten waren, obwohl sie daran glaubte, abgespalten und daher im Gespräch mit ihrer Mutter und ihrem

Vater nicht anwendbar. Sie stammten aus einer fremden Welt. Sie sagte mir, als sie sich ihre Eltern vorstellte, daß sie sie kritisch anschauten und sie weder verstanden noch es auch nur versuchten. Was Abigail — typisch für sie — empfand, war, daß sie unrecht handle. Trotz ihres Mißbehagens gegenüber ihren Eltern war sie noch an ihre Vergangenheit gebunden. Sie brauchte die Eltern, nicht nur wegen der Beziehung als solcher, sondern auch, um ihr Gefühl zu überwinden, von ihrer gesamten Vergangenheit isoliert zu sein. Ihr Gefühl der Trennung war wie eine Amputation, sie fühlte sich von ihren Wurzeln abgeschnitten und einem kosmischen Jammer ausgeliefert. Daß sie unter dem Verlust ihrer Eltern so litt, war traurig genug, aber das Übel vervielfachte sich, wenn sie die Erfahrungen ihres Lebens entwertete, über die ihre Eltern natürlich keine Macht hatten.

An dieser Stelle sagte ich zu ihr, sie erwecke den Anschein, als wolle sie es aufgeben, mit ihren Eltern zu reden, da sie glaube, sie würden nicht zuhören — aber sie gebe vielleicht zu früh auf. Ob sie ihr zuhörten oder nicht, sie brauche die Klarheit, die Worte vermitteln können. Als ich sie fragte, ob sie bereit sei, das Gespräch fortzusetzen, kehrte sie dazu zurück. Wieder spielte sie beide Rollen, diesmal in einem sanfteren Ton. Ihre Eltern sagten zu ihr, wie tief verletzt sie seien, daß sie den Schoß der Familie verlassen habe, und sie fügten hinzu, sie machten sich Sorgen, daß sie ihr Leben vergeude, daß sie keine Zukunft habe. Abigail antwortete:

ABIGAIL: Ich glaube nicht, daß das stimmt. Ich habe eine verdammt gute Zukunft. Für mich zählt, was ich jetzt habe, nicht in 20, 30 oder 50 Jahren. Und das sollte auch so sein. Ich weiß nicht so lange im voraus, was los sein wird. Was ich jetzt habe, hat nichts mit der Zukunft zu tun. Dies ist das Leben, das ich jetzt gewählt habe — es kann sich ändern, das weiß ich nicht (ein jammernder Tonfall schleicht sich wieder ein, und sie beginnt, gekünstelt zu klingen). Was ich weiß, ist, womit ich heute glücklich bin (unüberzeugend).

Sie schien sich in ihrer Litanei über die gegenwärtige Erfahrung verstrickt zu haben. Ich erklärte ihr, daß sie mit der Aussage begonnen habe, sie hätte eine verdammt gute Zukunft, und daß sie dann von dieser

Überzeugung abgegangen sei, indem sie ihre Zukunft als unwichtig bezeichnete. Ich erklärte, daß sie wahrscheinlich Erwartungen in bezug auf die Zukunft habe, manche verborgener und manche recht offenkundiger Art. Ich vertrat die Auffassung, ihre Eltern meinten, sie habe unrecht, wenn sie behauptete, die Zukunft zähle nicht, — statt zu sagen, wie sie angesetzt hatte, daß sie eine andere Meinung in bezug auf ihre Zukunft habe. Sie meine wahrscheinlich selbst, daß sie Unrecht habe, denn die Zukunft zähle durchaus, obwohl die Leute, mit denen sie zusammen war und die sehr gegenwartsorientiert waren, dem widersprachen. In ihrer Verwirrung wußte sie jetzt nicht mehr, was sie sagen sollte. An diesem Punkt schlug ich ihr vor, nochmals mit ihren Eltern zu sprechen und ihnen zu sagen, was für sie wirklich stimmte.

ABIGAIL: Wenn ihr sagt, ich hätte keine Zukunft, dann stimmt das nicht, daß es zu leicht in die Brüche gehen könnte, wenn ich nicht verheiratet bin, und wenn ich verheiratet wäre, dann könnte und würde das nicht geschehen. Keiner könnte sich einfach zurückziehen .... Ich glaube nicht, daß das stimmt .... Ich glaube, daß wir eine sehr starke Bindung aneinander haben .... Die Probleme, die zwischen uns auftauchen, betrachten wir als langfristig, nicht, daß es nur im Augenblick gut ist und wir nicht heiraten werden, weil es leichter ist, zusammenzupacken und wegzugehen.

Inzwischen hatte ihre Stimme keine Spur eines jammernden Tonfalls mehr. Ihr Blick war klar, während ihr Gesicht normalerweise einen fragenden Ausdruck hatte. Es schien ihr jetzt nichts mehr auszumachen, ob ihre Elten akzeptierten, was sie sagte. Sie glaubte offensichtlich an ihre eigenen Worte; als ich sie fragte, wie sie sich dabei fühle, antwortete sie einfach, »klar«. Sie schien jetzt fest auf dem Boden zu stehen und bemerkte später über die Erkenntnisse, die sie im Laufe ihres Lebens gesammelt hatte: »Es ist ein Prozeß, all das zu verändern, was man mir beigebracht hat, und alles übrige zu nehmen, was ich gelernt habe, und alles miteinander zu verbinden.«

Das Auffallende an Abigails Geisteshaltung war der immer wichtigere Platz, den die Gegenwart einnahm. Dieser Brennpunkt gestattete ihr, eine Beziehung zu haben, die in ihrem Milieu nicht möglich war. Da sie den Widerspruch nicht auflösen konnte, mußte sie den Einfluß ihrer Eltern beschneiden und sich dabei unnötigerweise auch von anderen großen Bereichen ihres Lebens distanzieren. Sie hatte den Einfluß ihrer Eltern fälschlicherweise mit ihrem früheren Leben gleichgesetzt. Aber ihre Vergangenheit beinhaltete viel mehr — das gilt für uns alle — als die Einstellungen ihrer Eltern und konnte als Geborgenheit vermittelnder Hintergrund ihres gegenwärtigen Lebens erhalten bleiben, ob ihre Eltern das akzeptierten oder nicht. Dieses ganze verwobene Mosaik ihrer Vergangenheit, Gegenwart und Zukunft war in hoffnungslose Verwirrung geraten, ähnlich wie bei dem Opfer der Gehirnwäsche, das aus chinesischer Internierung in die amerikanische Gesellschaft zurückkehrt. Alles miteinander zu vereinbaren war keine so hoffnungslose Aufgabe, wie sie annahm, sobald sie die Wahrheit in ihrer eigenen Argumentation erkannte. Sobald sie an ihre konkrete Zukunft glaubte, statt sich auf zusammenhanglose Floskeln zu verlassen, konnte sie ihr Recht auf ihre Beziehung zu dem Mann, den sie liebte, als Bestandteil der simplen Kontinuität ihres Lebens begreifen.

Eine andere Patientin, Ann, eine fünfunddreißigjährige Sozialarbeiterin, die ihr Studium erst vor kurzem abgeschlossen hatte, beschrieb ihre Gefangenschaft in der Gegenwart anders:

> Ich war früher sehr zielorientiert .... Sobald meine Ehe auseinanderging, verlor ich das Gefühl, eine Zukunft zu haben; ich verlor meine Träume, ich verlor das Gefühl, sie verwirklichen zu können. Als ich jünger war, glaubte ich, ich könnte alles kriegen, was ich wollte — das gehört vielleicht zur Jugend dazu. Im allgemeinen ... bekam ich auch, was ich wollte. Jetzt habe ich dieses Gefühl nicht mehr — gelegentlich habe ich dieses Gefühl — das Gefühl, daß ich kriegen kann, was ich will. Aber ich empfinde es nicht wirklich mehr so wie früher. Und ich habe auch keine Träume mehr — wirkliche Träume. Ich stelle mir nicht mehr vor, verheiratet zu sein — ich kann mir gar nicht mehr vorstellen, wie das ist — oder auch ein Kind zu haben — ich kann es mir nicht vorstellen.
>
> Mir ist etwas in die Hände gefallen, was ich geschrieben habe — darüber, daß man seine Träume verliert und sich neue schaffen muß, und wenn man das nicht tut, in einen Abgrund stürzt — vom Kopf her habe ich das schon vor Jahren begriffen, daß ich mir neue Dinge schaffen mußte, die ich mir wünschte, aber darunter ist nichts — oder ein Gefühl, daß ich sie nicht kriegen kann.

Anns Worte klingen bekannt, sie erinnern an Sartres Roquentin, und man hört sie häufig von depressiven Menschen, für die es kennzeichnend ist, daß sie keine Zukunft vor sich sehen — daß sie nur Verlust empfinden. Ihre Aufmerksamkeit beschränkt sich auf eine trübe Gegenwart, und dabei meiden sie paradoxerweise jene Aspekte der Gegenwart, die sie beleben könnten. Ann war jedoch nicht typisch. Obwohl sie Worte der Depression äußerte, war sie auch energiegeladen. Sie sprach rasch, sie katapultierte sich fast in den nächsten Augenblick, aber die Erfahrungen des nächsten Augenblicks waren nicht neu. Ihre Erlebnisse verschwammen zu einem Mischmasch von Gegenwart, wie die Töne eines Pianisten, der zuviel Pedal benutzt.

Es wurde mir klar, daß Anns Gefühl, keine Zukunft zu haben, bewirkte, daß sie an ihre Erlebnisse zu geringe Ansprüche stellte. Ansprüche treiben Menschen an, auf die Folgen ihrer Erfahrungen zu achten. Es war nötig für Ann anzufangen, an mich, an ihre Freunde, an ihren Beruf, an ihre Patienten und an sich selbst Ansprüche zu stellen. Sie begriff meine Worte und verwirklichte sie, indem sie neue berufliche Befriedigungen anstrebte. Statt an der vorübergehenden Teilzeitarbeit festzuhalten, die sie hatte, und mit der sie bereit gewesen war, sich zu begnügen, solange es sie gab, fand sie einen neuen Job, der eine größere Bedeutung für ihre Zukunft hatte.

Das verlangte ihr einiges ab. Sie mußte an einen entfernten Ort ziehen, der ihr normalerweise nicht attraktiv erschienen war und den sie später wieder verlassen wollte. Dieser Job und dieser Ort boten ihr die Chance, anspruchsvollere Arbeit zu leisten, verbunden mit erhöhtem beruflichen Ansehen, einer flexibleren Arbeitszeit, Kollegen, mit denen sie besser auskam, Befreiung von der Hektik und dem Konkurrenzkampf der Großstadt und eine gute Ausgangsposition, um später eine andere Stelle in einer Stadt zu bekommen, in der sie leben wollte. Sie nahm diese Stelle mit gutem Augenmaß dafür, was langfristig am besten für sie war. Aber auch kurzfristig lohnte sich die Sache. Ihre Miene wurde heller, ihre Sprache klarer, ihre Kleidung zeugte von größerer Selbstachtung, und ihre Angst war praktisch verschwunden. Sie fürchtete sich nicht einmal mehr vor mir. Aber sie konnte nicht für ewig in dieser Kleinstadt bleiben; es war einfach nicht das Richtige für sie. Als sie sich darüber beklagte, wurde es klar, daß sie ihre eingeengte Sicht der Gegenwart nur schwer ablegen konnte; ihre gwohnte Kurzsichtigkeit verleitete sie immer noch zu sagen, sie wisse nicht, was sie da tue. Dabei wußte sie sehr gut, was sie da tat — genau das Ziel verwirklichen, das sie sich gesetzt hatte. Als sie sich von ihren Stereotypen über sterile Städte trennte, stellte sie sogar fest, daß sie genau in dieser Stadt die schönste Zeit ihres Lebens erlebte; sie agierte wirksamer denn je mitten im Zentrum einer neuen Stadt, wo ihre Tätigkeit Spuren hinterließ und Veränderungen bewirkte. Sie fand auch ausgezeichnete Gesellschaft. Aber was sie nicht gefunden hatte, war ein Mann, mit dem sie leben oder den sie heiraten konnte, was sie sehr vermißte. Doch obwohl sich die Zukunft nie in sichtbaren Umrissen zeigt, liegt sie eindeutig vor ihr, und sie weiß, daß sie unwiderruflich darauf zusteuert.*

Der Abbruch der Kontinuität durch Menschen mit einer Hier-und-Jetzt-Orientierung wurde von David Hellerstein noch weiter verdeutlicht, der über Männer geschrieben hat, die nicht »erwachsen werden wollen«, das sogenannte Peter-Pan-Prinzip. Die Männer, die er beschreibt, sind charmant, intelligent und vorübergehend erfolgreich. Sie gehen leicht Beziehungen ein, verstehen es, sich zu vergnügen, und leisten gute Arbeit. Aber keiner von ihnen kann es sich gestatten, die Früchte dieser Errungenschaften zu pflücken. Sie machen einfach einen Rückzieher, wenn andere Leute in derselben Position den nächsten Schritt tun würden, entweder zum beruflichen Aufstieg oder zu erfüllten Beziehungen. Dies sind Menschen, die aus der Gegenwart alles herausholen, was sie zu bieten hat — Faszination, Neuheit, Liebe, Bewunderung. Wenn sie sich eingezwängt fühlen — entweder durch neue Anforderungen oder im Gegensatz dazu durch das Gefühl der Wiederholung — dann frischen sie ihr Erleben nicht auf, indem sie ihre Aufmerksamkeit dem zuwenden, was der natürliche nächste Schritt wäre, sondern sie müssen wieder von vorn beginnen — an einem anderen Ort, mit einem anderen Menschen oder an einem anderen Arbeitsplatz.

Nach jeder dieser periodischen Veränderungen machen diese Leute einen erfolgversprechenden Neuanfang, bis sie schließlich wieder an die Schranken der Langeweile, Komplexität, Bindung oder eine neue unangenehme Aufgabe stoßen. Diese Schranken tauchen natürlich sowieso für jeden von ihnen auf, aber eine Weile können sie sich darüber täuschen und die Illusion nähren, das einzige, was zähle, sei, was im Augen-

* Vor kurzem, ein Jahr nachdem ich dies schrieb, erhielt ich ihre Vermählungsanzeige.

blick geschieht. Wie Hellerstein über einen dieser Männer bemerkt: »Er kann den Anschein erwecken, sich ernsthaft für eine berufliche Aufgabe oder eine Beziehung zu engagieren, aber er ist jederzeit bereit, diese zugunsten einer anderen Existenz aufzugeben. Wenn echte Festlegungen von ihm erwartet werden, dann schleicht er sich von einer Sekunde auf die andere davon; er bindet sich nicht. Er lebt in einer Trotzhaltung gegenüber biologischen Uhren und elterlichen Erwartungen und gibt sich der Illusion endloser Jugend hin.« Die Gegenwart ist oft schön für diese Menschen, faszinierend bis zur Suchterzeugung, und sie muß noch und noch wiederholt werden, wodurch sich ihre Welt auf den zukunftslosen Reiz der Neuheit reduziert.

Das genaue Gegenteil der fidelen Peter-Pan-Neurose ist das grimmige Schicksal Meursaults in *Der Fremde* von Camus. In diesem klassischen Roman schildert Camus mit enthüllender und prophetischer Klarsicht die Monotonie eines entwurzelten, sinnlosen Lebens. Meursault hat durch eine Reihe zufälliger Ereignisse, über die er keine Kontrolle zu haben schien, schließlich einen Mann getötet. Er hatte kein persönliches Interesse daran, ihn zu töten, und dennoch tat er es. Diese Tat löste auch keine Probleme, da einfach alles so blieb, *wie es war*. Wie er sich während seines Mordprozesses verhielt, hatte wenig damit zu tun, was bei dem Prozeß für ihn offenkundig auf dem Spiel stand. Er beobachtete die Ereignisse ganz einfach, und nur gelegentlich sickerten ihre Folgen oder ihre Bedeutung durch. Obwohl sein Leben bedroht war, verlor er rasch das Interesse. Er bemerkte: »Nur Bruchstücke, Gesten oder ganze, aus dem Zusammenhang gelöste Tiraden haben mich frappiert und mein Interesse geweckt.« Alles, was er erlebte, erzeugte bei ihm etwa denselben nihilistischen Tonfall wie alles übrige, obwohl die Ereignisse selbst höchst unterschiedlich waren. Meursault berichtet dem Leser von seinem mitleiderregenden Verlust an Kontinuität mit den Worten: »Als der Wärter mir eines Tages sagte, ich sei nun fünf Monate im Gefängnis, glaubte ich es, aber ich begriff es nicht. Für mich war es immer derselbe Tag, der in meine Zelle strömte, dieselbe Arbeit, der ich nachging.«

Abgesehen von der natürlichen Gleichförmigkeit, die wir alle in einer Gefängniszelle empfinden könnten, war diese Gleichförmigkeit für Meursault nur eine Steigerung der ihm schon vorher vertrauten Gleichförmigkeit seines Lebens. Was er am Tag nach dem Tode seiner Mutter tat, hatte wenig mit der Tatsache zu tun, daß sie gestorben war. Für ihn waren, ebenso wie für die Peter-Pan-Menschen, die Augenblicke des Lebens einfach endlose Wiederholungen, eine Krankheit, von der sich Meursault niemals erholte. Als Bericht über die Erfahrung *eines* Menschen — noch dazu einer Romanfigur — könnte man diese Tragik leicht abtun. Als klassischer Roman, der die Sensibilität von Generationen nachdenklicher Menschen berührte, verhilft er uns jedoch zu Erkenntnissen, die ihn als bemerkenswerten gesellschaftlichen Kommentar ausweisen.

Aus diesen Darstellungen der Ausweglosigkeit gegenwartsorientierter Menschen — meinen Patienten, den Peter-Pan-Männern und Camus' Meursault — geht hervor, daß das Leben in der engen Gegenwart deformierend wirken kann. Es ist kein Ersatz für das Erleben des Dramas unserer Existenz in allen seinen komplexen Dimensionen. Obwohl uns das Hier-und-Jetzt zu Erkenntnissen über die Kräfte verholfen hat, die durch konzentrierte Aufmerksamkcit frei werden, ist es wichtig, humanistisches Gewicht in die Waagschale zu werfen, um der Technik bei der Erweiterung der menschlichen Erfahrungswelt nicht mehr als das ihr zukommende Verdienst einzuräumen. Die Betonung der Technik überschattete das, was in der Gestalt-Therapie methodologisch immer entscheidend gewesen war, das gemeinsame menschliche Engagement. Dazu zählt viel Alltägliches: Unterstützung, Neugier, Güte, freimütige Sprache, Lachen, Zynismus, Integration von Tragischem, Wut, Sanftheit und Zähigkeit. Dieses gemeinsame Bewußtsein, das immer wirksam ist, aber weniger allgemeine Anerkennung findet, ist notwendig, um über Enthüllungstechniken hinauszugelangen. Einfache Menschlichkeit kann in der Tat Faszination erzeugen und zusammen mit unterstützenden Techniken das Drama und damit die Wirklichkeit jedes gelebten Lebens erhellen. Diese umfassenderen Interessen, wie sie insbesondere vom Schriftsteller geäußert werden, können Therapeuten helfen, soviel sie können davon zu erfassen, wie Menschen leben, nicht nur *hier*, sondern auch *dort*, nicht nur *jetzt*, sondern auch *früher*. Es ist zu spät für den fiktiven Meursault und uninteressant für viele seiner nihilistischen Verwandten im wirklichen Leben, aber es lohnt sich dennoch, zur Kenntnis zu nehmen, daß es eine Zukunft gibt, in die wir vorausschauen *können*. Aber ob wir hinschauen oder nicht, sie wird kommen, sie wird kommen!

BIBLIOGRAPHIE

Anderson, Maxwell. Zitiert in: J. Logan, *Josh: My Up and Down, In and Out Life*, New York 1976

Atwood, Margaret, *Lady Orakel*, Frankfurt/M 1986

Atwood, Margaret, *Surfacing*, New York 1972

Barr, Amelia E., *Jan Verder's Wife*, New York 1985

Berkvist, Robert, in: *New York Times* vom 10. April 1977

Borges, Jorge Luis, *Borges und ich*, München 1982

Bruner, Jerome, *Myth and Identity*, in: H.A.Murray (Hg.), *Myth and Mythmaking*, New York 1960

Camus, Albert, *Der Fremde,* Reinbek 1969

Canby, Vincent, in: *New York Times* vom 13. März 1983

Carroll, Lewis, *Alice hinter den Spiegeln*, Frankfurt/M 1974

Carroll, Lewis, *Alice im Wunderland*, Frankfurt/M 1974

Chase, Mildred Portnoy, *Just Being at the Piano*, Culver City, CA., 1974

Davies, Robertson, *Der Fünfte im Spiel*, Wien 1984

De Greeff. Zitiert von H. Ellenberger in: A.May/H.Ellenberger (Hg.), *Existence*, New York 1958

Doctorow, E.L., *Sterntaucher*, Reinbek 1982

Doctorow, E.L., »The Passion of Our Calling«, in: *New York Times book review* vom 25. August 1985

Dreiser, Theodore, *Schwester Carrie*, Frankfurt/M 1977

Eiseley, Loren, *All the Strange Hours*, New York 1975

Erasmus von Rotterdam, *Das Lob der Torheit*, Stuttgart 1985

Erickson, M.H./Rossi, E.L., *Hypnotherapie*, München 1981

Forster, E.M., *The Writer's Craft*, New York 1973

Fowles, John, *Daniel Martin,* New York 1977

Gardner, John, *On Becoming a Novelist*, New York 1983

Godwin, Gail, *A Mother and Two Daughters*, New York 1982

Gombrich, Ernst H., *Geschichte der Kunst*, Stuttgart 1986

Haley, Jay, *Uncommon Therapy*, New York 1973

Hellerstein, David, »The Peter Pan Principle«, in: *Esquire*, Oktober 1983

Howard, Maureen, in: *New York Times book review* vom 25. April 1982

Irving, John, *Garp und wie er die Welt sah*, Reinbek 1986

Jacobi, Derek, Interview mit Michiku Kakutani, in: *International Herald Tribune* vom 11. Februar 1985
Jacobowitz, Tina, Leserzuschrift, in: *The New York Times magazine* section vom 23. Januar 1983
James, Henry, *Notes on Novelists*, London 1914
Johnson, Diane, Buchbesprechung zu: P.Longworth, Austin and Mabel, in: *New York Times book review* vom 4. März 1985
Johnson, Spencer, *The Precious Present*, New York 1984
Kafka, Franz, *Das Schloss*, Frankfurt/M 1985
Kosinski, Jerzy, Interview von G.Sheehy, in: *Psychology Today*, Dezember 1977
Krishna, Gopi, *Kundalini. Erweckung der geistigen Kraft im Menschen*, München 1983
Kundera, Milan, *Die unerträgliche Leichtigkeit des Seins*, Frankfurt/M 1987
Lifton, Robert J., *Thought Reform and the Psychology of Totalism*, New York 1963
Masson, J.M., *Was hat man dir, du armes Kind, getan? Sigmund Freuds Unterdrückung der Verführungstheorie*, Reinbek 1984
Melville, Herman, *Moby Dick*, Frankfurt/M 1985
Miller, James E. Jr. (Hg.), *Theory of Fiction, Henry James*, Lincoln, Neb., 1972
Moore, Marion R., »Principles of Ericksonian Induction of Hypnosis«, in: J.Zeig (Hg.), *Ericksonian Approches to Hypnosis and Psychotherapy*, New York 1982
Nin, Anais, *The Novel of the Future*, Athens, OH., 1985
O'Neill, Eugene, *Meisterdramen*, Frankfurt/M 1986
Perls, Frederick S., *Das Ich, der Hunger und die Aggression. Die Anfänge der Gestalttherapie*, Stuttgart 1978
Perls, Frederick S./Hefferline, Ralph F./Goodman, P., *Gestalt-Therapie. Lebensfreude und Persönlichkeitsentfaltung*, Stuttgart 1979
Perls, Frederick S., »Four Lectures«, in: J.Fagan/I.Shepard (Hg.), *Gestalt Therapy Now*, Palo Alto 1970
Plimpton, George A. (Hg.), *Writers at Work, Paris Review Interviews*, New York 1976
Polster, Erving/Polster, Miriam, *Gestalttherapie. Theorie und Praxis der integrativen Gestalttherapie*, München 1975

Proust, Marcel, *Auf der Suche nach der verlorenen Zeit*, 3 Bde., Frankfurt/M 1976

Pym, Barbara, *Excellent Women*, New York 1952

Richardson, Ralph, Interview mit Benedict Nightingale, in: *New York Times* vom 9. Dezember 1982

Rosen, Sidney, *Die Lehrgeschichten von Milton H. Erickson*, Hamburg 1985

Salinger, Jerome D., *Der Fänger im Roggen*, Köln 1975

Sargant, William, *Der Kampf um die Seele*, München 1958

Sartre, Jean-Paul, *Der Ekel,* Reinbek 1986

Sartre, Jean-Paul, *Das Sein und das Nichts. Versuch einer phänomenologischen Ontologie*, Reinbek 1962

Saville, Jonathan, »Ineffable Weirdness«, in: *The Reader*, San Diego, CA., 21. April 1983

Schwartz, Lynne Sharon, *Feldstörungen*, Reinbek 1986

Shah, Idries, *Das Geheimnis der Derwische. Geschichten der Sufimeister*, Freiburg 1984

Shawn, Wallace and Andre Gregory, *My Dinner with Andre,* New York 1981

Simenon, Georges, *Die Katze*, Zürich 1985

Strasberg, Lee/Mike Nichols, Interview mit Barbara Gelb, in: *The New York Times magazine* vom 27. Mai 1984

Stevenson, Robert Lewis, *Dr. Jekyll & Mr. Hyde. Und andere Schauergeschichten*, Bergisch Gladbach 1981

Styron, William, *Sophies Wahl*, München 1980

Terkel, Studs, *Working*, New York 1972

Updike, John, *Der Zentaur*, Reinbek 1979

Walker, R.L., *China unter dem Kommunismus*, Stuttgart 1956

Welty, Eudora, *One Writer's Beginnings*, New York 1985

Personen- und Sachregister

Daniel Rosenblatt

Türen öffnen
Was geschieht in der Gestalttherapie

»Dieses Buch ist eine starke Gestalt, eine erfolgreiche Integration von Theorie und Praxis, von Erklärung und Schilderung zu einem überaus persönlichen Kommunikationsstil. Daniel Rosenblatts präziser und gleichzeitig phantasievoller und geschmeidiger Gebrauch der Sprache in Dialogen und Bildern macht dieses Buch zu einer spannenden und genußreichen Lektüre. Er eröffnet uns seinen profunden Einblick in die Gestalttherapie. Ich empfehle dieses Werk allen ernsthaften Studenten und Praktikern der Psychotherapie sowie dem allgemeinen Lesepublikum.« — Laura Perls

»Jede Person, die sich für Gestalttherapie interessiert, wird TÜREN ÖFFNEN lesen wollen. Diejenigen, die diese Therapieform praktizieren, sollten es als Pflichtlektüre betrachten« — Psychology Today.

Zum Autor:
Dr. Daniel Rosenblatt hat zuerst Philosophie und Geschichte studiert, bevor er an der Harvard Universität in Klinischer Psychologie promovierte. Nach einer langjährigen akademisch /wissenschaftlichen Tätigkeit arbeitet er seit über 20 Jahren in seiner privaten psychotherapeutischen Praxis in New York. Er ist »Fellow« und ehemaliger Vizepräsident des New Yorker Instituts für Gestalttherapie und leitet Ausbildungsgruppen in Gestalttherapie in den USA, Europa, Australien und Japan. Er veröffentlichte »A Primer of Gestalt Therapy« (1976), »Your Life is a Mess« (1976), »A Festschrift for Laura Perls« (1980) und mehrere Artikel zur Gestalttherapie.

Maurice Friedman

Der Heilende Dialog in der Psychotherapie

»Ich empfehle dieses Buch all jenen, deren Anliegen die zwischenmenschliche Begegnung ist ...« Lyman C. Wynne

Maurice Friedmans besonderes Anliegen in diesem Buch ist, der Art und Weise nachzugehen, wie Heilung durch Begegnung im psychotherapeutischen Dialog zustande kommt. Jede Form von Therapie lebt in größerem oder geringerem Maß von der Begegnung zwischen Therapeut / in und Klient / in, aber nur wenige Theorien haben die Begegnung — das was sich »dazwischen« ereignet — als zentrale und nicht als untergeordnete Quelle der Heilung begriffen. Der Autor zeigt auf, welch weitreichenden Einfluß Martin Bubers Konzepte des Dialogs, der Bestätigung und der Grundwörter Ich-Du und Ich-Es auf verschiedene Psychotherapieschulen ausübten. Friedman stellt eine Reihe bedeutender Psychotherapeuten / innen vor und setzt sie mit den Grundannahmen ihrer Schulen in Bezug, insofern als sie sich unmittelbar auf das Heilen durch Begegnung und Bestätigung auswirken.

Zum Autor:
Maurice Friedman lehrt seit über 30 Jahren an mehreren Universitäten der USA Philosophie, Religion, Psychologie und zeitgenössische Literatur. Er ist Autor mehrerer Bücher wie: »Martin Buber - The Life of Dialogue« (1960), »Martin Buber's Life and Work« Vol. I, II + III (1982—84), »The Confirmation of Otherness« (1983), »Revealing and Observing the Human« (1984) und hat mehr als 150 Aufsätze zum Existentialismus, zur Philosophie und Psychologie geschrieben.

James I. Kepner

Körperprozesse

Ein gestalttherapeutischer Ansatz

»Ich empfehle Jim Kepners Werk als einen bedeutenden Beitrag zur Psychotherapie und zur Gestalttherapie im Besonderen.« — Joseph C. Zinker

»James Kepner, den ich seit seiner Kindheit kenne, hat ein Buch geschrieben, welches für Studierende ein Lehrbuch und für praktizierende Psychotherapeuten ein anregendes Nachschlagewerk zu werden verspricht.« — Laura Perls

Im traditionellen Sinne betont die Psychotherapie den »psycho« Aspekt der Therapie-Gedanken, Ideen, Erinnerungen, Assoziationen, Träume ... — und vernachlässigt den »körperlich / leiblichen« Aspekt, was zwangsläufig zur cartesianischen Spaltung des Menschen zurückführt. James Kepner geht von dem holistischen Ganzheitsbild des Menschen aus und formuliert eine umfassende Darstellung der Integration sogenannter Bewußtseins-orientierter Therapien und verschiedener Körper-orientierter Ansätze, wobei ihm die Gestalttherapie als theoretische, methodische und philosophische Grundlage dient. Für alle, die ihre Arbeit hauptsächlich im Bereich der »Psyche« sehen, eröffnet dieses Buch neue Perspektiven der Einbeziehung leiblicher Existenz in den therapeutischen Bezugsrahmen; für jene, die bereits das Körperlich / Leibliche in ihrer Arbeit berücksichtigen, bietet Kepners ganzheitlicher Ansatz eine Basis sowohl für neue Erkenntnisse als auch für weitere Forschung.

Zum Autor:
Dr. James I. Kepner hat umfangreiche Ausbildung in mehreren Körper-orientierten Ansätzen genossen und seit 15 Jahren praktiziert und lehrt er Gestalttherapie. Dr. Kepner ist Mitglied des Ausbilderteams am »Gestalt Institute of Cleveland« und in privater Praxis als klinischer Psychologe und Psychotherapeut tätig.

NEUERSCHEINUNGEN WINTER 1987 / 1988 -

R. Fuhr / M. Gremmler-Fuhr
Faszination Lernen

Edwin C. Nevis
Gestaltansatz der Organisationsberatung

John K. Wood
Gruppendasein
Ein personenzentrierter Ansatz

Kristine Schneider
Grenzerlebnisse
Zur Praxis der Gestalttherapie

Richard Hycner
Zwischen Menschen
Zur Dialogischen Psychotherapie

G. Kogan, W. Krauß-Kogan, A. Sreckovic, M. Sreckovic (Hrsg.)
Zur Geschichte der Gestalttherapie
Eine Studie in Interviews

Änderungen vorbehalten !